Claudia Grimm

Wundertütenkind

Eine glückliche Kindheit auf dem Lande

www.claudia-grimm.ch

Arimedes Verlag

1. Auflage 2013

Lektorat: Christiane Weber
Umschlaggestaltung: spoon design, Olaf Johannson
Foto: Everett Collection / Shutterstock.com
Satz: Anja Zimmer, Frauenzimmer Verlag
Druck: freiburger graphische betriebe GmbH Co.KG
ISBN 978-3-9524210-0-0

www.claudia-grimm.ch

Wundertütenkind ist auch als Ebook erhältlich.

Ankunft

Der Ort, an dem der Mensch geboren wird, wirkt auf geheimnisvolle Weise das ganze Leben lang.
Ich kam in den fünfziger Jahren des letzten Jahrhunderts in einem kleinen Dörfchen auf diese Welt. Die Stätte meiner Geburt war das alte Bauernhaus meiner Großeltern, in welchem auch meine Eltern lebten. Genauer gesagt, handelte es sich um die Schlafkammer meiner ledigen Tante Hermine, genannt Herminchen. Da es seinerzeit üblich war, ein Wöchnerinnenzimmer im Haus herzurichten, hatte meine zukünftige Familie das Herminchen kurzerhand ausquartiert. Demzufolge schlief sie in der guten Stube auf dem Kanapee. Hätte ich gewusst, dass ich bereits bei meiner Ankunft jemanden von seinem angestammten Platz verdränge, so wäre es mir sicherlich peinlich gewesen.
Der Geburtsvorgang lag damals im Großen und Ganzen noch in der Hand von Frauen. Das einzige Zutun der Väter bei der Niederkunft ihrer Nachkommenschaft bestand aus dem Holen der Hebamme.
Meine Mutter durchbrach das ungeschriebene Gesetz, dass das Männervolk im Geburtszimmer nichts zu suchen habe. Sie wimmerte und schrie so laut nach ihrem Albert, dass die raubauzige, ansonsten unnachgiebige Hebamme einlenkte und ihn rufen ließ. Mutter tat Vater aber keinen wirklichen Gefallen mit diesem Privileg. Er, der regelmäßig, wenn ein Schwein geschlachtet wurde, nicht mehr auffindbar war, weil er kein Blut sehen konnte, hätte sich lieber ganz still und leise verdrückt.
Mein erstes Domizil stellte Großmutters größter Wäschekorb dar, welcher aus Weiden geflochten war. Sie hatte ihn als Bett-

chen hergerichtet. Nachdem ich die ganze Angelegenheit einschließlich einer äußerst groben Untersuchung und Waschung überstanden hatte, legte die Hebamme mich in dieses mit weißem Leinenstoff und weichen Spitzenkissen ausgestattete Behältnis.

Vater schilderte mir viele Jahre später, dass er, nachdem alles vorbei gewesen sei, vor dem Weidenkorb mit dem winzigen, friedlich schlummernden Menschlein gestanden habe und ihm die Tränen vor Rührung wie ein Wasserfall gelaufen seien. Er habe das neue Leben als ein großes Wunder begriffen. So begann die ganz besondere Bindung zwischen uns beiden.

Unvermittelt war ich auf dieser Welt und in einer Familie gelandet, mit welcher ich jetzt leben musste beziehungsweise welche von nun ab mit mir leben musste. Meine Mutter, das jüngste und verwöhnteste Kind des Bauern Konrad Eisenkorb, war über diese Geburt so erschrocken, dass sie sechs Wochen im Bett liegen blieb und mich Tante Herminchen überließ. Vielleicht war dies das Glück meiner ersten Lebenswochen, denn meine Tante hatte unendlich viel Liebe zu geben.

Herminchen erzählte mir einmal, dass zwei Jahre zuvor, als mein Bruder Edgar das Licht dieser Welt erblickte, mein bäuerlicher Großvater in seinen derben, verdreckten Stiefeln mit einem Tellerchen Zucker, auf welchem ein Schnuller lag, in das Entbindungszimmer gestampft sei, um den Buben zu begrüßen. Denn ein männlicher Nachfolger hatte einen hohen Stellenwert auf einem Bauernhof. Da ich leider nur ein Mädchen war, wurde mir dieser süße Genuss unmittelbar nach der Geburt vorenthalten. War dies bereits ein Zeichen für mein zukünftiges Dasein als weibliches Wesen?

Trotz dieser Zurückweisung an meinem ersten Lebenstag sollte mein Großvater Konrad ein überaus wichtiger Mensch für meine Kindheit werden. Er war der ruhende Pol in einem Haushalt von zänkischen Weibern. Seine Frau, meine Großmutter, nörgelte stets an allen Dingen herum, und jederzeit war sie zu einem Streit bereit. Großvater reagierte darauf mit einer unglaublichen Gelassenheit. Er gehörte zu den Menschen, die völlig in sich ruhten. Das hatte er auch bitter nötig, denn seine drei Töchter waren nach der Mutter geraten und maunzten sich so durch die Tage und Wochen. Eine hatte er zum Glück bereits in die Stadt verheiratet. Aber Tante Herminchen, die Älteste, die noch ledig war, lebte, ebenso wie meine Mutter mit ihrer kleinen Familie, auf dem Bauernhof Eisenkorb.

Tante Herminchens Geheimnis

Aus der Ehe meiner Großeltern waren insgesamt vier Kinder hervorgegangen. Der älteste Sohn und eigentliche Hoferbe hatte sich in ein Nachbardorf verheiratet. Seine Frau war die einzige Tochter eines großen Bauern. Mein Onkel Ludwig rechtfertigte das Fortgehen von dem elterlichen Hof mit der Begründung, dass es auf dem Hof seiner Frau eine neue Scheune gäbe und außerdem dort keine Geschwister auszubezahlen seien.

Die Scheune meines Großvaters war im Zweiten Weltkrieg von Bomben und Feuer verschont geblieben. Sein Gehöft hatte er selbst vor den Flammen gerettet. Bei einem Bombenangriff gegen Ende des Krieges fielen Bombensplitter durch ein offenes Fenster direkt auf einen Wäschekorb voller Wäsche, geistesgegenwärtig hatte Großvater den lichterlch brennenden Korb

aus dem Fenster geworfen und somit sein Anwesen vor dem Abbrennen bewahrt. Bei diesem schlimmen Bombenangriff, welcher eigentlich nicht auf das Dorf zielte, sondern auf eine Kompanie Soldaten, die in einem nahen Wald lag, waren einige Häuser, Scheunen und Stallungen der Dorfbewohner den Flammen zum Opfer gefallen.
Auch ein Mensch starb an diesem dramatischen Vormittag. Es handelte sich um einen Förster aus der Kreisstadt, der wegen seiner Angst vor den Bomben aus der Stadt aufs Land geflüchtet war. Als er dabei war, seine mitgebrachten Möbel von einem Wagen zu laden, begann der Bombenhagel. Schutzsuchend flüchtete er vom Hof in den schnell erreichbaren Kuhstall, aber gerade auf diesen fiel eine Bombe. Der Stall brannte mit allem ab, was darin war. Wenn Großvater diese Geschichte erzählte, so bemerkte er am Ende stets: „Seht ihr, man kann seinem Schicksal nicht entrinnen, es trifft einen da, wo man gerade ist."
Mein Großvater hatte sich damals sehr gefreut, ohne Schaden davongekommen zu sein. Doch hatten viele andere Höfe auf Grund des Krieges neu erbaute Stallungen oder Scheunen. So ist es oft im Leben: Was erst wie ein großes Glück erscheint, sich später als Nachteil erweist. Dieser Weisheit entsprechend wurde die alte Scheune meines Großvaters gegen seine Pläne ausgelegt, und der Hoferbe ging davon. Ich hörte einmal, wie meine Mutter zu Tante Herminchen sagte, dass sie glaube, ihr Bruder Ludwig habe sich eine gute Scheune ausgesucht und dann die dazugehörige Frau geheiratet.

Großvater verschmerzte den Weggang des einzigen Sohnes und beschloss, dass seine älteste Tochter Hermine, die auch seine

Lieblingstochter war, den Hof erben sollte. Jedoch musste ein Mann für sie her, welcher für die Bewirtschaftung eines Bauernhofes brauchbar war. Das grenzte die Auswahl ein. So wurde eine Heiratsanzeige entworfen und bei der wöchentlich erscheinenden Bauernzeitung aufgegeben.
Schließlich kam auch Vaters mausgraues Autochen zum Familieneinsatz. Herminchen musste in der Folge zu den brieflich vereinbarten Treffen in die Kreisstadt gekarrt werden, wo sie sich im „Café der einsamen Herzen" mit den interessierten Männern traf. Die Fahrten waren jedoch nie von Erfolg gekrönt. Tante Herminchen und Vater kamen jedes Mal schlecht gelaunt zurück. Der guten Hermine war kein Kandidat recht, und Vater machte sich oft über „die Simpel", wie er die Brautwerber nannte, lustig.
Die ganze Aktion war allerdings im Vorhinein bereits zum Scheitern verurteilt, denn Herminchen hütete ein amouröses Geheimnis. Sie war unsterblich in einen Handlungsreisenden der Firma Kraftstoffe Müller verliebt, der Richard hieß. Gefunkt hatte es zwischen den beiden, als Großvater Rohöl für seinen Traktor einkaufte. Auf Grund dieses heimlichen Liebesverhältnisses hatte Herminchen nicht die geringste Lust auf eine ernsthafte Bräutigamsuche. In ihrem Kopf geisterte unumstößlich der schöne Richard herum.
Das Ganze hatte nur einen Haken: Der schöne Richard war bereits verheiratet und Vater von vier Kindern. Äußerlich entsprach er dem Bild des typischen Frauenverführers. Er war hünenhaft groß, gertenschlank und hatte pechschwarzes, gewelltes Haar, welches dank einer großen Masse Frisiercreme leuchtend glänzte. Sein Erscheinungsbild wurde von einem vollen Schnauzbart abgerundet, den er fortwährend nach oben

strich. Richard trug, wenn er seine Kunden besuchte, stets einen dunklen Anzug mit Krawatte. Die Bauersleute nannten ihn unter sich, mit einem verschmitzten Lächeln in den Mundwinkeln, den „Gigolo". Ihnen war einer, der so viel Aufhebens um sein Äußeres machte, sowieso nicht ganz geheuer.
Doch Herminchen war wie fast alle Verliebten blind. Spät abends ließ sie den schönen Richard manchmal heimlich zu einem Stelldichein ins Haus. Das funktionierte so, dass er von unserem Garten aus zu Hildes Fenster hin pfiff und sie daraufhin schnell herunterkam, um ihm die schwere Haustüre aus Eichenholz zu öffnen. Zum Glück waren meine Großeltern so müde von ihrem Tagwerk, dass sie nichts merkten. Nur manchmal schimpfte meine Großmutter am Morgen, dass nachts doch irgendwo im Dorf so ein Hanswurst so laut gepfiffen hätte, dass sie erschrocken aus dem Schlaf hochgeschreckt sei.
Meine Großmutter war eine Frau, die immer alles ganz genau wusste. Sie hielt große Stücke auf ihre älteste Tochter. Bei jedem, der es hören wollte oder auch nicht hören wollte, lobte sie Hermine. Einer ihrer beliebtesten Aussprüche war: „Unser Herminchen ist das anständigste Mädchen vom ganzen Dorf, für die lege ich beide Hände ins Feuer." Na, sagte Mutter, die wären ihr tatsächlich lichterloh abgebrannt.
Viele Jahre später, als ich bereits selber eine junge Frau war, erzählte mir Tante Herminchen einmal von dieser unseligen Liebschaft in ihren Jugendjahren. Dabei stellte sie fest: „Ja, ja, wenn man jung ist, ist man ganz schön dumm!"

Großvaters drei Töchter

Seinerzeit gingen die Töchter der Bauern vorwiegend nicht arbeiten, schließlich gab es auf den Höfen genügend zu tun. Darum hatten sie auch kein eigenes Geld, und meist nahmen sie nur einen geringen Stellenwert in der Hierarchie ihrer Familien ein. Als älteste Tochter war Tante Herminchen die beste Arbeitskraft auf dem Anwesen ihrer Eltern. Gab es aber auf einem Hof mehrere Töchter, so war mancher Bauer froh, wenn eine davon in der Stadt arbeitete, denn so hatte man einen Esser am Tisch weniger. Jedoch war zu jener Zeit die Auswahl an Arbeitsstellen für Mädchen vom Lande nicht besonders groß. Auch hielt man es schlichtweg für unnötig, dass die jungen Frauen einen Beruf erlernten. Man ging davon aus, dass sie sowieso heiraten und Kinder kriegen würden. Folglich wäre die ganze Ausbildung dann umsonst gewesen. Es galt, lediglich die Aussteuer zu verdienen. Deshalb wurde in der Stadt für Handtücher, Bettwäsche und Geschirr geschuftet.

Die meisten Landmädchen arbeiteten als Haushaltshilfen oder als Stubenmädchen in einem Hotel. Da es genügend junge Frauen gab, die in die Stadt drängten, war ihre Entlohnung gering, und nicht selten wurden sie schlecht behandelt. Häufig zahlte man ihnen zu Kost und Logis nur ein Taschengeld, welches die Mädchen eisern für den Erwerb von Gegenständen für ihren späteren Haushalt sparten. Die Unterkunft war sehr wichtig für die „Fräuleins“ vom Dorf, denn es gab kaum Verkehrsmittel, die es ihnen ermöglichten, täglich zwischen der Provinz und der Stadt hin- und herzupendeln.

Obwohl mein Großvater stets betonte, dass an seinem Tisch alle satt würden und er obendrein die Stadt für einen Sündenpfuhl hielt, wo den Mädchen nach seiner Meinung nur Flausen in den Kopf gesetzt würden, setzten Mutter und Tante Ilse es irgendwie durch, dass sie in der Stadt arbeiten durften. Die Arbeitsstellen hatte ihnen ihre Schwester Hermine verschafft, die selber zu Hause bleiben musste. Damit Herminchen über ein bisschen eigenes Geld verfügte, erlaubte Großvater ihr, die Eier, welche nicht auf dem Hof verbraucht wurden, in der Stadt zu verkaufen und den Erlös zu behalten. So radelte sie bei fast jedem Wetter mit einem sperrigen, geflochtenen Korb voller Eier auf dem Gepäckträger einmal in der Woche in die dreißig Kilometer entfernte Stadt. Da auch ihr die Aussteuer wichtig war, brachte sie auf dem Rückweg in dem Weidenkorb manchmal eine gut verpackte Schüssel, Handtücher oder – wenn sie einmal ein wenig mehr Geld eingenommen hatte – Bettlaken und Bettbezüge mit. Nur äußerst selten kaufte sie etwas für sich ganz persönlich ein.

Indem Herminchen in einigen Hotels und Haushalten gefragt hatte, ob dort frische Landeier benötigt würden, hatte sie sich einen festen Abnehmerstamm geschaffen. Bei diesen Kunden erkundigte sie sich, ob man ein Haus- oder ein Stubenmädchen brauchen könne. So brachte sie Mutter im Haushalt und Tante Ilse im Hotel unter.

Man muss wissen, dass es damals nur acht Pflichtschuljahre gab. Folglich verließen die Jugendlichen die Schule in der Regel mit 14 Jahren. So also waren Mutter und Tante Ilse, die ein Jahr älter war als Mutter, 14- und 15-jährig und demnach noch sehr jung, als sie zum Arbeiten in die Stadt gingen. Es kam, wie es kommen musste: Beide Mädchen waren an ihren Stellen über-

fordert. Mutter erzählte, dass sie nie den ersten Morgen in der elfköpfigen Familie vergessen würde. Sie wurde bei ihrer Ankunft nur knapp begrüßt und sogleich in die Waschküche geführt, in welcher sich unzählige Berge von schmutziger Wäsche türmten. Ganz offensichtlich war hier seit Wochen nicht mehr gewaschen worden. Zu jener Zeit hatten die vollautomatischen Waschmaschinen noch keinen Einzug in die Hauswirtschaft gehalten. Zwar verfügten einige Haushalte bereits über eine einfach konstruierte Schleuder, aber gewaschen wurde sämtliche Wäsche damals noch von Hand. Natürlich musste auch Mutter zu Hause auf dem Hof an den großen Waschtagen mithelfen, aber noch nie in ihrem Leben hatte sie ganz alleine vor so riesigen Massen Wäsche gestanden.
Die Hausfrau erklärte ihr an diesem Morgen lediglich den großen Kessel zum Kochen der Kochwäsche und verschwand daraufhin. Nun stand Mutter tagelang ganz alleine von frühmorgens bis abends in dem Dampf des Wasserkessels und wusch in mühevoller Handarbeit die unendlich vielen Wäschestücke der Großfamilie. Erst spät abends fiel sie todmüde wie ein Stein in dem kleinen Dachkämmerchen in ihr Bett. Selbst zu den Mahlzeiten kam sie nicht aus der Waschküche heraus: Eines der Kinder des Hauses brachte ihr ein Tablett mit Essen in den Kellerraum, in dem man vor Seifendunst kaum die Hand vor Augen sehen konnte.
Als sie dann am ersten Sonntag nach Hause radeln durfte, waren ihre beiden Hände von der Waschlauge völlig zerschunden, und ihren Rücken fühlte sie, infolge des dauernden Beugens über dem Waschbrett und Waschbottich, nur noch als einen einzigen großen Schmerz. Ihr war klar, dass sie zu dieser Arbeitsstelle niemals mehr zurückkehren würde. So versteckte

sie bei ihrer Ankunft zu Hause sogleich ihr Fahrrad im Schuppen, damit auch ja keiner sie bedrängen konnte, wieder dorthin zu fahren. Die abgewetzte braune Ledertasche, die Großmutter ihr vermacht hatte, in welcher sich ihre Wäsche und ihr Nachtzeug befanden, ließ sie am Lenker des Rades hängen, damit die Familie erst einmal keinen Verdacht schöpfte. Sie überlegte verzweifelt, wie sie die Situation zu Hause erklären könnte. Sie wusste, dass es mit Großmutter leichter gehen würde als mit Großvater. Da er aber nun einmal das Sagen hatte, befürchtete sie, von ihm wieder an diesen schrecklichen Arbeitsplatz zurückgeschickt zu werden. Großvater lebte nach festen Grundsätzen, und einer davon lautete: „Man flüchtet nicht und schon gar nicht vor der Arbeit."

Den ganzen Sonntag über plagten Mutter grässliche Bauchschmerzen, selbst ihr Lieblingsessen, gekochtes Rindfleisch mit sahniger Meerrettichsoße, schmeckte ihr nicht. Erst spät abends, als ihre Mutter ihr die frische Wäsche für die neue Woche herauslegte, beichtete sie ihr, dass sie auf gar keinen Fall wieder an diese Arbeitsstelle wolle. Es war nicht üblich, dass meine Familie sich in den Arm nahm, aber an diesem Abend nahm Großmutter ihre Jüngste in den Arm und versprach ihr, das Problem mit Großvater zu regeln. Die gesamte Nacht über wälzte Mutter sich in ihrem Bett hin und her, mal träumte sie von den riesigen Schmutzwäschebergen, mal war sie hellwach und fieberte dem Morgen entgegen. Was wenn Großmutter es nicht schaffte, Großvater zu überzeugen, und der sie zwang, wieder in die Stadt zu radeln? Bereits im Morgengrauen wachte sie auf. Ihr Körper fühlte sich an wie gerädert. Sie hatte Angst vor dem, was kommen würde. So kroch sie ganz tief in ihr Bett und zog die dicke, mit Gänsefedern gefüllte Daunendecke über

ihren Kopf. Am liebsten hätte sie sich tot gestellt.
Indessen gab es in der Schlafkammer meiner Großeltern einen heftigen Disput. Wie vorausgesehen, bestand Großvater zuerst einmal darauf, dass seine Tochter standhalten solle. Mutter hat nie erfahren, wie Großmutter es letztendlich durchsetzte, dass sie nicht mehr an diese grausige Arbeitsstelle musste. Es war ihr auch egal, Hauptsache, sie hatte dieses schaurige Kapitel in ihrem jungen Leben überstanden.
Tante Herminchen allerdings verlor einen Eierkunden. Denn sie versuchte, bei ihrem nächsten Besuch den Lohn für Mutters grauenhafte Tage in der Waschküche einzutreiben. Die Hausfrau antwortete ihr in einem überheblichen Ton, dass es sie so viele Nerven gekostet habe, dass das unmögliche Mädchen einfach nicht mehr gekommen sei, dass sie das ausstehende Geld als Ausgleich für ihren Ärger ansehen würde. Großvater kommentierte dieses mit den Worten: „Ja, ja, so sind sie, die Stadtmenschen!"

Tante Ilse erging es im Hotel nicht viel besser, denn auch dort wurden die jungen Mädchen vom Lande unglaublich ausgenutzt. Bereits frühmorgens arbeitete Ilse in der Küche, dann putzte sie die Fußböden der Gästezimmer, und von nachmittags bis spät in die Nacht hinein half sie wieder in der Küche. So kam sie auf einen Zwölf-Stunden-Arbeitstag. Am schlimmsten war die Arbeit in der Küche: Es oblag ihr, die großen Kochtöpfe zu schrubben. Der Küchenchef verlangte, dass die Töpfe blitzsauber glänzten.
So stand sie oft stundenlang am Spülbecken und versuchte durch kräftiges Scheuern mit einem Drahtschwamm, die alten eingebrannten Reste zu entfernen.

Untergebracht hatte man sie zusammen mit einem anderen Mädchen in einer kleinen Dachkammer, in welcher es keinen Ofen gab und fürchterlich durch das Gebälk zog. Allerdings spürte Ilse, wenn sie in ihr Bett fiel, sowieso nichts mehr und schlief bereits nach wenigen Minuten ein. Es blieb ihr noch nicht einmal die Kraft, sich mit dem anderen Mädchen zu unterhalten. So wusste sie nach ein paar Wochen immer noch nichts über ihre Schlafgenossin, die spätabends ebenso ausgelaugt wie sie in die klammen Federn fiel. Ilse hielt zwar durch, war aber sehr unglücklich.

Wieder war es Tante Herminchen, die ihren Schwestern half. Inzwischen gehörte das Evangelische Krankenhaus der Stadt zu Herminchens Eierkunden. Sie verstand sich gut mit den Diakonissinnen, die das Krankenhaus leiteten. Immer wenn sie frische Eier brachte, wurde sie von ihnen in der Küche zu einem Kaffee eingeladen. So hatte sie sich angewöhnt, mit den frommen Frauen einen kleinen Schwatz zu halten. Bei solch einer Gelegenheit erzählte sie bei einem heißen, dampfenden Kaffee und Vanillekipferln von ihren jüngeren Schwestern und deren schlechten Erfahrungen mit ihren Arbeitsstellen. Herminchen hatte offensichtlich Talent zur Arbeitsvermittlerin, denn nach diesem Gespräch war klar, dass Mutter und Ilse ab dem folgenden Monat in dem Krankenhaus arbeiten konnten.
Nun mussten die beiden freilich auch einiges leisten, aber es ging ihnen gut dabei. Da im Krankenhaus viele Mädchen vom Lande arbeiteten, hatten die Diakonissen-Schwestern zwei Schlafsäle im Keller hergerichtet. Dort herrschte zwar kein Luxus, aber Öfen strömten Wärme aus, und zwei Duschen ermöglichten ihnen ihre Körperpflege. Die Mahlzeiten, die in

der Klinikküche zubereitet wurden, nahmen die Mädchen an der großen Tafel der frommen Frauen ein. Diese legten viel Wert auf Gemeinschaft: Sie boten Singstunden an, förderten das allgemeine Miteinander der jungen Frauen, und hatte eines der Mädchen Geburtstag, so ließen sie in der Küche einen Geburtstagskuchen backen und überreichten ihr ein kleines Geschenk.

In diesem Klima bildeten sich Freundschaften, und abends in den Schlafsälen waren oft noch lange fröhlich durcheinander quasselnde Stimmen zu hören, die von den verschiedenen Dialekten der Provinz gefärbt waren. Nicht selten musste eine der frommen Frauen, die ihre Kammern am entgegen gelegenen Flügel des Kellers hatten, abends die aufgedrehten Mädchen mehrfach zum Schlafen ermahnen.

Natürlich gab es unter den Diakonissen-Schwestern ebenso wie anderswo auf der Welt Biester, die das eine oder andere Mädchen auf dem Kieker hatten und es schikanierten. Aber der gute Zusammenhalt der jungen Mädchen fing das wieder auf. Wenn sie lustig miteinander waren, hatte es sich eingebürgert, dass sie besonders eigenartige Diakonissen-Schwestern imitierten. Dabei brachten sie sich gegenseitig so zum Lachen, dass sie nicht selten laut kreischten. Mit Sicherheit kam daraufhin eine der Diakonissen-Schwestern in den Schlaftrakt, um die Ruhe wiederherzustellen. Fast immer war es dieselbe, die in solchen Fällen das junge Volk aufsuchte und zum Schlafen aufforderte. Da es sich um die strengste und die korpulenteste Diakonissen-Schwester des Krankenhauses handelte, nannten die Mädchen sie den „dicken General". Überhaupt hatten sie die meisten von ihnen mit Spitznamen ausgestattet: Eine kleine Feiste, die besonders gerne süßen Nachtisch aß und dabei einen ganz spitzen Mund machte, hatten sie das „Zuckerschnäuzchen“ getauft. Wieder eine andere besonders Vergessliche, die sich keine Namen merken konnte und von daher alle Mädchen mit Luischen ansprach, wurde das „große Gedächtnis“ genannt.

Mutter und Tante Ilse hatten es besonders gut getroffen. Sie waren zusammen auf der Privatstation des Krankenhauses eingesetzt, wo ein freundliches Klima herrschte. Die beiden Schwestern teilten das Essen aus und putzten die Krankenzimmer. Gingen die Privatpatienten nach Hause, so bekamen die Mädchen meist ein stattliches Trinkgeld. Nun fühlten sich die jüngsten Töchter des Bauern Eisenkorb aus Kirschhausen ganz wohl in der Stadt.

Nur einen Haken hatte die neue Anstellung. Da die frommen Frauen sich für die Mädchen vom Lande verantwortlich fühlten, durften diese an ihren freien Abenden zwar ausgehen, mussten aber um 22.00 Uhr wieder zurück in ihren Zimmern sein. Denn pünktlich um diese Zeit wurde die Eingangstüre aus schwerem Eichenholz abgeschlossen. Kam ein Mädchen mal später, so musste es klingeln und sich eine lange Moralpredigt der öffnenden Diakonissen-Schwester anhören. Passierte das mehrmals, so drohte die Entlassung, weil die Schwestern in diesem Punkt keinen Spaß verstanden. Die jungen Mädchen wollten aber nicht nur arbeiten, sie wollten auch ausgehen – und so wurden sie erfinderisch. Schnell bekamen sie heraus, dass, wenn sie das Fenster vom Badezimmer offen stehen ließen, die Spätheimkehrerinnen dort bequem einsteigen konnten.

Einmal waren Mutter und Tante Ilse jedoch gezwungen, eine Nacht außerhalb zu verbringen. Als sie nachts angeheitert von einem Tanzvergnügen nach Hause kamen und durch das Fenster klettern wollten, fanden sie dieses verriegelt vor. Eine Diakonissen-Schwester hatte es bei ihrem obligatorischen Rundgang zugesperrt. Tante Ilse hatte eigentlich für diesen Fall vorgesorgt, indem sie ihre Freundin Elschen gebeten hatte, nachzusehen, ob das Fenster auch wirklich nicht verriegelt worden war. Offensichtlich hatte Elschen ihren Auftrag aber verschlafen. Was nun?

Das Problem war nämlich, dass Tante Ilse, die gerne und oft ausging, bereits mehrere Ermahnungen erhalten hatte. Nun beschlich sie die Angst, dass ihr Rausschmiss nicht mehr zu vermeiden sei, wenn man sie jetzt erneut ertappen würde. Deshalb entschieden sich die beiden, einen anderen Schlafplatz zu suchen und frühmorgens heimlich in das Krankenhaus zu schleichen. Sie kamen auf die Idee, zu probieren, ob der große Mercedes des Chefarztes, der selbst den Nachtdienst versah, offen war. Und siehe da, die Fahrertür stellte sich als unverschlossen heraus. So machten es sich die Mädchen in ihren schicken Tanzkleidern in dem luxuriösen Wagen bequem. Sie deckten sich mit der warmen Kaschmirdecke zu, die sie auf dem Rücksitz fanden, und schliefen ein. Mutter und Tante Ilse wachten auf, als sie sanft gerüttelt wurden. Über sie gebeugt stand der Chefarzt, dem sie direkt ins Gesicht blickten. Äußerst erschrocken dachten sie: „Nun ist es aus!“ Der Doktor jedoch schmunzelte und sagte: „Mädels, lauft schnell durch die hintere Lieferantentür ins Haus, die Diakonissen-Schwestern sehen euch nicht, die sind noch mit der Frühandacht beschäftigt.“

Es half Tante Ilse aber nichts, dass sie dieses Mal noch so glimpflich davonkam. Ihr Rausschmiss folgte auf dem Fuß, und zwar schon ein paar Tage später. Im Prinzip war mein späterer Onkel Hugo schuld daran, den sie in einem Tanzlokal kennengelernt hatte. Ilse und ihre Freundin Elschen, die inzwischen ein Zweibettzimmer bewohnten, versteckten während ihres Wochendiensts ihre beiden Freunde Hugo und Karl-Heinz in ihrem Zimmer. So konnten sie, wenn es die Zeit erlaubte, zwischendurch mal schnell zum Schmusen dorthin laufen. Allerdings wurde es den beiden jungen Burschen langweilig, und so spielten sie Karten. Vielleicht wäre das Ganze nie herausgekommen, wenn sie dabei nicht geraucht hätten. Denn eine Diakonissen-Schwester mit einer besonders feinen Nase schnupperte am anderen Ende des Korridors, dort wo sich die Kammern der frommen Frauen befanden, den Rauch. Als sie dem Geruch nachging, kam sie an die Türe, hinter der Karl-Heinz und Hugo qualmend Karten spielten. Nicht dass sie in Ohnmacht fiel, als sie die Männerstimmen im Inneren des Raumes vernahm, nein, sie klopfte beherzt an die Tür. Vor Schreck versteckten die beiden Männer sich schnell im Kleiderschrank. Als keine Antwort aus dem Zimmer kam, trat sie furchtlos hinein. Die Diakonissen-Schwester war nicht dumm: Sie öffnete den Kleiderschrank, und vor ihr standen Hugo und Karl-Heinz mit ihrer Hinteransicht. Die Gesichter zeigten zur Wand des Schranks. Die fromme Frau sammelte sich und sagte: „Meine Herren! Sie haben wohl keinen Anstand, sonst würden sie mich nicht mit ihrem Gesäß begrüßen!"

Danach verwies sie die jungen Burschen mit strenger Stimme des Hauses. Die beiden verließen das Krankenhaus so überstürzt, dass sie ihre Hüte vergaßen. Diese nahm die Diakonissen-Schwester als Beweismittel an sich und machte Meldung über den Vorfall. Nun gab es kein Pardon: Ilse und Elschen

mussten gehen. Eine dermaßen dreiste Unverfrorenheit konnte und wollte man auf gar keinen Fall dulden. Durch diesen Skandal hörte Großvater das erste Mal von seinem zukünftigen Schwiegersohn. Hugo gelang es nie mehr, diesen ersten Eindruck, den des rauchenden, kartenspielenden Nichtsnutzes, bei unserer Familie zu verrücken.
Die lebenslustige Ilse ging wieder auf Arbeitssuche und landete in der Gummifabrik der Stadt. Nun musste sie sich ein eigenes Zimmer mieten. Nicht nur, dass sie ab jetzt ständig nach Gummi stank, nein, auch das Geld reichte ihr hinten und vorne nicht. Mutter brachte ihr, damit sie überhaupt etwas zum Essen hatte, oft schnell mit dem Rad etwas aus der Krankenhausküche vorbei. Allerdings schwängerte Hugo meine Tante Ilse innerhalb kurzer Zeit. Obwohl Großvater meinte, dass ein uneheliches Kind immer noch besser wäre, als diesen Burschen zu heiraten, gab es eine Blitzhochzeit, und Ilse wechselte von der Gummifabrik in eine Werkswohnung von Hugos Firma.

Äußerlich verkörperten Mutter und Tante Herminchen krasse Gegensätze. Mutter war groß und hager, Tante Herminchen dagegen klein und drall. Nur das kräftige gewellte, kastanienbraune Haar, welches auch meine Tante Ilse besaß, ließ auf die gleiche Herkunft schließen. Mutter und Tante Herminchen unterschieden sich aber auch sehr stark in ihrem Gemüt. Das zeigte sich bereits frühmorgens, wenn eine von ihnen mein störrisches Haar zu zwei dicken Zöpfen flocht. Geriet ich an Mutter, so stellte sich das Ganze als eine Tortur dar, die von lautem Geschrei beiderseits begleitet wurde. Denn Mutter war stets übernervös und meinte, nie Zeit zu haben. So bürstete sie wild drauflos, was natürlich fürchterlich zupfte. Machte mir jedoch Tante Herminchen die Haare, so zog diese mit Ruhe und Geduld die Bürste durch jede einzelne Strähne, sodass es nur wenig zupfte. Bei ihr musste ich kein einziges Mal laut aufschreien.

Tante Herminchen wurde auf Grund ihrer üppigen Leibesfülle in unserer Familie meist als „die Dicke“ betitelt. Bei den Mahlzeiten saß sie am Kopfende des Tisches auf einem alten Hocker, dessen Sitzfläche ihr ausladendes Hinterteil komplett ausfüllte. Auf dem Hof packte sie an allen Ecken und Enden an. Ihre große Leidenschaft aber galt der Herstellung von Torten. Da in den fünfziger und sechziger Jahren nach der entbehrungsreichen Kriegszeit wieder üppig gekocht und gebacken wurde, war die Zeit meiner Kindheit auch die Zeit der Buttercremetorten. Tante Herminchen stellte dieses süße Backwerk in allen nur erdenklichen Geschmacksrichtungen her. Meine große Liebe galt der rosa gefärbten Buttercremetorte mit bunten Schaumhütchen. Tante Herminchens Favorit stellte die Mokkatorte dar. Jedes einzelne Stück davon schmückte sie mit einer dicken Bohne aus Zartbitterschokolade.
Obwohl ich eigentlich nur süße Schokolade mochte, stibitzte ich mir ab und zu aus dem Zellophanbeutel eine Bohne, um sie mir langsam im Mund zergehen zu lassen. Das war schließlich besser als nichts.
Es hatte sich in unserem Dorf herumgesprochen, dass Herminchens Torten die besten waren, und so ergab es sich, dass die Leute, wenn ihnen eine größere Feier ins Haus stand, bei ihr eine oder oft auch mehrere Buttercremetorten in Auftrag gaben. Dann standen Herminchen und unsere Küche Kopf. Großvater verzog sich an Tante Herminchens „Großkampfta-

gen“, wie er diese Backtage nannte, in die Ställe. Ich jedoch lungerte den ganzen Tag in der Küche herum. Schließlich galt es, Teig und Buttercremereste aus den Schüsseln, Spritzbeuteln und von den Rührlöffeln abzulecken. Dies tat ich mit größter Sorgfalt: Die Schüsseln blitzten hinterher so blank, dass sie eigentlich nicht mehr gespült werden mussten. Für mich war Tante Herminchen eine richtige Zauberin.

Am schönsten sahen ihre prachtvollen Hochzeitstorten aus. Zum Schluss, wenn Herminchen das mehrstöckige Backwerk verzierte, durfte sie niemand ansprechen. Sie sah dann immer aus, als sei sie in einen starken Wind geraten. Die dicken braunen Locken hingen wirr um ihren Kopf, die Wangen leuchteten hochrot und ihre Zunge steckte vor Anstrengung zwischen den Lippen. Derart spritzte sie mit äußerster Konzentration die schönsten Muster auf die stattlichen Kalorienbomben. Geriet Großvater zufällig in diese Aufregung hinein, so schüttelte er den Kopf und sagte, er könne nicht verstehen, dass man solch einen Aufwand für so ein bisschen Zuckerzeug betreiben würde. Die Leute sollten auf einem Hochzeitsfest lieber ein ordentliches Stück Fleisch essen als solch einen süßen Kram.

Der Hof-Großvater

Für mich bestand die ganze Welt lange Jahre nur aus unserem kleinen Dorf, den Feldern und Wäldern, die es umrahmten. Ich wuchs mit unzähligen Pflanzen und allerlei Tieren auf. Das bäuerliche Anwesen meines Großvaters war für eine Kindheit wie geschaffen: Die große Scheune und die Ställe stellten ein Paradies für die verschiedensten Spiele dar.

Den Jahreszeiten entsprechend umgaben den Hof wechselnde Wohlgerüche. Am nachhaltigsten hat sich bei mir der Duft des mächtigen Holunderstrauchs eingeprägt, der neben der Eingangstüre wuchs. Ich hörte einmal, wie Großmutter sagte: „Jedes Haus braucht einen ordentlichen Holunder, schließlich kann man nicht bei allen Zipperlein den Doktor holen." Offensichtlich stellte der Strauch die Heilpflanze des Hauses dar. Im Frühling, wenn der Holunder üppig blühte, fabrizierte Großmutter unzählige Flaschen Holundersirup und Holunderlimonade. Schickte sie mich in den Laden, um Weinsteinsäure und Zitronen für die Zubereitung zu holen, trat ich den Weg ohne zu murren an. Da ich für Holunderlimonade schwärmte, wäre ich sogar bis in das nächste Dorf gelaufen, um die Zutaten herbeizuholen. Nie wieder in meinem ganzen Leben ist mir ein Getränk begegnet, welches derart köstlich schmeckte, wie Großmutters wundervolles Gebräu. Standen die gefüllten bauchigen Ballonflaschen, die sich in geflochtenen Weidenkörben befanden, welche dick mit Holzstroh ausgepolstert waren, zum Gären im Keller, zog das Aroma des Holunders durch das ganze Haus. Selbst in meinem Geheimversteck auf dem Dachboden konnte ich diesen Duft, der die Maienzeit verkörperte, noch inhalieren.

Im Spätsommer bog sich der Holunderstrauch neben der Haustüre unter gewaltigen reifen Dolden. Nun setzte Großmutter aus diesen nachtschwarzen Früchten Likör an. Sie bereitete aber auch einen gallebitteren Hustensaft daraus. Beides liebte Großvater: den Likör aus Leidenschaft für das Alkoholische und den Hustensaft aus Not. Ihn plagte fast die gesamte Winterzeit über Husten. Auf Grund dieses Hustens fiel es mir meist leicht, meinen Großvater zu finden. Denn hatte ich einmal Langewei-

le, so gesellte ich mich am liebsten zu ihm, und das obwohl er eigentlich ein großer Schweiger war.
Mein Großvater schätzte die Stille. Wir beiden konnten unheimlich lange im Stall zusammen auf Strohballen sitzen und die Tiere beobachten, ohne auch nur ein einziges Wort miteinander zu wechseln. Tat eine Kuh oder ein Kälbchen etwas Ungewöhnliches, so verständigten wir uns einfach nur mit Blicken. Das funktionierte sogar so gut, dass wir beide zur gleichen Zeit loslachten, wenn es sich um etwas Drolliges handelte. Manchmal aber unterbrach Großvater das Schweigen, um mir Regeln mit auf den Weg zu geben. So ermahnte er mich eindringlich: „Kind, unterschreibe nie im Leben einen Wechsel, egal was kommt!“
Auch schien er sich bereits um meine Verheiratung Gedanken zu machen, denn ebenso oft drang seine raue Stimme mit den Worten „Heirate auf gar keinen Fall einen Katholiken“ an mein kindliches Ohr. Obwohl mir sowohl Wechsel als auch Heirat gänzlich egal waren, nickte ich dann immer zustimmend. Das schien Großvater zu beruhigen, und so fuhr er meist fort, weitere Lebensweisheiten kund zu tun. Am lustigsten fand ich es, wenn er sagte: „Ein Tritt in den Hintern ist für manche Menschen zwei Schritte nach vorne.“ Ich konnte mir das Bild so schön vorstellen, wie jemand in den Hintern getreten bekam und nach vorne purzelte. Aber so direkt meinte Großvater das wohl nicht.
Großvater war mit Leib und Seele Landwirt. Seine Wiesen, Äcker und Waldstücke, die um das Dorf verteilt lagen, liebte und hegte er ebenso wie seine Tiere. Für ihn lebten die Bäume, weshalb er mir einschärfte, immer aufzupassen, wo Bäume ohne Sinn und Verstand gefällt werden. Denn Menschen, die

den Wert von Bäumen nicht erkennen, seien mit Vorsicht zu genießen. Er war es auch, der mich lehrte, dass es einige Menschenleben braucht, bis so mancher Baum seine staatliche Größe erreichte, es aber manchmal nur eine halbe Stunde dauert, einen Baum zu fällen.

Großvater wusste aber nicht nur Ernsthaftes zu berichten, er konnte auch spaßige Begebenheiten erzählen. Es handelte sich zwar stets um die gleichen Geschichten, aber obwohl ich ihren Ausgang bereits kannte, wollte ich sie immer wieder von Neuem hören. Ich hatte eine Lieblingsgeschichte. Sie handelte von Großvaters Vater, meinem Urgroßvater Jockel. Dieser war im Gegensatz zu seinem Sohn ein rechter Hitzkopf gewesen.
Mein Urgroßvater gehörte dem Gemeinderat unseres Dorfes an, bei dessen Sitzungen es immer hoch herging. Die Mitglieder trennten sich nicht selten im Streit. Nach einem der üblichen heftigen Wortgefechte lag mein Urgroßvater Jockel in seinem Bett und konnte vor Wut nicht einschlafen. Er wälzte sich unruhig hin und her, bis er den Einfall hatte, sich bei seinem schlimmsten Gegner, der ihm an diesem Abend wieder einmal ganz besonders übel mitgespielt hatte, zu rächen. Von seiner Idee beflügelt, zog er hastig die Hose über sein Nachthemd, nahm mäuschenstill seine Schuhe, die unter dem Bett standen, in die Hand und verließ leise auf nackten Füßen das Schlafzimmer. Auf keinen Fall durfte er seine Frau aufwecken, denn sie hätte mit Sicherheit versucht, ihn von seinem Vorhaben abzuhalten.
Draußen auf dem Hof suchte Urgroßvater Jockel dann einen Stein, steckte ihn in seine Hosentasche und begab sich nur Minuten später zum dunklen Haus des Stänkerers. Dort zielte

er auf das Küchenfenster und schleuderte den mitgebrachten Stein mit Wucht hinein. Als die Scheibe laut klirrend zerbrach, schlich er schnell wieder nach Hause und legte sich in sein Bett, so als ob nichts passiert sei. Er schlief so gut wie lange nicht mehr, und am nächsten Morgen fühlte er sich so wohl, wie schon lange nicht mehr. Ach, wie befreiend es doch war, wenn man seiner angestauten Wut endlich einmal Luft verschaffte.
Im Dorf kam nie heraus, wer der Steinwerfer gewesen war. Allgemein wurde vermutet, dass es die jungen Burschen auf dem Heimweg von der Wirtschaft im Übermut des Alkohols getan hätten. Mein Urgroßvater Jockel hatte immer still in sich hinein geschmunzelt, wenn die Leute derartige Vermutungen anstellten, denn niemand kam auf die Idee, einen alten nüchternen Bauern zu verdächtigen.

Es gab aber noch eine andere lustige Geschichte um den Jähzorn meines Urgroßvaters Jockel, welcher ich leidenschaftlich gerne lauschte. Deshalb quengelte ich oft bei Großvater, mir diese ebenfalls zum wiederholten Male zu erzählen.
Diese Begebenheit bezog sich auch auf die ständigen Querelen im Gemeinderat, dessen Jahresendversammlung in der Dorfwirtschaft stattfand. Dort wurde jedes Jahr ein Weihnachtsessen für die Mitglieder veranstaltet. Doch einmal hatten die Männer sich bereits bevor das Essen kam heftig zerstritten. Als dann die Wirtin – sie trug dem festlichen Anlass entsprechend eine schneeweiße Servierschürze – das Essen servierte, griff mein Urgroßvater Jockel beherzt auf seinen Teller. Mit einem kräftigen Schwung warf er sein Bratenstück, das in einer dickflüssigen, braunen Soße schwamm, in Richtung seines Kontrahenten. Die klebrige Soße bespritzte die verdutzt drein-

schauenden umsitzenden Gemeinderatsmitglieder. Das fettige Bratenstück aber flog direkt in das Gesicht von Urgroßvaters Feind, woraufhin dieser wie ein begossener Pudel aussah. Soßenspritzer liefen ihm über die Wangen und tropften an seinem üppigen Bart herunter auf das Jackett seines Sonntagsanzugs. Aber der Mann sammelte sich flugs und langte ebenfalls mit der Hand nach seinem Stück Bratenfleisch, um es nach Urgroßvater Jockel zu werfen. Allerdings konnte er nicht so gut zielen wie dieser, und so landete das Bratenfleisch-Wurfgeschoss bei einem unschuldigen Gemeinderatsmitglied. Dieser schien lediglich ein paar Sekunden lang erschrocken, denn geistesgegenwärtig schleuderte dieser nun sein bereits angegessenes Stück Bratenfleisch ebenfalls durch den Gastraum.

So kam es, dass sich binnen kurzer Zeit der gesamte Gemeinderat mit Bratenfleischstücken, bewarf. Im Endeffekt sahen alle Männer wie nach einer Schlammschlacht aus. Selbst den Wirt, der sich keineswegs in der Schusslinie, sondern bierzapfend hinter dem Tresen befunden hatte, traf ein riesiges vor fettiger Soße triefendes Bratenfleisch-Wurfgeschoss direkt am Kopf. Später behauptete er steif und fest, einer müsse genau auf ihn gezielt haben, und wenn er herausfinden würde, wer das gewesen sei, müsse dieser sich warm anziehen, denn er werde ihm eine schallende Ohrfeige verpassen.

Seine Frau stand immer noch in ihrer festlich gerüschten Servierschürze, die nun keineswegs mehr sauber aussah, mit weit aufgerissenen Augen da. Es war einfach unglaublich: So etwas, wie das hier, hatte sie in ihrem ganzen Leben noch nicht gesehen! Sie blickte zum Bürgermeister hin, als erwarte sie von ihm als Vorsitzenden der Veranstaltung eine Erklärung. Schließlich hatte sie den riesigen Braten den ganzen Nachmittag über im

Ofen gehütet und eifrig darauf geachtet, dass die Kruste auch ja recht knusprig wurde, und jetzt lag die ganze Pracht auf den alten Holzdielen des Fußbodens. Der Bürgermeister aber sagte kein einziges Wort. Es schien sich um einen der wenigen Fälle zu handeln, die ihm gänzlich die Sprache verschlugen.
Im darauffolgenden Jahr weigerte sich die Wirtin beständig, einen Weihnachtsbraten für die Mitglieder des Gemeinderats zuzubereiten, und so gab es für die Männer, die das Dorf regierten, in diesem Jahr nur kalte Würstchen mit Kartoffelsalat, beides Fertigprodukte aus einem Plastikeimer.

Großmutter

Großmutter war eine große hagere Frau. Ihr stahlgraues Haar trug sie stets zu einem strengen Knoten aufgesteckt. Sie strahlte etwas Soldatisches aus. Vor ihr hatte man Respekt. Im Dorf erzählten sich die Leute, dass sie auf unserem Hof das Sagen hätte. Diese allgemeine Meinung war wohl entstanden, weil Großvater aus Bequemlichkeit ihr die Entscheidungen des täglichen Lebens überließ. Ging es allerdings um Dinge, die er für wichtig erachtete, so bestimmte selbstverständlich er als uneingeschränkter Prinzipal auf dem Gehöft meiner Großeltern. Kam unverhofft Besuch auf unseren Hof, drehte Großmutter schnell ihre Schürze um, sodass das saubere Innenteil nach außen zeigte. Für mich roch sie stets irgendwie nach frisch gebackenem Hefekuchen mit Schlagsahne. Sah Großmutter, dass ich Kummer hatte, so tröstete sie: „Iss erst mal was Anständiges, dann geht es besser.“ Merkte sie, dass ich den Kopf über einen längeren Zeitraum hängen ließ, so kochte sie mir leckeren

Kakao, in den sie einen kräftigen Löffel Rahm unterrührte. Sie behauptete, dass dies das beste Rezept gegen schlechte Laune sei.

Zwei Dinge waren Großmutter heilig, zum einen die Sonntagnachmittage und zum anderen ihre irdenen Töpfe, die ganz oben auf dem Küchenschrank standen. In den Töpfen befand sich Milch, die sie entweder zu Buttermilch, Dickmilch oder auch Sauerrahm werden ließ. Den Inhalt dieser Töpfe überprüfte sie jeden Abend auf den Reifegrad hin.

Ihre Sonntagnachmittage waren etwas ganz Besonderes, denn da hatte sie gewissermaßen frei. Die gesamte Woche über arbeitete Großmutter unendlich viel im Haus und auf dem Hof. Ihr blieb keine Zeit für sich selbst. Nur sonntags, wenn das Geschirr vom Mittagessen abgespült war, begannen ein paar Stunden, die ihr ganz alleine gehörten. Sie zelebrierte diese Nachmittage und genoss sie unendlich. Zuallererst ging sie nach oben in ihr Schlafzimmer, um ihr Sonntagskleid anzuziehen. Es handelte sich viele Jahre um das gleiche und bestand aus dunkelblauem Samtstoff mit einem weißen Spitzenkragen. Dann frisierte sie sich sorgfältig. So sonntäglich gewandet, spazierte sie als erstes durch ihren Garten und pflückte je nach Jahreszeit einen Strauß Schneeglöckchen, Narzissen, Tulpen, Astern oder was die Erde gerade hergab. Diesen Blumenstrauß stellte sie auf den Küchentisch, welchen sie vorher mit einer gestärkten weißen Tischdecke versehen hatte.

Nun konnte es losgehen. Großmutter liebte es, die Zeitung zu lesen und Kataloge durchzublättern. Stundenlang saß sie ruhig in ihre Lektüre versunken auf einem harten Küchenstuhl. Wenn ich die Augen schließe, sehe ich sie heute noch vor mir, mit ihrem angestrengten Gesichtsausdruck und der ungewohnt monströsen Brille auf der Adlernase. Über viele Jahre hinweg wusste sie genau darüber Bescheid, was in den Katalogen angeboten wurde, dabei bestellte sie nicht ein einziges Mal in ihrem Leben etwas. Ihr reichte das Anschauen, im Prinzip begnügte sie sich mit dem, was sie hatte.

Auch die Zeitung lass Großmutter aufmerksam von vorne bis hinten durch. Sie schwärmte für Jackie Kennedy, aber ihre wirkliche Leidenschaft galt den großen Kriminalfällen der Zeit. Besonders zogen sie die Verbrechen der halbseidenen Welt an. Begierig verfolgte sie den ersten großen Sittenskandal der Adenauerzeit, den Mord an der Frankfurter Edelprostituierten Rosemarie Nitribitt. Wenn sie manchmal etwas bestürzte und noch jemand in der Küche war, las sie die Berichte laut vor. Da Großmutter es nicht gewohnt war, laut zu lesen, klangen ihre Betonungen der einzelnen Silben äußerst drollig. Als sie Großvater vorlas, dass die Lebedame (bei meiner Großmutter klang es wie Lääpedaame) Nitribitt in ihrem Apartment nur Kunden aus der besseren Gesellschaft empfangen habe, war dessen Kommentar, dass die alle mal ordentlich auf dem Feld arbeiten müssten, dann würden denen die Flausen schon vergehen. Großmutter las weiter vor, dass die Lääpedaame Nitribitt in ihrem schwarzen Mercedes 190 SL Cabrio mit Weißwandreifen, ihren Pudel neben sich auf den roten Ledersitzen, täglich mehrmals durch Frankfurt gefahren sei. Nachdenklich geworden bemerkte sie, die alte Bäuerin, dass sie sich solch ein Leben noch nicht einmal im Traum vorstellen könnte.

Da dieser spektakuläre Kriminalfall über viele Wochen die Seiten der Presse füllte, fieberte Großmutter bei der Suche nach dem Mörder eifrig mit. Die Zeitungen berichteten von prominenten Kunden der Edelprostituierten Nitribitt aus Politik und Wirtschaft. Als sie einmal Großvater so berühmte Namen vorlas wie Harald Quandt, Gunter Sachs, Ernst Wilhelm Sachs und auch den des Krupp-Sprosses Harald von Bohlen und Halbach, die mit dem Verbrechen in Verbindung gebracht wurden, argwöhnte dieser, dass der ganze Fall, nach seiner Meinung, wie das Hornberger Schießen ausgehen werde. Damit meinte er, dass nichts dabei herauskomme. Den Großen würden sie sowieso nichts tun, denn Fett schwimme immer oben, schloss er seine Ausführungen. Als die Justiz dann endlich einen Handelsvertreter vor Gericht stellte, der am Ende allerdings aus Mangel an Beweisen freigesprochen wurde, stellte Großvater fest: „Na, habe ich es nicht gleich gesagt, dass sie versuchen werden, es einem Kleinen anzuhängen."

Ein anderer, späterer Kriminalfall, der als Skandal die Öffentlichkeit sogar jahrelang beschäftigte, zog natürlich auch meine Großmutter in den Bann. Wieder einmal las sie die Sensationsschlagzeilen laut vor: „Erschoss das blonde Gift (‚Giiift') den Liebhaber und die Haushälterin?", „Luxus – Laster – Lügen", „Münchener Bettgeschichten", „Jetzt wird schmutzige Wäsche gewaschen" usw. Auch dieses Mal ging es um eine sogenannte Lääpedaame. Die Münchenerin Vera Brühne stand im Verdacht, den Arzt Dr. Otto Praun und dessen Haushälterin Mathilde Kloo ermordet zu haben. Die Zeitungen waren voll mit Sätzen wie „Nur so eiskalte blaue Augen können töten". Die gesamte Berichterstattung der Presse stürzte sich auf das „blonde Gift" Vera Brühne und verurteilte sie, bevor der Fall überhaupt untersucht worden war.

Obwohl meine Großmutter keine Ahnung von der „großen Welt" hatte, stellte sie ihre eigenen Theorien auf. Obendrein vertrat sie die Meinung, dass es nicht richtig sein könne, einem Menschen wegen seines unsittlichen Lebenswandels und Äußerlichkeiten einen Mord anzuhängen, wie sie es nannte. Ihr war Vera Brühne als Täterin zu einfach für die Lösung dieses komplizierten Mordfalls. Als diese dann zwei Jahre später zusammen mit ihrem langjährigen Freund Johann Ferbach in einem Indizienprozess für die Tat verurteilt wurde, regte Großmutter sich beim Lesen der Zeitung fürchterlich auf, da ihres Erachtens nach die Falschen ins Gefängnis kamen. Sie schalt über die zu Gericht sitzenden Mannsleute und sagte, dass es der Brühne das Genick gebrochen habe, dass sie eine Lääpedaame gewesen sei.

Ein weiteres Steckenpferd meiner Großmutter war die Herstellung von Obstweinen und Likören. Keine Frucht war vor ihr sicher. Selbst Großvater, der sie ansonsten nur äußerst selten lobte, bezeichnete sie als Spezialistin und pries ihren Johannisbeerwein in den höchsten Tönen. Er behauptete, der Wein sei das Beste, was seine Frau jemals gemacht habe. Wenn Großmutter Likör zur Fermentierung ansetzte, standen alle Fensterbänke in unserem Haus voller Flaschen. Oft sah ich ihr fasziniert dabei zu, wie sie Alkohol, Kandiszucker und Früchte in die Flaschen mischte.

In unserer Vorratskammer lagerten stets große Mengen von Zucker und Kandiszucker. Nicht selten plünderte ich den Sack mit dem Kandiszucker, indem ich mir die Taschen randvoll mit den Steinchen stopfte. Am liebsten mochte ich den brauen. Zwar klebten dann meine Taschen fürchterlich, aber das war der süße Genuss wert. Wenn es mir selbst manchmal bereits übel von der Süße war, verteilte ich großzügig Kandiszuckerstücke auf der Straße an meine Spielgefährten. Demzufolge stieg mein Ansehen ganz entschieden, und ich durfte auch einmal bestimmen oder Anführer bei unseren Spielen sein. Als ich begann, mit den süßen Steinen auch noch in das Tauschgeschäft einzusteigen, und von daher immer größere Mengen konfiszierte, nahm Großmutter mich beiseite und erklärte mir den Unterschied zwischen Mundraub und Diebstahl. Sie sagte: „Wenn du den Kandiszucker lediglich für dich zum Lutschen holst, ist das Mundraub, aber wenn du große Mengen zum Weitergeben nimmst, handelt es sich schlichtweg um Diebstahl und du bist eine Diebin, die ihre eigene Großmutter beklaut." Obwohl sich mein Geschäft als sehr lukrativ erwies, hörte ich sogleich damit auf, denn eine richtige Diebin, das wollte ich auf gar keinen Fall sein.

Im Winter, wenn die Arbeit auf dem Feld getan war, begann Großmutter Strümpfe für die ganze Familie zu stricken. Einmal in der Woche hielt sie ein Strickkränzchen ab. An solchen Tagen begann sie bereits nachmittags die gute Stube einzuheizen, damit es abends auch mollig warm war, wenn die Nachbarsfrauen kamen, um gemeinsam an den Handarbeiten zu werkeln. Großmutter sparte an diesen Abenden nicht mit ihren Obstweinen und Likören. Die ungewohnten alkoholischen Getränke hoben die Stimmung der Frauen an, sodass ihr Geschwätz, welches das Klappern der Stricknadeln begleitete, mit fortschreitender Stunde stetig lauter und schriller wurde.
Großvater argwöhnte, dass es bei diesen abendlichen Treffen mehr ums Trinken als ums Handarbeiten ginge. Nicht nur, dass er meinte, Frauenspersonen und Alkohol passen nicht zusammen, er vertrat noch dazu die Ansicht, dass sie einen guten Tropfen ohnehin nicht zu schätzen wüssten. Der Ausschank der

guten Weine und Liköre sei somit gewissermaßen als werfe man Perlen vor die Säue. Sein Eheweib ließ sich jedoch nicht beirren, selbst dann nicht, als einmal ein Strickkränzchen ausartete und die Bäuerinnen erst gegen Morgen singend und kichernd nach Hause wankten. Großvater schalt, dass er sich im ganzen Dorf schämen müsse, wenn in seinem Haus solche „Altweiber-Saufgelage" stattfinden würden. Er hielt Großmutter vor, dass sie ihre Ehre verlieren würde, wenn sie in Zukunft nicht dazu überginge, Apfelsaft anzubieten. Das verstand ich nicht, denn nach dieser Logik hätten er und Vater doch auch ihre Ehre verlieren müssen, wenn sie mal einen „in der Krone hatten", wie sie es selbst nannten, wenn sie zu viel tranken.

Großvater und Vater

Von allen Bewohnern unseres Hauses liebte ich meinen Großvater am meisten. Gab es einmal Schwierigkeiten, so wusste er stets eine Lösung. Ich mochte seinen Geruch nach Kühen und Pferden und genoss die Ruhe, die er ausstrahlte. Bei ihm fühlte ich mich unendlich geborgen. Später, in meinem Erwachsenenleben, habe ich mich immer wieder nach dem Gefühl dieses wunderbaren Aufgehobenseins gesehnt. Es ist mit Sicherheit kein Zufall, dass mein Ehemann große Ähnlichkeit mit ihm hat. Manchmal denke ich, dass ich Großvater geheiratet habe.

Großvaters Wahlspruch lautete „Meine Ruhe ist mir heilig", und da er oft mit Fug und Recht behauptete, mit dieser Devise in der falschen Familie gelandet zu sein, waren seine Hauptaufenthaltsorte die Scheune und die Stallungen. Nicht selten hielt auch ich mich bei ihm in den Nebengebäuden unseres

Anwesens auf – besonders wenn eine der Frauen mich für irgendeine Übeltat ausschimpfen wollte. Großvater schlichtete dann stets, indem er meine vermeintliche Tat herunterspielte. Aber nicht nur deswegen zog es mich in seine Nähe: Es faszinierte mich, dass er mit den Tieren sprach. Egal ob es sich um die schwerfälligen Ochsen, seine geliebten Pferde, die Kühe oder kleinere Lebewesen handelte, er beachtete sie alle. Sogar auf das Schwalbennest in seinem Kuhstall war er stolz. Ich wusste immer genau, wann er traurig war oder er ein Problem hatte. Denn dann striegelte er ausgiebig, mit nachdenklichem Gesichtsausdruck, eines seiner Tiere und redete kein einziges Wort.

Sommers wie winters trug Großvater eine schwarze Weste, in deren Täschchen eine Taschenuhr steckte. Die dazugehörige goldene Uhrkette zog sich quer über seinen Bauch. Er war ebenso groß und hager wie Großmutter. Sein Gang war aufrecht und seine Schritte bedächtig, auf eine gewisse Art haftete ihm stets etwas Feierliches an. Großvaters Vollglatze rührte von einer Verletzung mit der Kreissäge her. Bei einem Unfall am Sägebock hatte er sich so stark am Kopf verletzt, dass danach kein einziges Haar mehr wuchs.

Er sprach auch einige beachtliche Worte Französisch. Diese Kenntnisse hatte er durch den Umgang mit seinem französischen Fremdarbeiter Roche während der Kriegszeit erworben. Großvater war ein Menschenfreund. Zwischen ihm und Roche, dem Gefangenen, entstand bei der gemeinsamen Arbeit auf dem Hof und dem Feld eine gute Kameradschaft. Die regierenden Nazis bezeichneten die Franzosen zwar als die Erzfeinde Deutschlands, aber für meinen Großvater war Roche in erster Linie einfach nur ein Mensch. Zur damaligen Zeit gab es die Verordnung, dass Fremdarbeiter nicht mit am Tisch der deutschen Familien essen durften. Die meisten Bauern hielten sich aus Angst vor Strafen daran. Großvater jedoch sah das nicht ein: Auf seinem Hof gab es Arbeit für Roche, also gab es an seinem Tisch auch Essen für Roche, pflegte er zu sagen. Er war sein ganzes Leben lang ein Dickkopf, wenn er von etwas überzeugt war, so lebte er es auch.

Mein Vater spielte keine größere Rolle in unserem Familienverband. Meist verhielt er sich ruhig, da er im Hause meiner Großeltern ohnehin nicht viel zu melden hatte. Sein geringer Stellenwert hatte zwei Gründe: Erstens stammte er von einem bedeutend kleineren Bauernhof ab als dem, in welchen er eingeheiratet hatte. Zweitens war er ein Zugfahrer, wie die Bauern des Dorfes jene Männer nannten, die nicht auf den Höfen arbeiteten, sondern mit der Bahn zur Arbeit fuhren. Beides führte zur Geringschätzung meines Großvaters.

Wenn Vater es dennoch einmal wagte, seine Stimme zu erheben, wies Großvater ihn darauf hin, dass er in seinem Haus lebe und keine Miete zahle. Der Alte fügte stets noch hinzu, dass nur er selbst auf seinem Anwesen zu bestimmen habe. Obwohl meine Beine noch sehr kurz waren, als ich das zum ersten Mal hörte, glaubte ich es nicht. Denn selbst ich hatte schon erkannt, dass eigentlich Großmutter mit weiblicher Finesse ihren Willen fast immer durchsetzte.

Mein Vater trug meist einen dunkelgrauen, ausgebeulten aber samtweichen Cordblouson. Wenn er mir Geschichten erzählte, schmiegte ich mich an ihn und genoss, dass er so gut nach Vater roch. Wenn seine Jacke am Hacken im Flur hing und mich keiner sah, kuschelte ich mich manchmal fest darin ein. Vater hatte etwas ganz Besonderes, er strahlte eine unverwüstliche Lebensfreude aus, die er sich von fast nichts nehmen ließ. Es musste schon arg kommen, dass er nicht mehr vor sich hin pfiff und sang. Großvater fand diesen Frohsinn affig und bemerkte, das sei die Art von Schiffschaukelbremsern auf der Kirmes, aber nicht von rechtschaffenen Menschen.

In seinem Heimatdorf hatte Vater einem Musikverein angehört, deshalb spielte er wunderschön Mundharmonika. Manchmal holte Vater abends vor dem Schlafengehen das kleine Instrument heraus und gab einige Lieder zum Besten. Großvater nannte das Spielen mit der Mundharmonika eine brotlose Kunst oder auch „Gedudel", aber ich liebte diese Abende. Oft hörte ich die lustigen Töne abends aus der Küche bis oben in mein Bett. Sie begleiteten mich nicht selten beim Einschlafen.

Manchmal wartete ich am frühen Abend draußen auf Vater. Er kam um diese Tageszeit von der Arbeit nach Hause. In der Mitte unseres Hofes stand ein riesiger alter Kastanienbaum, unter dem sich ein kleines Holzbänkchen befand. Dort saß ich dann, mit den Beinen baumelnd, und hielt Ausschau nach ihm. Zuweilen brachte er mir „Hasenbrot" mit. So nannte er das Brot, welches er tagsüber nicht aufgegessen hatte. Ich fand, dass es unglaublich köstlich schmeckte. Aber mein Bruder wies mich einmal darauf hin, dass ich ja wohl blöde sein müsse, solch ein altes Brot gut zu finden. Gleichwohl ließ ich mich nicht beirren und aß weiterhin mein geliebtes „Hasenbrot", denn dieses Brot schmeckte für mich nach Vater. Heute weiß ich, dass das Außergewöhnliche an diesen Stullen der Beigeschmack von Leder war. Schließlich hatten die Brote den ganzen Tag in der alten Ledertasche meines Vaters zugebracht. Lehne ich mich zurück und versenke mich in Gedanken an die damalige Zeit,

so erinnere ich mich noch ganz deutlich an den einzigartigen Geschmack dieses „Hasenbrotes“.
Sonntagmorgens sammelte mein Vater die Schuhe der ganzen Familie ein und startete eine große Schuhputzaktion. Bei dieser Arbeit drehte er das Radio laut auf. Er hörte Volksmusik aus dem Deutschlandfunk und pfiff vergnügt dazu. Ich glaube, er liebte es, wenn am Ende alle Schuhe glänzend vor ihm aufgereiht standen. Großvater waren diese Putzorgien ein Dorn im Auge. Er wies dann immer darauf hin, dass Schuhe putzen Weiberarbeit sei und Vater lieber etwas Vernünftiges auf dem Hof tun solle.
Vater hatte wirklich kein leichtes Los. Er stand ziemlich weit unten in unserer Familienhierarchie. Großvater beziehungsweise Großmutter waren die Oberhäupter, dann folgten Mutter und Tante Herminchen, beide starke Persönlichkeiten, die mit dem Willen zu Machtpositionen innerhalb des Familienverbands geboren waren. Vater befand sich in der Rangordnung nur ganz kurz über uns Kindern. Das kam aber auch, weil er sich schwach und nachgiebig zeigte. Natürlich nutzten alle das nach Strich und Faden aus: Die Frauen unseres Haushalts machten nicht selten einen Befehlsempfänger aus ihm.

Der Nachbar Fritz

Die Gebäude unseres Anwesens standen in Hufeisenform zueinander, sodass sich ein großer Innenhof ergab. Nur der gegenüberliegende Nachbar konnte unseren Hof einsehen. Aber auch wir bekamen alles auf dem Nachbaranwesen mit. Das Familienoberhaupt dort war der Fritz, den man im Dorf, wohlweislich

nur hinter seinem Rücken, das „Rucksackgesicht“ nannte. Während unser Toilettenhäuschen sich zurückgesetzt in einer abgelegenen Ecke des Hofes befand, fiel der Blick aus unserer Haustüre direkt auf die herzchenverzierte Tür des ziegelroten Häuschens der Nachbarn. Wenn man früh aufstand, konnte man allmorgendlich das gleiche Schauspiel beobachten. Das Rucksackgesicht saß bei weit offen stehender Türe auf dem Thron, und davor stand seine Familie, um die Anweisungen für den Tag entgegenzunehmen. An den Tagen nach seinen Zechtouren dauerte dieses Prozedere endlos lange: Seine Frau, die Irma, blieb nach dem offiziellen Teil weiter vor der offenen Türe stehen, um die Neuigkeiten zu hören, die das Rucksackgesicht in der Gastwirtschaft erfahren hatte. Als ich Großvater einmal fragte, wieso sie den Fritz überall nur das Rucksackgesicht nannten, lachte er und sagte: „Ja, fällt dir denn nicht auf, dass er ein Gesicht wie ein Rucksack hat?“ Nein, ich fand, dass das Gesicht von Fritz eher nach gegorener Milch aussah.
Es gab aber auch ein Geheimnis um den Fritz. Da ich meine Ohren überall hatte, hörte ich Dinge, die keinesfalls für Kinderohren bestimmt waren. So hatte ich mitbekommen, dass der Fritz so komisch aussah, weil er der Sohn seines eigenen Großvaters war. Wie das gegangen sein sollte, wusste ich nicht, aber meine Großmutter schien es ganz genau zu wissen. Ich hatte sie und Tante Herminchen belauscht, als sie sich mit gedämpften Stimmen darüber unterhielten. In diesem Gespräch sagte Großmutter: „Das kann doch ein Blinder mit dem Krückstock sehen, dass der vom ‚Alten Bart‘ (das war der Spitzname des Großvaters) ist.“ Großmutters Ton wurde noch ein bisschen leiser, als sie weiter ausführte, dass damals, als der Mann von Fritz’ Mutter im Krieg gewesen war, der Alte bei der jungen

Frau im Bett gelegen habe. Aber außer, dass ich es spannend fand, etwas zu wissen, was die Erwachsenen sich zuflüsterten, fand ich das Ganze doch recht kompliziert. Es war ja eigentlich auch egal, denn das Rucksackgesicht verhielt sich mir gegenüber immer freundlich. Er war sowieso meistens gut gelaunt und hatte stets einen flotten Spruch auf den Lippen. Wurde ihm zum Beispiel erzählt, dass einer aus unserem Dorf gestorben sei, so rief er aus: „Lieber der als ich!"
Nur neidfrei war das Rucksackgesicht nicht. Es ärgerte ihn, dass er keine Alten auf dem Hof leben hatte, die eine Rente bekamen. Am missgünstigsten beäugte er die Familien, die eine Kriegerwitwe zu ihrem Haushalt zählten. Denn es war allgemein bekannt, dass diese eine „gute" Versorgung bezogen. Und weil die alten Frauen meist wenig benötigten, steuerten sie ihr Renteneinkommen zum allgemeinen Haushalt bei. Da dies, wie gesagt, bei ihm nicht der Fall war, fand er, dass er zu kurz gekommen sei. So lautete auch einer seiner Lieblingssprüche: „Wo keine Rente kommt ins Haus, da sieht es gar öd und traurig aus!"

Eine Zeit lang kam das Rucksackgesicht, bevor er abends in die Dorfwirtschaft „Zum Schwarzen Schaf" ging, bei uns vorbei, um meinen Vater zu fragen, ob er mitgehen wolle. Der wollte natürlich immer. Da Vater aber nach diesen gemeinsamen Abenden mit dem Nachbarn immer mit den Frauen unserer Familie krakeelte, vermutete Mutter, dass das Rucksackgesicht ihn aufwiegeln würde. Als Vater dann einmal wortwörtlich äußerte „Was ein Weiberrock sagt, dass darf man nicht ernst nehmen", war es klar! So einen Ausspruch konnte er nur vom Rucksackgesicht haben. Mutter stellte ihren Mann augenblicklich zur Rede, und er gab zu: „Ja, das hat schon der Fritz gemeint.“ Nun beschloss Mutter: „Da muss ein Riegel vorgeschoben werden!“ Und das tat sie auch gleich am nächsten Abend, als das Rucksackgesicht frohgelaunt in unserer Küche erschien, um Vater abzuholen. Energisch, wie es ihre Art war, teilte sie ihm mit, dass er alleine losgehen müsse, weil sie sich von ihm ihren Albert nicht aufhetzen lassen würde. Dergestalt endeten die gemeinsamen Wirtschaftsbesuche von Vater und dem Rucksackgesicht, bevor noch Schlimmeres passieren konnte.

Einschulung

Anfang der sechziger Jahre pflegte man in unserem Dorf noch einen schönen alten Brauch: Der Tag der Einschulung wurde wie ein Festtag begonnen. Morgens bildeten die älteren Schüler einen Umzug, der zu den Häusern der zukünftigen Schüler führte, um diese abzuholen. Den Buben steckten sie ein Blumensträußchen an und den Mädchen setzten sie einen Blumenkranz auf das Haar. Zum Schluss bewegte sich der Zug zum Schulhaus hin. Dort hatte der Dorfdiener die Bestuhlung auf den Schulhof hinausgetragen und ein imposantes Rednerpult aufgestellt.

Reden waren ein wichtiger Bestandteil bei den Festlichkeiten in unserem kleinen Ort. Zuerst war der Herr Pfarrer dran. Er ließ sich lang und breit darüber aus, dass Lernen gottgefällig sei und alle Kinder ja kräftig lernen sollten. Das interessierte niemanden so richtig. Alle warteten nur auf die gebratenen Würste, deren Duft bereits betörend durch die Luft zog. Noch dazu lenkten der lautstarke Aufbau des Holztanzbodens und das Einstimmen der Instrumente der Musikkapelle die Aufmerksamkeit der Menschen von dem christlichen Erguss ab. Der Herr Pfarrer indessen ließ sich nicht beirren und redete immer lauter, zum Schluss mit kreischender Stimme, gegen den Lärm an. Doch mit der Predigt des Herrn Pfarrers war die Geduldsprobe für die Bewohner von Kirschhausen noch nicht zu Ende. Jetzt ging es sogar erst richtig los. Der Herr Bürgermeister und der Herr Lehrer wollten schließlich auch noch drankommen. Da sie so bedeutende Leute im Dorf waren, hielten sie ebenfalls lange, salbungsvolle Reden. Doch irgendwann endeten auch die ausgiebigsten Vorträge, und die braven Zuhörer wurden belohnt, indem das wirkliche Fest begann. Jetzt wurde gegessen, getrunken, wild durcheinandergeredet, schallend gelacht und natürlich getanzt.

Weil meine Großmutter mit Vorliebe Geschichten von ihrem Lieblingsbübchen, meinem Bruder, erzählte, berichtete sie gerne von dessen erstem Schultag. Als sie Edgar danach gefragt habe, wie es denn in der Lehranstalt gewesen sei, habe der kleine Knirps seine Hände in die Hüften gestemmt und mit ernsthafter Miene geantwortet: „Du wirst es nicht glauben, aber ich muss da morgen schon wieder hin!"
Doch auch zu den neuen nachmittäglichen Pflichten hatte Edgar seine ganz eigenen Überlegungen geäußert. Da er es gewohnt war, dass ihm seine Großmutter alles Unangenehme abnahm, erkundigte er sich doch tatsächlich bei ihr, ob sie nicht für ihn die Hausaufgaben machen könne, damit er mehr Zeit für wichtige Dinge habe.

Die Dorfschule

Seiner Zeit gab es nur acht Jahrgangsstufen. Diese waren in unserem Dorf in einem einzigen großen Schulzimmer untergebracht, und alle Schüler wurden von nur einem Lehrer unterrichtet. Die verschiedenen Schuljahre wurden getrennt mittels der Gestaltung der Tische in Hufeisenform, welche in Ringen – sozusagen Altersringen gleich – aufgestellt waren. Im innersten Hufeisen saßen die erste und die zweite Klasse, im folgenden Hufeisen die dritte und die vierte Klasse usw. bis zur achten Klasse hin. Allerdings stellten diese Grenzen keine festen Einheiten dar, denn war ein Jahrgang mal besonders zahlreich oder besonders klein, so wurde diese Sitzordnung einfach recht frei umgestaltet.
Die Geburtenjahrgänge waren manchmal wirklich sehr unterschiedlich stark. Zum Beispiel bestand das Schuljahr über mir aus nur drei Schülern. In meiner Stufe waren immerhin sechs Kinder. Der Jahrgang nach mir dagegen sprengte fast den ganzen Klassenraum, denn da gab es sage und schreibe tatsächlich 13 Schüler. Diese große Anzahl stellte einen absoluten Rekord für unser kleines Dorf dar. Dermaßen viele Kinder in einem Jahr, das hatte es in Kirschhausen noch nie gegeben. Es kursierten die unterschiedlichsten Geschichten darüber, warum das so war. Letztendlich entbehrten alle angestellten Vermutungen einer soliden Grundlage. Aber wie konnte es anders sein, natürlich wurden auch viele Witze, die meisten davon nicht jugendfrei, über dieses fruchtbare Jahr in unserem Dörfchen gemacht.

Die Frage, wie ein Lehrer acht Jahrgangsstufen gleichzeitig unterrichten konnte, ist schnell beantwortet: Er zog ganz einfach die älteren Schüler heran, um die unteren Klassen zu unterweisen. Dergestalt lehrte ein Siebtklässler der ersten Klasse das ABC oder ein Achtklässler übte lesen mit der zweiten Klasse. Ich hatte mit diesem System ein mächtiges Autoritätsproblem. Bei mir ging es einfach nicht, dass ich den Anordnungen zum Beispiel von unseren Nachbarjungs, dem Hansi oder dem Freddy, folgen konnte – auch wenn diese noch so ernsthafte Gesichter machten.

Ganz arg trieben die beiden es, wenn unser Herr Lehrer einmal hinausging und ihnen die Aufsicht übertrug. Dann taten sie furchtbar wichtig, und bei allem, was sie sagten, schlugen sie mit dem Zeigestock des Herrn Lehrers auf das Pult, sodass es laut knallte. Sie hatten auch die Aufgabe, die Namen der Störenfriede an die Tafel zu schreiben. Nicht selten schrieben sie ohne Anlass Namen von Schülern dazu, die sie gerade nicht leiden konnten. Gegen diese Gemeinheit konnte man sich nicht wehren, da man kein Recht zum Widerspruch hatte. Einmal schrieben Freddy und Hansi auch mich einfach so auf. Daraufhin bekam ich die übliche Strafarbeit aufgetragen, die aus sinnlosem Abschreiben mehrerer Seiten aus dem Religionsbuch bestand. So hatte ich eine saumäßige Wut auf die beiden gemeinen Bürschchen.

Nach dem Mittagessen sagte Großvater, dass er aufs Feld hinausfahren wolle. Er forderte mich auf: „Komm mit! Du siehst aus, als ob dir eine Laus über die Leber gelaufen ist und dir ein bisschen frische Luft um die Nase ganz gut tun würde." Grollend lehnte ich ab und erzählte ihm, dass ich von den „Ersatzlehrern" Hansi und Freddy völlig grundlos an die Tafel geschrieben worden war und nun den ganzen Nachmittag über an einer blöden Strafarbeit sitzen müsse. Großvater brummte etwas in seinen Bart und entgegnete: „Wenn einem jemand Unrecht tut, muss man aufpassen, dass sich der Zorn nicht im Bauch anstaut, sodass man am Ende noch Bauchschmerzen bekommt." Als er bereits im Gehen war, drehte er sich noch einmal um und fügte hinzu: „Es ist viel gesünder, wenn man seinen Ärger herauslässt."

Der hatte gut reden, wie sollte ich das denn machen? Als ich über dem Religionsbuch saß und mir sozusagen die Finger wund schrieb, kam mir eine Idee: Ich würde meinem Ärger Luft machen und das im wahrsten Sinne des Wortes. Den Blödmännern Freddy und Hansi musste unbedingt einmal die Luft aus ihren Fahrrädern herausgelassen werden. Ach, ging es mir auf einmal wieder so gut! Rache war Blutwurst! Großvater hatte ja so recht!

Die Vergeltung folgte auf dem Fuße, nämlich noch am gleichen Tag. Denn ich wusste, dass am späten Nachmittag die zwei angepeilten Fahrräder vor der Kirche stehen würden, da Freddy und Hansi dort am Konfirmandenunterricht teilnahmen.

Aber das Beste an diesem Gegenschlag war, dass bei der großen Anzahl von Feinden, welche die beiden „Ersatzlehrer" verzeichneten, nicht der geringste Schatten des Verdachts auf mich fiel. Das war der Tag, an dem ich es vermied, Bauchschmerzen zu bekommen.

Der Herr Lehrer

Meine Schulzeit war wirklich keine Glanzzeit. Meist trabte ich frühmorgens lustlos in Richtung des alten Schulhauses. Ich ließ mir Zeit, da mich sowieso nichts in das düstere graue Gebäude zog. Nicht nur, dass mir das stundenlange Stillsitzen schwer

fiel, nein, auch dass der Herr Lehrer mich ganz offensichtlich nicht leiden konnte, hob nicht gerade meine Stimmung auf diesem Weg.
Der Herr Lehrer, wie wir ihn nennen mussten, hatte mich zu einem Problemfall erklärt. Das Dilemma begann bereits mit seiner Anrede. Da ich in der frühen Phase meines Lebens die Buchstaben e und i wie den Buchstaben ö aussprach, redete ich den Herrn Lehrer mit Hörrn Löhrör an, was ihn sehr ärgerte. Noch dazu war ich ihm zu aufmüpfig und zu vorwitzig. Ich hörte einmal, wie er mich bei Vater als eine „respektlose Rotznase" bezeichnete. Der springende Punkt in meiner Beziehung zum Hörrn Löhrör war, dass wenn ich etwas nicht einsah, so tat ich es nicht. Da nutzte auch das Androhen von Strafen nichts. Viele Stunden meiner ersten Schuljahre verbrachte ich deshalb in einer Ecke der Schulstube, mit dem Gesicht zur Wand stehend. Das war die übliche Strafe für Ungehorsam.

Das freie Leben auf dem Hof mit Großvater hatte mich geprägt. Er war es, der mir Rückenstärke vorlebte. Wenn ich bei ihm im Stall auf den Strohballen saß und ihm bei seiner Arbeit zusah, vermittelte er mir seine Weltanschauung. Einer seiner wichtigsten Leitsätze war, niemals aufzugeben, wenn man sich im Recht fühlte. Großvater vertrat ohnehin den Standpunkt, dass der Lehrer uns alle zu Duckmäusern erziehen würde und dass die Schule vom Prinzip her darauf angelegt wäre, uns Kindern das Rückgrat zu brechen. Noch dazu sei das meiste, was in der Schule gelehrt werde, für das wirkliche Leben sowieso gänzlich unbrauchbar.
Einmal, als ich völlig aufgelöst und weinend nach Hause kam, lief Großvater in seiner Stallkleidung – die derben Stiefel wa-

ren voller Dreck, die ausgebeulte Hose geflickt und die alte Strickjacke mit verschiedenfarbiger Wolle verlängert – in das Schulhaus, um dem Hörrn Löhrör mal ordentlich die Meinung zu sagen. Großmutter jammerte daraufhin, dass wir jetzt alle blamiert seien. Denn Großvater hätte sich, bevor er zu dem Herrn Lehrer ging, waschen und umziehen müssen. Aber Großvater verkündete, dass er nicht einsehe, dass man sich waschen müsse, um jemandem mal den Marsch zu blasen, das ginge ungewaschen genauso gut.

Der Grund für meine Tränen war die alljährliche Vergabe der Musiknoten. Da in unserer kleinen Dorfschule kein richtiger Musikunterricht stattfand, dennoch aber eine Note für das Zeugnis notwendig wurde, hielt der Hörr Löhrör vor jeder Zeugnisausgabe ein Vorsingen in der Schule ab. Ich, die gänzlich Unmusikalische, hatte immer große Angst vor dieser Aktion. Der Hörr Löhrör führte mich bei diesem Vorsingen regelrecht vor. Kam die Reihe an mich, so sagte ich zwar laut und deutlich, dass ich nicht singen könne, aber der Hörr Löhrör bestand auf meinen Vortrag. Für die Schüler, welche singen konnten, war es eine Freude, vor der Tafel stehend ein Lied vorzutragen. Für mich jedoch war es die reinste Qual, und ich wünschte mir, dass der alte dunkelbraune Holzdielenboden sich unter meinen Füßen auftäte und mich augenblicklich verschlucken würde.

Die anderen Schüler bogen sich vor Lachen und machten ihre Witze über mich. War diese Pein nach für mich schier unendlichen Minuten vorüber, strich sich der Hörr Löhrör erst einmal in aller Ruhe über das Haar, lächelte dabei süffisant, sagte einen Moment kein einziges Wort, um dann im genüsslichen Ton laut und deutlich festzustellen: „Monika! Wie immer: Setzen! Note sechs." Nach dieser erniedrigenden Notenvergabe bedurfte es stets ein paar Tage, bis ich wieder aufgebaut war. Die empfundene Scham saß jedes Mal ganz tief.

Der Lieblingsschüler des Hörrn Löhrörs war der Sohn des Pfarrers. Der hieß Martin und stellte den Musterknaben unserer Schule dar. Das blasse, schmächtige Jüngelchen wurde von uns allen mit Vorsicht genossen, denn er petzte!
Einmal gab es eine große Aufregung: Der Manfred, der ärgste Lausbub in unserem Dorf, war von unserem Herrn Lehrer wieder einmal, wie so oft, wegen Störens vor die Tür geschickt worden. Dazu muss gesagt werden, dass es zur Bestrafung zwei verschiedene Varianten gab, eine für Buben und eine für Mädchen. Freche Mädchen, so wie ich, mussten über einen längeren Zeitraum in der Ecke mit dem Gesicht zur Wand stehen, und freche Buben wurden auf den Schulflur hinausgeschickt. Manfred, dessen Mutter eine arme Witwe war, die in der Gemeindewohnung über dem Spritzenhaus wohnte, langweilte sich also auf dem Schulhausflur. Da es dort aber zur Beschäftigung nichts außer den Garderobenhaken mit unseren Mützen und Jacken gab, ließ er sich etwas einfallen. Und dem Manfred fiel immer etwas ein, aus diesem Grund war er auch der beliebteste Spielkamerad überhaupt.
Als der Geruch von Verbranntem in unsere Schulstube drang, schnupperte der Hörr Löhrör kurz mit der Nase in der Luft. Dann entsann er sich wohl darauf, dass Manfred ja immer noch auf dem Flur ausharrte und riss die Tür mit einem so kräftigen Ruck auf, dass es geräuschvoll ächzte. Panisch rief er: „Manfred, Manfred, du Flegel! Was treibst du da draußen?“
Wir stürzten alle von unseren Plätzen auf, um ja auch nichts zu verpassen. In einer dichten Rauchwolke stand hustend der

Manfred, und vor ihm lag etwas merkwürdig Glimmendes. Wenn man genau hinschaute, konnte man an einem Zipfel noch gut erkennen, dass es sich um die braunkarierte Kappe des Pfarrerbübchens handelte. Unser Hörr Löhrör zog zuerst einmal sein riesiges schneeweißes Taschentuch aus der Hose, putzte sich den Schweiß von der feisten Stirn und strich dann dem laut plärrenden Besitzer der Mütze über sein dünnes blondes Haar. War der Martin im Normalzustand mit seinen großen abstehenden Ohren und dem überbreiten Mund schon recht hässlich anzuschauen, so wirkte er nun wie der böse Gnom aus meinem Wichtelbuch. Wäre diese grässliche Kopfbedeckung, die irgendwie aussah wie die abgewetzte Baskenmütze des Viehhändlers, meine gewesen, so hätte ich diesen Vernichtungsakt dankbar hingenommen. Martin, die doofe Nuss, hörte aber gar nicht mehr auf mit seinem Gezeter. Wahrscheinlich genoss er es, auch einmal im Mittelpunkt zu stehen. Der Hörr Löhrör jedenfalls tröstete ihn mit den Worten: „Mein armer Junge, mein armer Junge. Ich verspreche dir, dass dieser frevelhafte Barbar dafür büßen wird." Und dann trauten wir unseren Augen nicht: Der Herr Löhrör verpasste dem jungen Feuerteufel tatsächlich eine schallende Ohrfeige. Der Manfred verzog keine Miene, nur sein Blick erstarrte, als der derbe Schlag ihn mitten ins Gesicht traf. Wir herumstehenden Kinder fuhren betroffen zusammen.

Ich hatte das Gefühl, dass auch der Hörr Löhrör über sich selbst erschrocken war. Denn mit zittriger Stimme befahl er uns allen, in das Schulzimmer zurückzugehen, das Lesebuch aufzuschlagen und einen endlos langen Text abzuschreiben. Er selbst verschwand für geraume Zeit oben in der Lehrerwohnung. Der Hörr Löhrör hatte in seiner Aufregung sogar vergessen, die

Aufsicht an die Ersatzlehrer Hansi und Freddy zu übergeben. Obwohl wir so etwas sonst immer ausnutzten, lärmte an jenem Tag niemand von uns durch das Schulzimmer.

Für den Übeltäter Manfred hatte die Sache noch weitere Folgen: Er musste sich beim Herrn Pfarrer persönlich entschuldigen. Dieser beschimpfte den Manfred lauthals als einen schlimmen Schurken. Außerdem verlangte er, dass Manfreds Mutter den Neupreis der verbrannten Kopfbedeckung erstatten solle, obwohl der Martin das unförmige Ding bereits mehrere Jahre auf seinem eckigen Kopf sitzen gehabt hatte. Außerdem befahl der Pfarrer dem Manfred als Buße und zum Zeichen seiner Reue über diese arge Missetat, von nun ab jeden Sonntagmorgen in der Kirche zu erscheinen, damit er dort geläutert werden könne. So kam es, dass der arme Sünder Manfred sonntagmorgens gewaschen und gekämmt, sozusagen glänzend wie eine Speckschwarte, in der ersten Kirchenbank saß.

Als ich das empört meinem Großvater erzählte, nickte er mit dem Kopf und bemerkte: „Ja, so sind sie halt die Pfaffen. In der Bibel steht das aber ganz anders." Außerdem sagte er noch, dass der Herr Lehrer den Buben auch mit anderen Mitteln hätte bestrafen können, als ihn zu hauen. „Schläge", verkündete Großvater mit ernsthaftem Gesicht, „sind immer ein Armutszeugnis für den, der schlägt!" Nach einem Moment des Nachdenkens fügte Großvater noch mit bedächtiger Stimme an: „Ich glaube nicht, dass euer Herr Lehrer den Sohn eines Bauern auch geohrfeigt hätte, aber wer soll den Manfred schon verteidigen, seine arme Mutter macht mit Sicherheit den Mund nicht auf."

Als der Herr Lehrer noch unverheiratet war, gab es unter den Bauern, die eine Tochter im heiratsfähigen Alter hatten, ein

Wetteifern um die Einladung des Herrn Lehrers zum sonntäglichen Mittagessen. Noch dazu fanden unzählige Körbe mit Würsten, frisch gebackenen Broten, Eiern und allerlei sonstigem Essbaren den Weg in die Lehrerwohnung über der Schule. Je hässlicher die Mädchen waren, umso üppiger fielen diese Fresskörbe aus.
So kam es nicht von ungefähr, dass der Herr Lehrer letztendlich die eigentlich schwer unter die Haube zu bringende Tochter des größten Bauern heiratete. Diese Handlung entsprach seinem Ruf, nämlich dass er die kulinarischen Genüsse des Lebens allen anderen vorzog.
Es gab aber auch noch andere Gründe, wieso der Herr Lehrer mit Fressalien verwöhnt wurde. Nach dem Motto, wer gut schmiert, der gut fährt, dachte so mancher Dörfler, dass er solchermaßen Einfluss auf die mäßigen Noten seines Sprösslings nehmen könnte. Großvater, der einen tief sitzenden Groll gegen den Herrn Lehrer hegte, beteuerte stets aufs Neue, dass er lieber in Kauf nehme, dass ich sitzen bleibe, als diesem korrupten Dickwanst auch nur eine einzige von seinen guten Würsten in den Rachen zu schieben.

Ganz im Gegensatz zu mir war mein Bruder Edgar nicht nur ein Omakind, sondern auch eines der Lieblingskinder von unserem Herrn Lehrer. Da er immer fleißig lernte, seine Aufgaben machte und obendrein zu bequem war, Widerworte zu geben, hielt der Hörr Löhrör ihn mir bei jeder Gelegenheit als gutes Beispiel vor. Oft führte der Herr Löhrör an, dass er nicht verstehen könne, wie die gleiche Erbmasse so unterschiedliche Ergebnisse wie bei mir und Edgar hervorgebracht habe. Wenn

er sich bei diesem oder einem anderen ihn gleichermaßen begeisternden Thema in Rage redete, schüttelte er zur Bekräftigung der Worte seinen Kopf dermaßen heftig, dass man Angst haben musste, dass er ihm gleich abbrechen würde.
Nicht nur, dass mein Bruder und ich vom Wesen her gänzlich verschieden waren, wir wurden noch dazu nach verschiedenen Ideologien erzogen. Während ich, wenn ich mittags nach Hause kam, meinen Schulranzen in die Ecke warf und eilig die gute Kleidung gegen meine vielfach geflickte kirschrote Latzhose austauschte, um das Dorf unsicher zu machen oder bei Großvater im Stall zu sein, wurde Edgar im Haus vom Frauenvolk zum Lernen angehalten. Schließlich sollte er ja später mal eine Familie ernähren. In diesem Punkt waren Großmutter, Mutter und auch Tante Herminchen sich einig. Ich hingegen brauchte nur zu heiraten, und dazu musste man offensichtlich nicht so schlau sein. Diesen vermeintlichen Vorteil genoss ich in vollen Zügen.
Als Günstling des Herrn Lehrers wurde mein Bruder bei der Vergabe von Sonderaufgaben in der Schule bevorzugt. Er und sein Freund Reinhard durften mit einer Kanne das Öl für den großen Ölofen aus dem Schuppen holen. Mir erschien die Zeit, welche die beiden zum Ölholen brauchten, immer recht lang. Als ich meinen Bruder einmal darauf ansprach, sagte er: „Hältst du uns für so blöd, dass wir uns beeilen?“ Und angeberisch fügte er hinzu, dass sie manchmal erst noch etwas zu rauchen hätten.

Mir fiel die Schule schon sehr schwer. Es war nicht nur das lange Stillsitzen in dem muffigen Raum, sondern auch das oft unsinnige Lernen, das mich abschreckte. Am allerschlimmsten aber fand ich die deutsche Grammatik. Denn diese schrieb unser Hörr Löhrör zusammenhanglos in Form von großen, unübersichtlichen Tabellen ellenlang an die Tafel. Ich tröstete mich dann, indem ich durch die Scheiben des großen Sprossenfensters hinausschaute. Mein Blick fiel in Richtung einer großen Gruppe Tannenbäume, auf welchen sich die mannigfaltigsten Vögel tummelten. Da ging es manchmal hoch her. Das war es, was mich interessierte!

Erwischte mich der Hörr Löhrör dabei, was nicht selten der Fall war, so zog er fest an meinen langen geflochtenen Zöpfen. Das tat zwar verdammt weh, machte mir aber weniger aus, als der Herr Löhrör dachte. Nichts konnte mich wirklich davon abhalten, immer wieder aus dem Fenster in die Natur zu schauen und meinen Phantasien freien Lauf zu lassen. Oft dachte ich mir dabei Geschichten aus. Von daher hatte ich meistens nicht die geringste Ahnung, wo wir uns im Unterrichtsstoff gerade befanden.

Viele Male beorderte mich der Hörr Löhrör dann an die Tafel und befahl mir, Aufgaben aufzuschreiben und zu lösen, von welchen ich rein gar nichts mitbekommen hatte. Er genoss es, wenn ich an der Tafel stand und nichts wusste. Diesen Akt zog er unendlich lange hinaus und ließ sich bei solchen Gelegenheiten ausgiebigst über meine unglaubliche Dummheit aus. Am Schluss prophezeite er mir stets, dass aus mir im ganzen Leben nichts Gescheites werden würde, daraufhin durfte ich mich wieder setzten.

Manchmal entfloh ich diesen freudlosen Unterrichtsstunden für eine kurze Zeit. Den einzigen Weg zu entkommen stellten die Toilettenbesuche dar. So meldete ich mich nicht selten und fragte: „Hörr Löhrör, darf ich mal austreten?“ Meist musste ich aber nicht wirklich. So schlenderte ich dann nur so auf dem

Schulhof herum und versuchte auf diese Weise, die nicht enden wollenden Schulstunden etwas abzukürzen.

Trotz all dem hatte die Schule auch für mich etwas Schönes zu bieten. In der hintersten Ecke der Schulstube stand ein hochbetagter, wuchtiger Schrank, in welchem sich unsere kleine Schulbibliothek befand. Einmal in der Woche wurde er geöffnet, und wir Schüler durften uns Bücher ausleihen. Meinem Bruder Edgar und seinem Freund Reinhard oblag die Aufgabe der Bücherentleihung. Es gab aber keinen großen Andrang. Bisweilen war ich es ganz alleine, die sehnsüchtig vor dem Ungetüm stand und darauf wartete, dass dieses Schatzkästchen geöffnet wurde.
Einen Hinkefuß hatte das Ganze allerdings: Für jedes ausgeliehene Buch musste man zehn Pfennig in eine alte Zigarrenschachtel, welche als Kasse fungierte, legen. Aber zum Glück gab es ja Großvater. Ihn bettelte ich häufig um einen Groschen für die Leihkasse der Bücherei an. Er lachte dann meist und sagte, dass ich ja auf irgendeine Weise etwas über das Leben außerhalb unseres Dorfes erfahren müsse, und gab mir bereitwillig so manchen Groschen. So konnte ich die wundervollen Geschichten wie „Emil und die Detektive", „Das doppelte Lottchen" und unzählige „Schneider-Bücher" lesen.
Wenn ich ein neues Buch ergattert hatte, verzog ich mich an einen meiner beschaulichen Lieblingsplätze: Im Sommer oft in den Garten oder auf den Dachboden, im Winter meist in die Scheune oder den Kuhstall, weil es dort so schön warm war. Dort verschlang ich unzählige Bücher. Aber eigentlich war es egal, ob ich im Gras liegend, auf einem alten ausrangierten Sofa lümmelnd oder gar auf einem Ballen Stroh sitzend las. Wo ich

mich auch befand, vergaß ich sowieso die ganze Welt um mich herum, denn ich hatte die Gabe, völlig in den Geschichten zu versinken. Wie oft war ich selbst die Heldin oder der Held der Abenteuer. Ja, ich fieberte regelrecht mit beim Lesen. Wurden die von mir so geliebten Tiere in den Büchern schlecht behandelt, liefen mir dicke Tränen über die Wangen. Lesen war für mich wie eine Sucht, hatte ich einmal angefangen, so konnte ich nicht mehr aufhören. Aber irgendwann vermisste meine Familie mich und sie begannen mich auf dem Hof zu suchen. Wenn ich sie dann meinen Namen laut rufen hörte, schreckte ich hoch und musste erst einmal wieder zu mir kommen, denn all meine Sinne waren in einer ganz anderen Welt gefesselt gewesen.

Gewöhnlich verhielt ich mich zuverlässig und gab die Bücher wieder zurück, und das obwohl mein Bruder Edgar und Reinhard keine genaue Buchführung vornahmen. Ein Buch jedoch konnte ich nicht wieder hergeben. Dieses Buch stellte lange Zeit meinen größten Schatz dar und ich hütete es dementsprechend sorgfältig. Es trug den Titel „Elke lernt Bergsteigen". Immer wieder schaute ich mir die Bilder an und las die Begebenheiten um das Stadtmädchen Elke, das am Anfang nicht die geringste Lust auf Ferien in den Bergen und gar Bergsteigen hatte, aber im Verlauf der Geschichte von der Faszination der Natur, den Tieren und den gewaltigen Bergen ergriffen wird.

Ich bildete mir ein, Elke zu sein und nach den Anstrengungen einer Bergwanderung Blumen auf einer Alm zu pflücken, Bergziegen zu streicheln und in der Sonne vor einer Hütte sitzend einen großen Becher frische Buttermilch zu trinken. In dieser Phase meines Lebens wünschte ich mir nichts sehnlicher als Elke zu heißen. Ganz fest nahm ich mir damals vor, dass ich,

wenn ich einmal erwachsen wäre, in die Berge fahren und mindestens genauso herrliche Touren wie Elke machen würde.
Ein bisschen schlechtes Gewissen stellte sich allerdings doch bei mir wegen des Bücherklaues ein. Denn wenn ich, vom Unterrichtsstoff gelangweilt, in die Ecke mit dem Bücherschrank schaute, wusste ich schon, dass jetzt außer mir leider keiner mehr dieses schöne Buch lesen konnte.

Der Gesangverein und Vaters Verfehlung

Vater stand zwar gewaltig unter Mutters Pantoffel, aber ein Privileg genoss er: Vater durfte Mitglied des Dorfgesangvereins sein. Einmal in der Woche ging er zu den Singstunden. An diesen Abenden wurden Lieder eingeübt, die dann bei Hochzeiten, runden Geburtstagen, in der Kirche anlässlich hoher Feiertage und natürlich bei Beerdigungen von Sangesbrüdern und -schwestern gesungen wurden.
Bevor er losging, wusch Vater sich stets ausgiebig am Waschbecken in der Küche. Zum Schluss zog er ein frisches Hemd an und cremte sein dunkles Haar so dick mit Frisiercreme ein, bis es glänzte wie eine Speckschwarte. Großvater, der vom Gesangverein und dessen Zusammenkünften nichts hielt, beobachtete dieses Prozedere mit abfälligen Blicken. Solch ein Zirkus mitten in der Woche und das nur, um zu singen. Übertrieb es Vater gar zu sehr vor dem Spiegel, so schimpfte Großvater ihn einen aufgeblasenen eitlen Pfau.
Ich selbst mochte es gerne, wenn mein Vater nach frischer Seife roch und eine Frisur wie ein Filmstar hatte, und so nahm ich ihn bei Großvater in Schutz, indem ich zu bedenken gab:

„Vielleicht kann er so ja besser singen." Daraufhin erwiderte er: „Hast du jemals gesehen, dass die Füchse und Hasen sich waschen, und was können die so schnell laufen."
Als Vater sich wieder einmal allzu ausgiebig für die Singstunde zurechtmachte und Großvater ihm kopfschüttelnd zusah, forderte Vater ihn auf: „Konrad, komm doch einfach mal mit! Das Singen und die Geselligkeit in unserem Verein würden auch dir gut tun." Großvater war über diese Einladung so verblüfft, dass ihm zuerst einmal die Spucke wegblieb. Als er sich wieder gefangen hatte, konterte er: „Einen Teufel werd ich tun und in einen Verein gehen, wo man Lieder für seine eigene Beerdigung ochst und das, obwohl man da sowieso nicht mehr mitsingt." Indessen ließ Vater sich die gute Laune nicht verderben und zog gut riechend und eine fröhlich Melodie vor sich hin pfeifend los zu seiner geliebten Singstunde.
Allerdings war es nicht Großvater allein, der Vaters Vereinsleben nicht billigte. Im Grunde hatte Mutter nichts gegen die Zusammenkünfte des Vereins, aber sie störte sich daran, dass Vater nach den Übungen immer noch mit dem Herrn Lehrer, welcher als Dirigent des Gesangvereins fungierte, bis in die frühen Morgenstunden in der Dorfwirtschaft „Zum Schwarzen Schaf" saß und zechte. Es ärgerte sie, dass Vater, wie sie meinte, ihre Großzügigkeit ausnutzte.
Demzufolge gab es bei uns zu Hause am Tag drauf immer ein großes Gezanke. Es war dann recht ungemütlich, wenn ich zum Frühstück in die Küche herunterkam und das Weibertribunal unseres Haushaltes bereits über Vater zu Gericht saß. Eigentlich wiederholte sich jede Woche das Gleiche. Er sah mal mehr, mal weniger wie durch eine Wäscheschleuder gedreht aus. Sie nannten ihn einen hemmungslosen Säufer und verantwortungs-

losen Vater, der nicht zum Vorbild für seine Kinder tauge. Aber wieso? Wussten sie denn nicht, dass ich meinen Vater gerade so liebte, wie er war? Das Schauspiel endete darin, dass sie ihm die Männer des Ortes, die nie in die Wirtschaft gingen, als gute Beispiele vorhielten. Die Wirkung dieses Arguments war allerdings recht zweifelhaft, denn Vater waren diese „Schlappschwänze" schnurzpiepegal, und er hatte noch nicht einmal ein müdes „Arschrunzeln" für sie übrig, wie er allwöchentlich kundtat. Manchmal drängte sich mir der Verdacht auf, dass sie Vater einfach nicht gönnten, dass er seinen Spaß hatte.

Ich selbst profitierte von Vaters Ausschweifungen. In Anbetracht, dass der Herr Lehrer wohl nicht ganz so trinkfest wie er war, fiel nämlich nach solchen Nächten oft die Schule aus. Meist konnte ich bereits beim Frühstück von Vaters Zustand ableiten, ob es diesmal wieder schulfrei gab. Dies nützte mir aber wenig, denn ich wurde trotzdem mit meinem gepackten Ranzen losgeschickt. Na gut, ging ich halt den Weg zur Schule, um bereits nach kurzer Zeit wieder zurückzukehren. Wie immer stellte ich mich mit den anderen Schülern in Zweierreihen vor der großen Holztüre des grauen, unfreundlichen Gebäudes auf und wartete, bis sie geöffnet wurde. Und siehe da: Nicht der Herr Lehrer, sondern die Frau Lehrer, wie sie auf Grund ihrer Eheschließung genannt wurde, trat heraus. Sie wirkte stets fürchterlich verlegen und teilte uns mit fahrigen Gesten mit, dass ihr Mann leider über Nacht schwer erkrankt sei und er deshalb heute das Bett hüten müsse. Hatte ich es doch gewusst!
Gut gelaunt schlenderte ich kurz darauf neben meinem Bruder wieder nach Hause. Edgar schien mich ärgern zu wollen, denn

nach einem Moment des Schweigens sagte er: „Du weißt schon, dass du es nur den Sauftouren unseres Vaters zu verdanken hast, dass du bei deinen mäßigen Leistungen noch nicht sitzen geblieben bist?“ „Wie meinst du das?“, fragte ich zurück. „Ist doch ganz klar“, erklärte er großspurig. „Lässt der Herr Lehrer dich sitzen, dann kann er sich in Zukunft alleine einen hinter die Binde kippen, oder glaubst du etwa, dass Mutter unseren Vater daraufhin noch mit dem ins ‚Schwarze Schaf‘ gehen lässt? Und Fazit (das war damals sein absolutes Lieblingswort) ist“, holte Edgar weiter aus, wozu er eine Grimasse schnitt, „dass du keine Klasse zu wiederholen brauchst, weil es keinen Spaß macht, sich alleine zu betrinken.“ So besehen sah es tatsächlich so aus, als ob Vater sich für mich aufopfern würde?!

Schließlich jedoch nahm Vaters große Freiheit ein jähes Ende. Ich erfuhr bereits frühmorgens von seiner Verfehlung. Noch im Bett liegend vernahm ich lautes Gezeter. Es drang von unten aus der Küche zu mir in die Schlafkammer herauf. Zuerst wollte ich mich noch einmal auf die Seite drehen, wohlig strecken und weiterschlafen, dann aber hörte ich ganz deutlich Wörter wie „Flittchen“ und „Schürzenjäger“. Schlagartig wurde ich wach. Mit einem Schwung sprang ich aus dem Bett, um mich eilig anzuziehen. Ich wollte wissen was da los war.
Unten in der Küche saß Vater mit zerzaustem Haar am Frühstückstisch. Er hielt sich den Kopf, und vor ihm lag das Päckchen mit den Kopfschmerztabletten. Mutter stand wie eine Rachegöttin vor dem Tisch und schrie auf ihn ein. So wütend hatte ich sie lange nicht mehr gesehen. Es musste schon etwas Gewaltiges passiert sein, dass Mutter dermaßen außer sich war. Leider wurde ich, als ich die Küche betrat, gleich wieder raus-

geschickt mit der Begründung, das sei hier nichts für Kinder. Da sie sonst nicht so zimperlich waren, dachte ich, dass es sich um etwas wirklich Spannendes handeln müsse. Ich horchte, und das nicht zum ersten Mal, an der Küchentür. Denn so einfach wollte ich mich nicht abspeisen lassen, schließlich platzte ich fast vor Neugierde. Laut vernahm ich Großmutters kreischende Stimme, sie bezeichnete meinen Vater als „Schwein" und betonte, dass sie Mutter von Anfang an vor ihm gewarnt hätte. Sie keifte weiter, dass Mutter besser daran getan hätte, den Sohn vom Finken-Bauern zu heiraten, da dieser im Gegensatz zu Vater ein ordentlicher Mensch und ein Hoferbe sei. Mutter begann daraufhin, schrill zu weinen und zwischendurch laut zu schluchzen.

Nur die Frauen unserer Familie hielten sich in der Küche auf. Großvater hatte sich wohl wieder einmal, wie immer wenn es brenzlig wurde, in den Stall verzogen. Mir dämmerte so langsam, dass Vater etwas Arges angestellt haben musste. Geräuschlos bewegte ich mich von der Küchentür weg und lief in den Kuhstall. Dort war Großvater wie jeden Morgen dabei, sich um die Kühe zu kümmern. Er würde mir schon erzählen, was los war. Ich fand ihn, wie so oft in kritischen Situationen, beim Striegeln seiner Lieblingskuh Lisa. Als er mich und meinen fragenden Blick sah, verzog er das Gesicht, machte mit der freien Hand eine abwehrende Bewegung und sagte: „Frag mich bloß nichts. Ich kann dir solch einen Schweinkram nicht erzählen, dafür bist du wirklich noch zu jung."

Ich erfuhr die Begebenheit letztendlich doch noch, als ich am Nachmittag ein Gespräch zwischen meiner Mutter und Tante Herminchen mithörte. Folgendes war passiert: Mutter war spät nachts wach geworden, und das Bett neben ihr war immer

noch leer. Irgendwie gelang es ihr nicht, wieder einzuschlafen. Sie hatte so ein „komisches Gefühl“, und ihr Albert kam und kam nicht heim. Voller Unruhe entschloss sie sich nach einiger Zeit, einmal nachsehen zu gehen, wo er denn bliebe. Sie zog einfach ihren Mantel über das Nachthemd und lief durch die dunkle Nacht in Richtung „Schwarzes Schaf“. Bereits von weitem hörte sie laute Tanzmusik. An der Wirtschaft angekommen, schaute sie zuerst einmal von draußen durchs Fenster in den hell erleuchteten Gastraum hinein. Was ihre Augen dort erblickten, traf sie wie ein Schlag. Nur ein einziges Paar bewegte sich nach den Klängen der Musik. Es war ihr Albert und Erika, die Zeitungsausträgerin. Selbstvergessen tanzten die beiden engumschlungen miteinander. Alberts große Hände umfassten Erikas wohlgeformtes Hinterteil. Als sie sich gerade abwenden wollte, um in die Wirtschaft hineinzugehen und gewaltig Krach zu schlagen, sah sie, wie ihr Albert der Erika einen nicht enden wollenden Kuss auf den Mund gab.
Erika war der natürliche Feind aller Ehefrauen, denn bei ihr handelte es sich um das sogenannte übriggebliebene Mädchen des Dorfes. Sie war eine schneidige, stattliche Person, aber ihr eigentlicher Trumpf war ihr lebenslustiges Wesen. Wenn man sie im Dorf sah, strahlte und lachte sie stets. Von daher dachte ich mir, dass es doch gar nicht so schlimm sein könnte, keinen Mann zum Heiraten zu finden. Ich verglich sie mit so manch vergrämter verheirateter Frau, und so wollte ich, wenn ich einmal groß war, doch lieber „ein sitzengebliebenes Mädchen“ und so fröhlich wie Erika sein.
In dieser Nacht stürmte Mutter, trotz der mäßigen Bekleidung, vor Wut schnaubend in die Wirtschaft und riss ihren Albert aus den Armen der liederlichen Rivalin. Vater durfte von nun an

nicht mehr zu den Singstunden gehen, weil es sich um einen gemischten Chor handelte, in dem auch Erika mitsang. Mutter redete wochenlang nicht mit Vater. Als sich jedoch ihr erster Zorn gelegt hatte, pflegte sie zu sagen, dass ihr Albert von diesem „Mensch“ verführt worden war und dass der Herr Lehrer mitschuldig sei, weil er ihn besoffen gemacht habe.
So kam Vater im Endeffekt doch noch ganz gut bei der Geschichte weg. Die wirkliche Betroffene war eigentlich ich. Denn Erika trug die Tageszeitung in unserem Dorf aus, und da Großmutter ihr Hausverbot erteilt hatte, oblag es mir nun morgens vor der Schule, die Zeitung aus dem Laden zu holen. Obendrein fiel die Schule nun auch weniger aus, denn der Herr Lehrer schien keinen neuen, zu ihm passenden Zecher gefunden zu haben.
Großvater schmunzelte inzwischen über die Eskapade meines Vaters, wie er den Vorfall nannte. Er war der einzige aus unserer Familie, der Erika noch grüßte, auch mir hatten sie es strengstens untersagt. Großvater jedoch meinte, dass er sich von „den Weibern“ gar nichts verbieten ließe, und grüßte Erika sogar besonders freundlich, allerdings mit einem süffisanten Lächeln in den Mundwinkeln.

Bullen-Konrad

Bei Großvater im Stall standen die beiden Gemeinde-Bullen. Dieser Tatsache hatte er es zu verdanken, dass viele im Dorf ihn den Bullen-Konrad nannten und dass auf unserem Hof ein reges Treiben herrschte. Die anderen Bauern erschienen zu allen möglichen und unmöglichen Tageszeiten mit ihren Kühen, um diese von den Bullen begatten zu lassen. Großmutter forderte

von ihrem Mann, dass er feste Zeiten dafür einführen solle, was er aber nicht tat.
Genau genommen zeugten Großvaters Tiere die gesamte Nachkommenschaft der Kühe des Ortes. So ergab es sich von selbst, dass wir Kinder schon früh über den Vorgang der Fortpflanzung detailliert Bescheid wussten, und natürlich lernten Edgar und ich bei diesem Schauspiel auf unserem Hof auch allerhand derbe Wörter und zotige Redensarten. Denn die Bauern sparten nicht mit Scherzen, wenn sie den massigen Tieren bei ihrem Akt zusahen.
Meine Großmutter hatte Angst vor den beiden Kolossen und hegte von daher eine tiefe Abneigung gegen sie – besonders nachdem sich ein Unfall ereignet hatte. Ein Bulle war beim Liebesakt dermaßen in Rage geraten, dass er die Kuh tobend über den Hof getrieben hatte. Diese rannte laut schnaubend und plärrend vor ihm davon. Großvater, der in seiner Eigenschaft als Bullenwirt helfend eingreifen wollte, wurde von dem hitzigen dickwanstigen Bullen gegen die Hauswand gequetscht. Zufällig schaute Großmutter gerade aus dem Küchenfenster und sah, was sich draußen abspielte. Sie rannte laut schreiend vor das Haus. Das alarmierte im Nu die Menschen auf den umliegenden Höfen, und alle kamen angelaufen. Es gelang den Männern aus der Nachbarschaft zum Glück schnell, das aufgebrachte Tier zu beruhigen, sodass sie Großvater aus seiner misslichen Lage befreien konnten.
Kaum hatten sich alle von dem Geschehen erholt, klopfte sich unser Nachbar, das Rucksackgesicht, gegen die Brust und prahlte: „Das war doch ein Klacks! Na, ich weiß halt, wie man mit einem wild gewordenen Bullen umgeht!" Mann, war das ein Angeber! Und vor allen Dingen war er ein großer Lügner! Er

hatte doch gar nichts getan, außer rumzustehen und Maulaffen feilzuhalten. Ich hatte ganz genau beobachtet, wie der wortkarge Erwin vom Hof unter uns besonnen neben das Tier trat und ihm zaghaft über die beide Ohren gestrichen hatte, etwa so, als ob er sie sanft massieren wolle. Daraufhin war der Bulle mit einem Mal ruhig geworden und hatte sich ohne jegliche Gewalt lammfromm wegführen lassen.
Als kurz drauf die Flasche mit dem Korn die Runde machte, hatte sich der Erwin schon längst wieder davongeschlichen. Mein Großvater allerdings trug einige blaue Flecken und Prellungen davon, die er noch lange mit essigsaurer Tonerde behandelte. Von diesem Tag an lag Großmutter ihm in den Ohren, dass er die gefährlichen Tiere doch aufgeben solle. Aber Großvater liebte seine Bullen trotzdem, und da er genauso starrköpfig wie die Tiere war, blieben sie in seinem Stall.

Das nächste aufregende Ereignis ließ nicht lange auf sich warten: Eines Mittags, nachdem einer der Bullen wieder einmal seine Pflicht getan hatte, brachte Großvater ihn in der Annahme, dass die nächste Kuh gleich gebracht werden würde, nicht in den Stall zurück. Er wollte ja auch nur schnell vor dem neuen Begattungsakt in der Küche etwas essen. Aus diesem Grund band er das kräftige Tier an einen Erntewagen im Hof fest. Allerdings war er unaufmerksam und befestigte den Strick mit dem Bullen an der Handbremse des Wagens.
Großvater hielt sich etwas länger als gedacht in der Küche auf, und der Bulle wurde unruhig. Auf Grund seiner heftigen, ruckartigen Bewegungen musste sich wohl die Handbremse des Erntewagens gelöst haben, sodass es dem Bullen möglich war, mit dem Wagen im Schlepptau loszurennen. Und wie es das

Unglück wollte, saß Großmutter just in diesem Moment auf dem Toilettenhäuschen am Ende des Hofes. Als sie den Lärm hörte, schaute sie aus dem Herzausschnitt der Tür und sah das kräftige Tier mit dem Wagen direkt auf sich zukommen. Geistesgegenwärtig sprang sie trotz heruntergelassener Unterhose aus dem Häuschen heraus. Das war auch gut so, denn der Bulle, der sich mit allen Kräften bemühte, den ungewohnten Anhänger abzuschütteln, rannte in seiner Panik direkt in das kleine Holzhäuschen hinein, welches dieser geballten Kraft nicht standhielt. Vor Schreck blieb das Tier daraufhin einfach stehen. Großvater löste den Strick des Bullen vom Erntewagen und führte ihn in den Stall, als ob nichts passiert wäre. Wir bekamen daraufhin nicht nur ein modernes Toilettenhäuschen aus Stein, nein, Großmutter schimpfte jetzt noch mehr auf die Bullen. Sie klagte, dass sie sich gefühlt habe, als ob sie aus dem Herzausschnitt des Häuschens dem Tode geradewegs ins Auge geblickt hätte. Obendrein sei sie nun in der gesamten Nachbarschaft bis auf die Knochen blamiert. Großvater, der sich trotzdem nicht beirren ließ in seiner Zuneigung zu den Bullen, scherzte, indem er sagte, dass sie, wenn ihr die Blamage wegen der heruntergelassenen Unterhose so wichtig sei, doch in dem Häuschen hätte sitzen bleiben sollen.

Das Goggomobil

Anfang der sechziger Jahre war es noch nicht gang und gäbe, dass man ein Auto besaß. Nur selten fuhr ein derart motorisiertes Gefährt durch unser kleines hessisches Dörfchen. Hörte man das Knattern eines Autos, so handelte es sich meist um den

weißen Opel Kapitän des Tierarztes.
Da unser Dorf abgelegen lag, war es für die Bewohner mühsam, es zu verlassen. Ortschaften mit einer Bahnstation oder einer Busverbindung hatten es da besser. Wir jedoch besaßen weder das eine noch das andere. So liefen die Leute, wenn sie einmal etwas in der Stadt zu erledigen hatten, zu Fuß zur nächsten Bahnstation, die sich im fünf Kilometer entfernten Bollenbach befand. War es nicht zu nass, so konnte man den Weg abkürzen, indem man über die Felder ging. Ein paar Arbeiter fuhren, so wie Vater, mit dem Fahrrad dorthin. Nicht selten wurden auf den Höfen auch die Kühe oder Pferde vor den Leiterwagen gespannt, um diesen als Fuhrwerk zu nutzen.
Dies tat auch mein Großvater, als Tante Herminchen vor dem Backhaus mit einem Blech voller Brote hingefallen war und daraufhin langwieriges Ungemach mit ihrem linken Knie hatte, sodass sie jede Woche einmal zur Behandlung zum Doktor in die benachbarte Kleinstadt musste. An solchen Tagen lud Großvater Herminchen auf den zweckentfremdeten Erntewagen und brachte sie eigenhändig in die Stadt.
Es gab aber auch noch die Möglichkeit, dass man von dem Postauto, welches frühmorgens die Post in unser Dorf brachte, nach Bollenbach zur Bahnstation mitgenommen werden konnte. Das war zwar nicht erlaubt, aber der Fahrer – fast immer der dicke Ernst – drückte für ein paar Eier oder eine Räucherwurst beide Augen zu und beförderte neben den offiziellen Briefen so manchen inoffiziellen Fahrgast mit dem gelben monströsen Kastenwagen.

Doch mein Vater brachte sich in den Besitz eines schmucken Goggomobils. Dieses mausgraue Wägelchen wurde sein ganzer

Stolz. Sonntagvormittags putzte und polierte er es stundenlang. Großvater zweifelte dann stets an Vaters Verstand. Manchmal öffnete er das Küchenfenster und rief hinaus, dass es auf einem Bauernhof doch wirklich wichtigere Arbeiten gäbe und mein Vater lieber die Kühe im Stall bürsten solle.

Ein bombastischer Streit war wegen der Anschaffung des Autos zwischen meinen Eltern ausgebrochen. Vater hatte es für diesen Kauf gewagt, das Geld von der Bank abzuheben, welches die beiden auf einem Sparbuch für eine eigene Wohnung zurückgelegt hatten.

Da mein Großvater ein alter Patriarch war und Mutter keinem Streit aus dem Weg ging, war das Zusammenleben unter einem Dach oft recht kompliziert. Demzufolge war das angesparte Geld zur Verwirklichung des Vorhabens meiner Eltern, nämlich aus dem Haus des Alten auszuziehen, äußerst wichtig gewesen. Dieser schöne Traum war nun wie eine Luftblase zerplatzt.

Mir ist heute noch unerklärlich, woher Vater diesen Mut genommen hatte. Denn Mut brauchte es dazu wirklich, da meine Mutter wochenlang, Tag und Nacht kein anderes Thema kannte als diese gewagte eigenmächtige Ausgabe meines Vaters. Sie spuckte unter Mitwirkung ihrer Mutter und ihrer älteren Schwester Gift und Galle. Mein Vater hatte eine schlimme Tat begangen, und nun musste er büßen. Großvater hielt sich raus. Er war froh, für einige Zeit aus der Schusslinie zu sein. Solange seine Frauenzimmer sich mit einem anderen Opfer beschäftigten, hatte er seine Ruhe.

Allerdings konnte Vater damals die Langzeitwirkung dieses Vergehens noch nicht erahnen. Sogar noch nach Jahrzehnten hielt meine Mutter ihm diese Übeltat vor, denn bei ihr gab es keine Verjährungsfristen. Trotzdem hatte mein Vater Spaß an seinem mausgrauen Autochen. Wenn Mutter mitfuhr und ich hinten im Wagen saß, machten mir die Ausflüge keine rechte Freude, da sie die gesamte Fahrt über wetterte. Fuhren jedoch Vater und ich alleine irgendwohin, war die Welt in Ordnung. Vater sang und pfiff dann stets lauthals.

Am Armaturenbrett befand sich eine kleine Vase mit leuchtend bunten Plastikblumen, die während der Fahrt hin und her schaukelten. Wuchsen die ersten frischen Blumen in unserem Garten, wechselte er die künstlichen gegen sie aus, woraufhin es in dem kleinen Vehikel wie auf einer blühenden Frühlingswiese duftete. Gab es in der Weihnachtszeit mal Mandarinen, so trocknete Vater die Schalen und legte sie in den Aschenbecher, sodass diese ihr intensives Aroma verströmten.

Am schönsten wurde das Autochen am 1. Mai geschmückt. Dieser Tag war für Vater als Sozialdemokrat, wie er bei jeder sich bietenden Gelegenheit hitzig betonte, der wichtigste Feiertag des Jahres. Seit ich zurückdenken kann, fuhr er an diesem Tag in sein Heimatdorf, um seine alten Eltern zu besuchen. In der Regel nahm Vater nur mich mit, denn mein Bruder wollte nie mitfahren. Er blieb hartnäckig in unserem Dorf, wo sich seine Lieblingsoma Lina aufhielt. Edgar war ein Omakind. Mir war das recht so, denn er zog mich sowieso ständig an den Zöpfen und behauptete, dass die Spitze meiner Nase rot glänzen würde, woraufhin er mich Rotnase nannte, was mich arg ärgerte.

Mutter legte ebenfalls keinen Wert darauf, ihre Schwiegermutter zu sehen, zu der sie ein angespanntes Verhältnis hatte, und blieb deshalb ebenfalls meist zu Hause. Bereits Tage vorher gab es Querelen wegen dieser Fahrt, die Mutter ihrem Mann gerne verboten hätte. Doch in diesem Punkt ließ er sich keine Vorschriften machen. Wenn Vater und ich dann in dem glänzend polierten Wägelchen saßen, lachten wir uns an und freuten uns auf den gemeinsamen Ausflug. Unterwegs im Wald blieb er stehen, um grüne Äste zu schneiden, welche er am Kühlergrill befestigte. Er behauptete, dass das Pflicht sei am 1. Mai. Damals glaubte ich Vater noch alles, was er erzählte.

Bei solchen Touren erklärte er mir auch mit gewichtiger, ernsthafter Stimme, dass das Goggomobil fliegen könne. Man müsse nur vorher die Flügel ausfahren, aber das würde er nur im äußersten Notfall tun. Eine ganze Zeit lang habe ich, wenn ich neben ihm saß, gespannt darauf gewartet, dass wir irgendwann einmal fliegen würden. Die Straße zu den anderen Großeltern verlief über weite Strecken sehr langgezogen, und ich hoffte im Stillen bei jeder Fahrt, dass Vater doch jetzt einmal ausprobieren möge, wie das mit dem Fliegen sei. In meiner Fantasie stellte ich es mir wunderbar vor, mit ihm durch die Wolken zu schweben.

Bei der anderen Großmutter war es, wenn wir ohne Mutter dort hinkamen, immer lustig. Wir aßen vor Butter triefenden Gugelhupf mit unendlich vielen Rosinen, tranken dazu heißen Kakao und alberten übermütig herum. Die andere Großmutter war eine kleine, aber mächtig dicke Person mit einem gewaltigen Busen, der bei ihrem laut schallenden Gelächter auf und ab wippte. Sie behauptete von sich selbst, dass man sie rollen könne, weil sie so kugelrund sei. Stellte ich mir das bildhaft vor, so konnte ich gar nicht mehr aufhören zu lachen. Bei ihr gab es ständig etwas zu essen. Sie vertrat die Meinung, dass sie im Krieg genug gehungert hätte. Wollte Mutter Vater kränken, so nannte sie die andere Großmutter „eine verfressene Alte mit Barthaaren“, was ich gemein fand.

Mutters Schwester Ilse und der Schwager in der Stadt profitierten aber auch von dem kleinen Autochen meines Vaters. Es war üblich, je nachdem ob ein Schwein geschlachtet oder Obst und Gemüse geerntet worden war, dass eine Fuhre für meine Tante Ilse fertig gemacht wurde. Vater musste dann den Lieferanten spielen und in die Stadt kutschieren. Sie packten ihm das Goggomobil fast immer bis unter das Dach voll.

Im Winter, wenn die Straßen sich im Glatteis spiegelten, galt es, die Leckerbissen, die dem Weihnachtsschwein entstammten, zu transportieren. Etliche Male kam das kleine Gefährt mit seiner Ladung auf der eisigen Fahrbahn gefährlich ins Schlittern. Bei solchen Straßenverhältnissen hatte Vater sehr mit seinem kleinen Wägelchen zu kämpfen, da es, dermaßen überladen, schwer zu steuern war. Blutwürste, Leberwürste, Rauchschinken und Schmalztöpfe flogen ihm dann nur so um die Ohren. Von solchen Fahrten kam er nicht nur abgekämpft, sondern auch verärgert nach Hause zurück. Aufgebracht schimpfte Vater in solchen Fällen wie ein Rohrspatz auf seinen städtischen Schwager. Denn zu allem Überfluss hielt Hugo, so hieß der Städter, es noch nicht einmal für nötig, Vater beim Ausladen der gelieferten Fressalien zu helfen.

Einmal, nachdem Vater ganz alleine all die Mitbringsel in die Wohnung in den zweiten Stock des Mietshauses geschleppt hatte, war er sehr verfroren und erschöpft. Deshalb wollte er sich vor der Heimfahrt noch ein wenig erholen und ging in das Wohnzimmer meiner Tante Ilse. Dort, in der mollig warmen Stube, saß fidel und munter sein Schwager Hugo mit einer Flasche Bier und einem Teller Schnittchen in seinem geblümten Ohrenbackensessel. Aus dem Radio schallte laute Marschmusik. Nicht nur, dass er Vater nichts anbot, nein, er witzelte auch

noch über die „wackeren Dörfler“, wie er seine ländliche Verwandtschaft titulierte.
Jedes Mal, wenn Vater im Nachhinein über diese Touren schimpfte, drohte er, dass er diesem dicken „Erzfaulenzer“ in Schlips und Kragen nie wieder etwas in die Stadt bringen werde. Er betonte dann stets, dass er ja wohl nicht der Depp der ganzen Familie sei. Jedoch hier irrte er: Er war es.

Mutters Jungfernfahrt

Eines Morgens schreckte ich aus dem Schlaf hoch, laut klirrendes Krachen hatte mich aufgeweckt. Auf dieses unbekannte Geräusch hin hörte ich Großvater aus vollem Hals schreien: „Ja, seid ihr denn von allen guten Geistern verlassen?“ Ich schaute mit einem Auge, welches sich gerade so öffnen ließ, auf den Wecker und sah, dass es erst fünf Uhr in der Frühe war. Neugierig sprang ich aus dem Bett und zog in Windeseile meine kirschrote Latzhose und einen dicken Pullover über mein Nachthemd. Ich wollte nichts verpassen – und dass es hier etwas zu verpassen gab, das war klar.
Zwei Treppenstufen gleichzeitig nehmend, gelangte ich aus dem Haus. Im Hof erblickte ich zuerst Großvater, der normalerweise um diese Uhrzeit sein Vieh zu füttern begann. Wütend fuchtelte er mit den Armen in der Luft herum und schrie dabei mit markerschütternder Stimme: „Das bezahlt ihr mir auf Heller und Pfennig, da lasse ich euch nicht raus.“
Meine Augen schweiften weiter über den Hof, da sah ich das Unglaubliche: Das Scheunentor war demoliert, in der Mitte befand sich ein gewaltig großes Loch, sodass man bis auf die

Hinterwand der Scheune schauen konnte, welche ebenfalls ein stattliches Loch aufwies. Und dahinter auf der Wiese erblickte ich Vaters kleines, mausgraues Autochen, oder besser gesagt, das was davon noch übrig war. Ganz offensichtlich hatte das Goggo meines Vaters eine Fahrt durch Großvaters Scheune gemacht, sozusagen vorne herein und hinten wieder heraus.
Dann sah ich Vater, er hatte noch den guten brauen Anzug an, welchen er gestern Abend anzog, um mit meiner Mutter im Nachbarort ein Tanzvergnügen zu besuchen. Er stand fassungslos neben dem arg zerbeulten Wägelchen. Mutter stieg gerade auf der Fahrerseite aus, auch sie trug noch das leichte Sommerkleid mit dem leuchtend gelben Blumenmuster vom gestrigen Abend. Sie weinte, und ihre braunen Locken hingen wirr um ihren Kopf herum.
Großvater brüllte, dass er ein Recht auf eine Erklärung habe. Vater sah so betrübt aus, dass ich zu ihm hinging und sanft meine Hand in seine schob. Sein Atem roch stark nach Bier. Er sagte, dass es auf dem Tanzabend so lustig gewesen sei und sie ein bisschen was getrunken und viel gelacht hätten. Auf dem Nachhauseweg habe die Gerlinde dann gefragt, ob sie das Goggo auch mal fahren dürfe, schließlich habe sie es ja mit bezahlt. Nachdem er ihr Gang, Kupplung und Bremse erklärt hatte, habe sie das Steuer übernommen. Diese Erklärung brachte Großvater noch mehr auf, und er schrie: „Die Bremse hast du Hornochse ihr offensichtlich nicht gezeigt!“
Mir tat Mutter leid. Sie stand noch immer betreten dreinschauend in ihren hohen weißen Stöckelschuhen und dem wunderschönen Tanzkleid nah bei dem Auto und schluchzte leise vor sich hin. Plötzlich fasste sie sich und behauptete: „Der Albert ist schuld, er hat gemeint, dass das Fahren ganz leicht sei und

ich es nur probieren solle. Als ich auf dem Hof stehen bleiben wollte, habe ich die Bremse nicht gefunden. Er hätte mir helfen müssen, aber er hat neben mir im Sitz geschlafen." Großvater erwiderte, dass ihm das ganz egal sei, er wolle seine Scheune bezahlt haben, und das würde kein billiges Vergnügen werden. Dieser Schlaf würde den Albert eine schöne Stange Geld kosten. Nach diesen Worten begann Mutter heftig zu weinen.
Doch das hielt Großvater nicht davon ab, noch einen draufzulegen, und so schrie er: „In Zukunft müsst ihr sparen und zwar so kräftig, dass ihr keine Mittel mehr haben werdet, um sie auf Tanzveranstaltungen sinnlos hinauszuwerfen." Daraufhin stiefelte er mit großen Schritten in Richtung Kuhstall, im Gehen drehte er sich noch einmal um und rief, bereits etwas versöhnlicher: „Bedankt euch bei eurem Schöpfer, dass nicht noch mehr passiert ist!"
Dieses Erlebnis war für meine Mutter so prägend, dass sie, als einige Jahre später ein paar Frauen aus unserem Dorf den Führerschein machten, sagte, dass sie für alle Zeiten genug vom Autofahren habe, das sei nichts für sie. So kam es, dass Mutter Zeit ihres Lebens nie den Versuch unternommen hat, einen Führerschein zu erwerben.

Frühjahr

Im Gemüsegarten hinter dem Haus gab es ein großes Erdbeerfeld. Im Juni kochten die Frauen unseres Haushaltes von den kleinen ziegelroten Früchten unzählige Gläser Marmelade. Doch frisch geerntet schmeckten sie am allerbesten. So lief ich, bereits vor der Schule, mit einem Schüsselchen bewaffnet

in den Garten.
Es war herrlich, so früh draußen zu sein. In der noch reinen Morgenluft vermischten sich die verschiedenen Düfte mit dem süßen Erdbeeraroma. Solange die üppigen Büsche trugen, aß ich jeden Tag zum Frühstück einen „Mampf" aus Erdbeeren, den ich selbst herstellte. Unter die mit einer Gabel zerdrückten Früchte mischte ich, wenn mir jemand zusah, ein bisschen Zucker und wenn niemand zusah, einen richtig vollen Esslöffel Zucker. Auf einem Stück ofenfrischem Sauerteigbrot mit rahmiger Butter schmeckte das unglaublich köstlich. Allerdings war der selbst hergestellte Aufstrich meist so dünn, dass er, wenn ich in das Brot biss, links und rechts herunterlief. Wenn meine Mutter dies sah, schimpfte sie mich kräftig aus. Dann stellte ich einfach meine Ohren auf Durchzug und ließ mir meinen köstlichen Leckerbissen nicht vermiesen.
In unserem vorderen Garten standen auch zwei majestätische Fliederbäume. Der größere trug tief dunkelviolette und der etwas kleinere weiße Blüten, welche die Form von dicken Schneebällen aufwiesen. In ihrer Hoch-Blütezeit verströmten diese beiden Bäume einen Duft, der jedes Parfüm dieser Welt in den Schatten stellte. In diesen Tagen holte meine Großmutter morgens zeitig, schon vor dem Frühstück, dicke Sträuße für die Vasen ins Haus. Sie behauptete, dass es wichtig sei, Flieder ganz früh zu schneiden. Nur dann würde er sein „Odeur" – diesen Ausdruck, den sie gerne benutzte, hatte sie von Roche, dem französischen Fremdarbeiter, während des Krieges gelernt – in den Stuben vollends entfalten.

In jedem Frühsommer wurde mein Vater zur Erntezeit in die Gastwirtschaft ans Telefon gerufen. Die andere Großmutter

rief wiederum aus ihrer Dorfgaststätte an, um meinem Vater zu sagen, dass sie in Kirschen ertrinken würde. Die riesengroße Wiese direkt neben ihrem Haus bestand nahezu nur aus Kirschbäumen.
Am schönsten war es dort jedoch im Frühling, wenn die Bäume blühten. Betört von dem ausströmenden Duft, schlenderte ich dann durch das üppige weiß-rosa Blütenmeer und stellte mir in meiner Phantasie vor, dass ich die Kirschenkönigin sei und dieses atemberaubende Stückchen Erde mein Reich wäre.
Nach solchen Telefonaten suchte Vater dann stets hektisch einige Eimer zusammen und fragte mich, ob ich mitfahren wolle zur anderen Großmutter, um Kirschen zu holen. Welch eine Frage! Das war doch klar! Auf der Fahrt dorthin schepperten die leeren Emaille-Eimer auf dem Rücksitz, und Vater sang lauthals das Lied von den Kirschen in Nachbars Garten.
Waren wir zwei alleine, so hatten wir immer eine ganz besondere Beziehung zueinander, die von Spaß und guter Laune geprägt war. Auch die andere Großmutter war ein lustiger Mensch. Ich verstand nicht, wieso Mutter immer nur auf sie schimpfte. Sie konnte doch so herzhaft lachen und so schön Witze erzählen, die ich zwar meist nicht kapierte, was mir aber nichts ausmachte. Ich lachte trotzdem kräftig mit.
Wenn wir eintrafen, fanden wir mitunter bereits einen der Nachbarn beim Pflücken der dunkelroten, fast schwarzen Kirschen vor. Ich kannte sie alle, denn sie hatten mich einmal aus tiefster Not gerettet. Das war, als Vater und die anderen Großeltern zusammen auf dem Feld arbeiteten und ich alleine im Haus meinen Mittagsschlaf abhalten sollte. Von irgendeinem Geräusch erwacht, ängstigte ich mich in der ungewohnten Umgebung so sehr, dass ich aus vollstem Halse Zeter und Mordio

brüllte. Auf Grund meiner schallenden Schreie dachten die Anrainer des Hauses meiner Großeltern, dass etwas ganz Schlimmes passiert sein müsse, und schlugen panisch das Küchenfenster ein, um mich herauszuholen. Als kurz darauf meine Leute zurückkamen, wunderten sie sich über den Menschenauflauf auf ihrem Hof. Schlagartig wurde ihnen bewusst, dass ich mich ganz alleine im Haus aufhielt. Voller Bangen erkundigten sie sich sofort nach mir, aber da erblickten sie mich auch schon putzmunter quasselnd auf dem Arm eines Nachbarn. Vater und die anderen Großeltern waren so froh, dass sie vor Erleichterung sogar Scherze über das zerschlagene Küchenfenster machten.

Aber zurück zum Kirschenholen: Wenn unsere weißen emaillierten Eimer randvoll gefüllt waren, suchte ich die an den Stielen zusammengewachsenen Kirschen heraus. Diese nannten wir Zwillingskirschen. Auf der Heimfahrt schmückten Vater und ich uns mit den Zwillingskirschen, indem wir sie uns als Ohrringe umhängten. Mich selbst konnte ich ja nicht sehen, aber schaute ich zu Vater rüber, so fand ich, dass er urkomisch aussah, wie ihm die Früchte so um die Ohren baumelten.

Bei diesen Fahrten bog sich das mausgraue Autochen regelrecht vor Kirschen, meist stellte die andere Großmutter mir sogar noch eine Schüssel auf den Schoß. Und obwohl Vater und ich beim Pflücken bereits ordentlich viele Früchte in uns hinein gestopft hatten, aßen wir im Auto noch weiter, meist so lange, bis uns die Bäuche wehtaten. Kam ich dann allerdings mit Bauchschmerzen zu Hause an, so waren Großmutter, Mutter und Tante Herminchen einstimmig der Meinung, dass die andere Großmutter schuld sei und man ihr einfach kein Kind anvertrauen könne. Als Beweis führten sie zum x-ten Mal die Geschichte meiner Errettung durch die Nachbarn an.

Große Ferien

Es war Sommer, und das Leben zeigte sich leicht und schön. Da wir Kinder große Schulferien hatten, durfte ich den ganzen Tag in meiner knallroten Latzhose herumlaufen. Dieses Lieblingsteil entstammte einem Paket von unserer Verwandtschaft aus Amerika. Seinerzeit war es noch nicht üblich, dass Mädchen Hosen trugen oder gar in die Schule damit gingen. Überhaupt trugen die Frauen in unserem Dörfchen noch allesamt Röcke. Somit war ich genaugenommen eine Vorreiterin in Sachen Emanzipation.
Die „guten Kleider", die nur in der Schule und sonntags getragen wurde, waren aber auch wirklich zu unbequem. Über die Kleider mussten wir noch Schürzen ziehen. Es gab welche für werktags und für sonntags. Die für sonntags waren feiner und heller, meist noch dazu üppig gerüscht. Diese Sonntagsschürzen wurden auch in der Schule getragen. Da man sich paradoxerweise trotz der Schürze nicht schmutzig machen durfte, konnte ich es mittags kaum erwarten, sie gegen meine „Bubenkleider", wie Großmutter meine Lieblingshose abfällig betitelte, auszutauschen. Nun aber, in der großen Unbeschwertheit des Hochsommers, galten zum Glück über lange Wochen keine unangenehmen Kleiderregeln.

Den ganzen Winter über freute ich mich darauf, mit nackten Fußsohlen über die Wege und Wiesen zu stromern. Ich liebte es abgöttisch, barfuß zu laufen. Nun endlich, in der Wärme des Sommers, war es wieder erlaubt.
Begann ich aber bereits im Frühling mit den ersten Sonnenstrahlen meine Füße zu entblößen, so schimpften Großmutter,

Tante Herminchen und auch Mutter mit mir, und ich musste ohne Widerrede das Schuhwerk wieder anziehen. In den schlimmsten Farben malte das Weibervolk unseres Haushaltes mir aus, dass ich mich erkälten würde und mit hohem Fieber ins Bett gesteckt werden müsse. Wies ich darauf hin, dass die Brigitte, meine Freundin, auch schon barfuß gehe, so sagten sie, das wäre etwas ganz anderes. Die Brigitte sei ja ein Kind von Flüchtlingen, und die wären alle zäh.

Noch nie zuvor hatte ich Überlegungen angestellt, ob mich und Brigitte etwas unterschied. Zwar fand ich es lustig, dass ihre Mutter, die Marga, eine wahnsinnig witzige Aussprache hatte, aber ich wusste ja, dass sie woanders herkam. In ihrer guten Stube, über dem Kanapee, hing ein gemaltes Bild von einem wunderschönen Bauernhof, welches sie oft wehmütig betrachtete. Marga hatte uns beiden Mädchen erzählt, dass sie ihre Heimat, welche auf dem Gemälde zu sehen sei, im Krieg verloren habe. Aber was hatte das mit barfuß laufen zu tun?

Sie hatten mich in den Dorfladen zum Brotkaufen geschickt. Da ich in den Sommerferien nie genügend Zeit hatte, nahm ich die Abkürzung, um dorthin zu gelangen. Ich genoss den schmalen Wiesenweg in vollen Zügen. Vom blauen Himmel schien die Sonne mit all ihrer Kraft. Der kleine Bach plätscherte neben mir, und durch die dichten Weiden, die seinen Lauf säumten, strich ein feiner Sommerwind, sodass sie sanft hin- und herwippten. Ich meinte zu hören, dass sie sich ganz leise miteinander unterhielten.

Meine Gedanken wanderten zu den zwanzig Pfennig in meiner Hosentasche, die mir Großvater zugesteckt hatte. Es hieß wohl zu überlegen, wie ich diesen kleinen Schatz anlegen sollte. Seit einiger Zeit stand auf der Ladentheke eine Kiste mit

Wundertüten. Hatte ich meine Barschaft, bevor es dieses Kistchen gab, fast immer in Waffeln mit rosa Schaumfüllung umgesetzt, so investierte ich nun in die begehrenswerten Tütchen. Genau besehen bescherten sie zwar meist eine Enttäuschung, denn der kleine Plastikkram, der beim Öffnen zum Vorschein kam, war in der Regel für nichts zu gebrauchen: Die Ringe waren zu winzig, die Armbändchen rissen zu schnell und die Minipüppchen sahen sehr unecht aus. Trotzdem, der Reiz, dass man nicht wusste, was herauskam, übte eine ungemein große Anziehungskraft auf mich aus.
Ich war fest entschlossen, obwohl Großvater gemahnt hatte: „Kauf dir bloß nicht schon wieder so ein Ding mit Mist drin (so nannte er die Wundertüten)!" Genau besehen wusste Großvater zwar vieles, aber vom Einkaufen hatte er wirklich keine Ahnung. Auch nicht ein einziges Mal habe ich ihn in den Laden gehen sehen. Denn nach seiner strengen Einteilung von Männer- und Frauenarbeit fiel dieser Bereich ganz klar in das Aufgabenfeld der Frauen.
Im Laden war viel los, schließlich war Einweckzeit. Unmengen Pakete Zucker, Beutelchen mit Weinstein, Zitronensäure oder auch Einweckgläser und Gummiringe wurden über die Ladentheke gereicht. In unserem Dorf gab es wohl kein Haus, in welchem man zu dieser Zeit nicht für den langen Winter vorsorgte. Überall wurden große Mengen Obst und auch Gemüse verarbeitet. Jetzt galt es, die Regale in den Kellern und auf Dachböden zu füllen.
Von einem Fuß auf den anderen wechselnd, denn die endlose Warterei entsprach keinesfalls meinem unruhigen Wesen, betrachtete ich die Auslagen in dem kleinen Schaukasten. Es handelte sich zum großen Teil um Geschenkpackungen mit

Stofftaschentüchern. Die für Männer waren groß und bunt kariert und die für Frauen erheblich kleiner und mit zierlichen Blumenmustern bestickt. Mir ging die Frage durch den Kopf, wieso eigentlich Männer so riesige Taschentücher brauchten, während Frauen nur so kleine bekamen? Eigentlich unterschieden sich die Nasen doch auch nicht so extrem, ja oft hatten die Frauen, die ich kannte, sogar größere Nasen als ihre Männer.
Des Weiteren befanden sich noch einige bunte Sammeltassen und ein Salzstangenständer mit rotem Plastikgestell hinter der Glasscheibe. Sammeltassen hasste ich ungefähr genauso wie Wirsinggemüse. Leider war es in Mode, einem Mädchen zum Geburtstag eine Sammeltasse mit dem Hinweis „Für die Aussteuer, schließlich heiratest du ja mal!“ zu schenken. War mir doch egal, ob ich, wenn ich in Urzeiten vielleicht einmal heiraten würde, so blöde Tassen hätte!
Der dicke Wilhelm riss mich aus meinen Gedanken, indem er rief: „Was kriegst du Rotznase denn?“ Darauf lachte er wiehernd wie ein Pferd kurz vorm Haferkasten. Der große rote Bleistift hinter seinem Ohr wippte dabei hin und her. Großvater hatte einmal gesagt: „Der Wilhelm vom Laden soll seine Späße auf seine eigenen Kosten machen.“ Daran erinnerte ich mich gerade, und so verkündete ich laut und deutlich: „Mach deine Späße auf deine eigene Kosten.“
Im Laden wurde es ganz still, und der dicke Wilhelm schnappte nach Luft wie ein Fisch an Land.
Als er sich von seinem Schrecken erholt hatte, schaute er mich mit einem bedauernden Blick an, schüttelte den Kopf und sagte mit bedächtiger Predigerstimme: „Das kommt davon, wenn Mädchen Hosen tragen, was soll aus dir nur mal werden? Sicher kommt da nichts Gutes bei raus.“

Eine Frau aus der Schlange hinter mir rief: „Lass sie in Ruhe, die ist schon richtig." Das gab mir wieder Aufwind, und so verlangte ich mit fester Stimme ein Drei-Pfund-Brot, ein Paket Salz und eine Wundertüte. Der Wilhelm schrieb die Preise der drei Artikel mit seinem dicken Bleistift auf einen Block sorgfältig untereinander, um sie zu addieren. Obwohl ich ein Mädchen war, Hosen anhatte und angeblich bei mir nichts Gutes herauskommen sollte, rechnete ich den Betrag schneller im Kopf zusammen als er mit gewichtiger Miene auf seinem Zettel.
Draußen setzte ich mich auf die Treppe vor dem Laden, um endlich meine Wundertüte zu öffnen. In Erwartung, was wohl dieses Mal herauskomme, kribbelte es mir sogar ein bisschen im Magen. Ich zögerte den Moment des Öffnens noch ein klein wenig hinaus, denn das steigerte die Spannung. Ich hielt es aber nicht lange aus und riss das Tütchen mit einem kräftigen Ruck auf. Zwischen den bunten Popcornkörnern lugte etwas leuchtend Olivgrünes hervor. Ich griff hinein und hielt kurz darauf einen Plastiksoldaten in meiner Hand. Sah der hässlich aus! Ich stopfte mir das Popcorn alles auf einmal in den Mund und überlegte, was mit diesem blöden Ding anzufangen sei.
Es blieb nur eins: Der Soldat musste gegen etwas Brauchbares eingetauscht werden. Das sollte keine Schwierigkeit darstellen, da mein Cousin Klaus aus der Stadt derzeit als Ferienkind bei uns weilte. Kläuschen war zwar ein bisschen schwer von Begriff, aber ihm würde ich das Ding schon andrehen. Erst gestern hatte er mich gefragt, ob die Milch wirklich aus den Kühen und nicht aus der Flasche kommen würde. Als Antwort auf seine Frage nahm ich ihn mit in den Kuhstall, wo ich ihn bat, sich mit weit geöffnetem Mund unter Großvaters Lieblingskuh Lisa zu legen. Dieser zog ich dann kräftig am Euter, sodass ein

dicker Strahl kuhwarmer Milch leider nicht in den Mund von Kläuschen, aber doch über sein Gesicht schoss. Großvater, der den Stall betrat als die Prozedur gerade stattfand, lachte, als er uns erblickte, solange bis er einen mächtigen Schluckauf bekam.

Auf dem Heimweg durch das Weidengässchen pfiff ich vor mich hin und schlenderte mit der Einkaufstasche, aus welcher das frisch gebackene Brot so verführerisch duftete, dass ich mich nicht beherrschen konnte und die knusprige Kruste an beiden Enden abbiss. Das würde zu Hause zwar Ärger geben, aber das war mir dieser unvergleichliche Genuss wert. Ich musste meine Ohren nur auf Durchzug stellen, wenn sie anfingen, mich dafür auszuschimpfen. Nicht hinhören und an ganz etwas anderes denken, das war eine bewährte Methode, die ganz einfach ging.

Cousin Kläuschen

Als ich auf den Hof zurückkam, saß das Kläuschen, so nannte Großmutter meinen Cousin aus der Stadt, auf der kleinen Holzbank neben der Haustüre. Er baumelte mit den Beinen, und es schien ihm langweilig zu sein. Ganz langsam ging ich auf ihn zu, so blieb mir ein Moment Zeit zu überlegen, wie ich ihm den doofen Plastiksoldaten unterjubeln könnte. Forsch behauptete ich kurz darauf: „Hab was ganz Tolles!“ Neugierig geworden, sah er auf. Ich legte noch ein bisschen zu und rief: „Du wirst es nicht glauben. Ich habe gerade den weltbesten Soldaten aus einer Wundertüte gezogen!“ Bei diesen Worten schwenkte ich das ekelhafte olivgrüne Ding in meiner Hand

hin und her. Das Kläuschen verfolgte die Bewegung mit interessiertem Blick – er hatte Feuer gefangen. Jetzt hieß es, den Tauschwert in die Höhe zu treiben. „Eigentlich“, tat ich kund, „würde ich den Soldaten am liebsten selbst behalten, aber wenn du was Vernünftiges zum Tauschen anbietest, könnte ich es mir ja noch mal überlegen, schließlich bist du unser Gast.“
Meine Taktik zeigte Wirkung, das Kläuschen wollte den Soldaten nun unbedingt haben. Großvater hatte mir im letzten Herbst beim Äpfelverkaufen beigebracht, dass man nicht zu schnell einwilligen durfte, wenn der andere etwas unbedingt haben wollte. Also tat ich noch ein bisschen zögerlich, lobte aber die hässliche Plastikfigur in den höchsten Tönen. Tatsächlich wurde er immer begieriger darauf. Das Kläuschen trat von einem Bein auf das andere, vergrub die Hände tief in den Taschen seiner etwas zu kurzen Lederhose und verkündete dann mit gewichtiger Miene: „Ich zahle dir zehn Mark für den Soldaten, aber du musst ihn mir sofort geben und versprechen, keinem etwas davon zu sagen.“
Wo hatte er denn um Himmels willen zehn Mark her? „Gut, und wann bekomme ich das Geld?“ Ich willigte schnell ein, bevor er es sich noch anders überlegte. Gleich erwiderte er mit einem Blitzen in den Augen: „Komm mit in den Hühnerstall!“ „Was? Wohin?“, fragte ich zweifelnd. „Na, mach schon“, drängelte er, gab mir einen Schubs nach vorn und schritt voraus in Richtung Garten. Kurz vor dem kleinen grauen Häuschen holte ich das Kläuschen ein. Mit einem kräftigen Schwung riss er die alte Holztüre auf, ging hinein und hob einen am Boden zwischen dicker Hühnerkacke liegenden Stein hoch.
Ich traute meinen Augen nicht, da lagen unzählige verschiedene Geldscheine. Genaugenommen hatte ich noch nie in

meinem Leben so viel Geld auf einem Haufen gesehen. Mit weit aufgerissenen Augen und offen stehendem Mund konnte ich mich kaum von diesem ungewohnten Anblick lösen. Das Kläuschen zog stolz wie ein Spanier einen Zehn-Mark-Schein aus dem Bündel und reichte ihn mir mit betont lässiger Geste. Hier war etwas oberfaul! Die Sache stank doch bis zum Himmel. Großvater würde sagen, das sieht ja selbst ein Blinder mit Krückstock. Durch meine Gedanken drang die aufgeregte Stimme meines Cousins: „So, und jetzt musst du den Schwur leisten." „Welchen Schwur?", fragte ich zurück. „Na, dass du das Geheimnis für dich behältst. Also heb die zwei Mittelfinger der rechten Hand und sprich mir nach: ‚Mich sollen bei Nacht die Geister holen und tagsüber dicke Kröten verfolgen, wenn ich auch nur einem Menschen etwas davon verrate, was ich im Hühnerstall gesehen habe.'" Verdammt! Woher wusste der Kerl nur so genau wovor ich eine Heidenangst hatte? Geistesgegenwärtig kreuzte ich eilig die zwei Mittelfinger der linken Hand hinter meinem Rücken, als ich die von Kläuschen mit todernstem Gesicht verkündeten Worte nachsprach. Derart galt mein Schwur nämlich nicht wirklich.
Geschäfte machen durstig, und so steuerte ich kurz darauf unsere Wohnküche an, um ein riesiges Glas von Großmutters Spezialität, der Holunderlimonade, zu trinken. Da niemand in der Küche weilte, rührte ich mir drei volle Teelöffel Zucker unter mein Getränk. Das schmeckte zwar schon etwas eklig süß, aber ich musste ausnutzen, dass ich einmal so viel Zucker essen konnte, wie ich wollte. Denn für gewöhnlich nahmen sie mir die Dose weg mit dem Hinweis, das sei ungesund.
Laut schlürfend, auch das durfte ich eigentlich nicht, zog ich genüsslich die sirupartige, gelb schimmernde Flüssigkeit über

den Rand meines dickwandigen Lieblingsglases in den Mund. Wo waren überhaupt alle? Zumindest Großmutter hantierte doch fast immer in der Küche herum. Von oben hörte ich Geräusche. Was taten die denn am helllichten Tag in den Schlafstuben?

Alleine in der Küche zu sein, hatte sowieso schon seinen Reiz für mich verloren, und darum sprang ich zwei Stufen gleichzeitig nehmend nach oben. Hörte ich da nicht Großmutter weinen? Die Neugierde trieb mich in den hinteren Teil des Obergeschosses, dort befand sich die Schlafstube der Großeltern, woher die Stimmen kamen. Zuerst sah ich Großmutter: Sie saß auf dem Bett und weinte in ein grell grünes Taschentuch, welches die Ausmaße eines Geschirrtuchs aufwies. Mutter und Tante Herminchen standen vor dem wuchtigen, geöffneten Wäscheschrank und blickten sich ratlos an.

Großmutter schien sich zu fangen, sie schniefte noch einmal überlaut in das Taschentuch, hörte mit einem Mal auf zu weinen, holte tief Luft und stellte mit bleierner Stimme fest: „Wir haben einen Dieb in der Familie!“ Großvater, der gerade mit seinen dreckigen Arbeitsstiefeln ebenfalls die Schlafstube betrat, musste wohl die letzten Worte gehört haben, denn er sah Großmutter ernst an und sagte: „Lina, nimm dich zusammen, mit Verdächtigungen muss man äußerst vorsichtig umgehen. Was ist überhaupt los hier?“ Jetzt schnäuzte Großmutter sich dermaßen geräuschvoll, dass ich meinte, die Fensterscheiben klirren zu hören. Tante Herminchen ergriff nun das Wort: „Vater, stell dir nur vor, das ganze gesparte Milchgeld von Mutter, welches sie im Wäscheschrank zwischen den Leinentüchern aufbewahrt hat, ist seit heute Morgen verschwunden.“ Mit einem Mal begann Großmutter zu jammern: „Seit drei Jahren lege ich Geld von der Molkerei zurück. Es ist für meine Beerdigung. Ich will doch nicht, dass ihr für mein Begräbnis sparen müsst."

Großvater ließ sich nicht beeindrucken und ging die Geschichte sachlich an, indem er fragte: „Lina, wer wusste denn von deinem Versteck?" Unter erneutem Schniefen wimmerte sie: „Natürlich niemand! Ich war immer alleine, wenn ich es gezählt habe." „Also, dann kann hier auch niemand geklaut haben", schlussfolgerte Großvater logisch. Damit ließ er die Frauen seines Haushalts stehen. Im Gehen drehte er sich um und rief: „Vielleicht schafft es ja eine von euch, frischen Kaffee zu kochen und Brot und Marmelade auf den Tisch zu stellen. Ich habe nämlich einen schrecklichen Hunger." Mir dämmerte so langsam aber sicher, wo Kläuschens plötzlicher Reichtum herkam. Ich musste Gewissheit haben.

Als die Erwachsenen abends noch unten in der Wohnküche saßen und Kläuschen frisch gewaschen in Tante Herminchens Bett lag, in welchem er während der Ferien schlief, beschloss ich, der Angelegenheit auf den Grund zu gehen. Scheinheilig kroch ich zu ihm unter die dünne Sommerdecke und fragte freundlich: „Soll ich dir eine Geschichte erzählen?" „Oh ja, aber eine, die ich noch nie gehört habe", forderte er. Kein Problem, bei meiner grenzenlosen Fantasie, die Großvater manchmal sogar als gefährlich bezeichnete, fiel mir schließlich immer etwas ein.

Als das Kläuschen so richtig eingelullt war von den Blumenfeen, den Wurzelmännchen und den sprechenden Bäumen und Tieren meiner Geschichte, forschte ich: „Woher wusstest du eigentlich von dem Geld im Wäscheschrank?" Und ich hatte recht! Kläuschen erzählte mir ganz locker, dass er, als er am ersten Abend seines Besuches bei Großmutter im Bett schlafen durfte, wach geworden sei, weil die Scharniere der Türen des wuchtigen Wäscheschrankes geknarrt hätten. Er habe sich aber weiter schlafend gestellt und nur mit einem halb geöffneten Auge beobachtet, wie Großmutter ein großes Bündel Geldscheine unter dem Stapel mit den Leinen verschwinden ließ. Den Rest könnte ich mir ja denken. „Du gemeiner Dieb", zischte ich zwischen meinen Zähnen hervor. Da lachte er laut und sagte: „Mach mal halblang, du bist genauso ein Dieb, schließlich hast du auch von der Beute genommen. Und durch deinen Schwur sind wir beide jetzt Verbündete." Mann, war der gemein! Zornig sprang ich aus Herminchens Bett und lief wütend in meine Stube.

In dieser Nacht schlief ich so schlecht wie selten. Ich träumte viel und wachte mehrmals auf. So war es eine Erlösung, als es Morgen wurde. Trank ich sonst in den Ferien zuerst in Ruhe einen großen Kakao in der Küche, so rannte ich heute gleich in den Stall zu Großvater. Er bürstete gerade ausgiebig seine Lieblingskuh Lisa. Diese machte ein zufriedenes Gesicht und muhte vor sich hin. Als Großvater mich sah, schaute er auf und scherzte: „Na, du Racker, ist der Teufel hinter dir her?" Anstatt einer Antwort begann ich hemmungslos zu weinen. Erschrocken legte Großvater den antiken Striegel zur Seite und nahm mich mit leicht verlegener Geste in den Arm. Unter Schluchzen erzählte ich ihm alles. Ich konnte es nicht fassen. Er schmunzelte einfach nur über die Geschichte und strich mir unbeholfen über das Haar: „Das bringen wir zwei gleich in Ordnung, verlass dich mal auf deinen alten Großvater."

So gingen wir gemeinsam zum Hühnerstall und holten das Geld unter dem Stein hervor. Dann zog Großvater seine ab-

gewetzte braune Ledergeldbörse aus der Gesäßtasche seiner Arbeitshose, holte einen Zehn-Mark-Schein heraus und legte ihn oben auf das Bündel drauf. „Spar du mal das Geld von gestern", sagte er zu mir. „Nun laufe in die Küche und beschäftige die Großmutter, damit ich das Bündel in Ruhe wieder in den Wäscheschrank zurücklegen kann."
Kurz darauf erschien er in der Küche, wo ich mittlerweile am Tisch saß und ein von Großmutter geschmiertes Butterbrot aß. Großvater stapfte zum Küchenherd, wo in der hinteren Ecke immer eine große, blau gemusterte Blechkanne mit Muckefuck stand. Er goss sich in aller Ruhe einen Kaffee ein. Wie beiläufig drehte er sich zu Großmutter um und fragte: „Na, Lina, hast du nochmals kontrolliert, ob du dich auch nicht getäuscht hast?" „Ich bin doch nicht blind", erwiderte sie empört.
„Weißt du was", schlug Großvater vor, „wir gehen gerade mal zusammen hoch und schauen noch einmal nach. Du weißt doch, Irren ist menschlich."
Großmutter sträubte sich zwar noch ein wenig und verwies darauf, dass ihre Augen noch recht gut seien, aber ihr Mann ließ nicht locker. Ein paar Minuten später standen wir drei am „Tatort". Großvater führte die Untersuchung durch: Mit einem Schwung öffnete er die Tür des monströsen Wäscheschranks und begann unter den Leinenstapeln zu suchen. Er tat dies dermaßen eifrig, dass Großmutter mit den Worten „Konrad, du zerwühlst ja die ganze Bettwäsche" aufstöhnte. Da rief er auch schon im aufgeregten Tonfall aus: „Ich habe was gefunden!" Und siehe da, in der Hand, die er mit einer theatralischen Geste aus dem Schrank zog, hielt er das Bündel mit den Geldscheinen hoch und schwenkte es hin und her. Ich staunte nicht schlecht, denn so einen Auftritt hatte ich meinem Großvater nicht zuge-

traut. Aber er sagte ja immer: „Der Zweck heiligt die Mittel." Großmutter sah aus, als hätte sie der Schlag getroffen. Ihr Gesicht war auf einmal kalkweiß, und ihre Augen blickten völlig fassungslos auf das Geld. „Aber ich habe doch wirklich ganz genau nachgeschaut", beteuerte sie. Ihr Mann blickte sie mitleidig an und erwiderte: „Wirst halt auch nicht jünger, Lina." Daraufhin stolzierte er aus der Schlafstube, und ich hatte irgendwie das Gefühl, dass ihm die Aktion Spaß bereitete.

Beim Mittagessen vermisste ich das Kläuschen und Großvater. Auf mein Nachfragen hin gab mir Tante Herminchen die Auskunft, dass sie für die beiden einen Essenskorb hergerichtet habe. Weiter erzählte sie, dass das Kläuschen eigentlich überhaupt nicht mitfahren wollte, aber der Großvater sei energisch geworden und habe ihn einfach kurzerhand auf den seitlichen Sitz des Traktors verfrachtet.

Plötzlich wurde ich mächtig eifersüchtig, mit dem Fuß aufstampfend rief ich ärgerlich: „Wieso nimmt mein Großvater auf einmal diesen Blödmann mit und nicht mich?" Mutter erwiderte mit belehrender Stimme: „Das Kläuschen hat das gleiche Recht auf den Großvater wie du." „Hat er nicht!", schrie ich zurück und rannte, die Türe laut hinter mir zuschlagend, aus der Küche.

In meinem Kummer verkroch ich mich im Stall bei den erst vorgestern geborenen Zwillingskälbchen. Niemals zuvor war ich auf die Idee gekommen, dass Großvater jemand anderes genauso lieb haben könnte wie mich. Was bildete sich das Kläuschen überhaupt ein? Kam einfach hierher und nahm mir meinen Großvater weg! Mit der Zeit wurde ich zwischen den warmen Körpern, die ich abwechselnd streichelte, ruhiger.

Das hellbraun-weiß gefleckte Fell fühlte sich so zart wie Samt an. Die Tiere leckten mir im Gegenzug wohlig über Hände und Gesicht.
Schluss mit der Traurigkeit! Mir fiel ein, dass die beiden Kälbchen noch nicht getauft waren. In der Scheune fand ich eine alte Blechschüssel, die ich bis zum Rand mit Wasser füllte. Nur zu gut hatte ich noch in Erinnerung, wie der Herr Pfarrer die kleine Elvira vom Wagnerhof erst vor ein paar Wochen getauft hatte. Aber zunächst mussten zwei Namen her. Ich schaute auf die Kälbchen und mir fiel auf, dass das größere von beiden aussah wie Tante Elli. Also, Tante Elli konnte ich es nun wirklich nicht nennen, aber einfach Elli, das ginge schon. Nach diesem Entschluss nahm ich das zweite kleine Kälbchen noch einmal streng ins Visier, und siehe da, auch für dieses fiel mir ruckzuck ein passender Name ein. Denn es erinnerte mich, genau besehen, an die Frau unseres Försters, und so beschloss ich es nach ihr zu nennen, nämlich Rosel.
Als ich gerade dabei war, dem größeren der Kälbchen eine ordentliche Ladung Wasser über den Kopf zu gießen und im salbungsvollen Ton zu verkünden „Im Namen des Vaters, des Sohnes und des Heiligen Geistes taufe ich dich auf den Namen Elli“, hörte ich hinter meinem Rücken die Stimme meines Bruders Edgar: „Biste jetzt völlig plemplem geworden?“ Die Frauen unseres Haushaltes hatten ihn losgeschickt, um mich zu suchen und ins Haus zu rufen.
Bereits am Nachmittag war ich Großvater nicht mehr wirklich böse, aber trotzdem nahm ich mir vor, heute Abend beim Versorgen von Elli und Rosel nicht gleich mit ihm zu reden. Sollte er doch ruhig merken, dass ich verärgert war. Ich rührte gerade das kakaoartige Pulver so in einem emaillierten Eimer an,

wie Großvater es mir gezeigt hatte, als er in die Scheune kam. Übereifrig rührte ich die zähe Masse mit einem langstieligen Rührlöffel und zwang mich, dabei nicht zu ihm aufzuschauen. „Hast du was?“, fragte er mich. Trotzig schlug ich nun noch fester auf das Kälbchenfutter ein und gab keine Antwort, aber mit einem Mal rannen mir dicke Tränen die Wangen herunter. Nun nahm Großvater mir den Löffel aus der Hand und führte mich zu einem großen Strohballen, auf den wir uns setzten. „Also“, begann er, „Mädchen, sag schon, was ist los?“ „Wenn du das Kläuschen jetzt lieber magst als mich, ist es auch gut!“, brach es aus mir heraus. „Wie kommst du denn auf so was?“, wollte er wissen. „Schließlich hast du ja ihn und nicht mich mit auf die obere Bodenwiese genommen“, warf ich ihm vor. „Ach, daher weht der Wind“, sagte Großvater und schob seine blaue Schirmmütze bedächtig zurück. „Pass mal auf, das ging heute nicht anders. Einer muss sich den Burschen ja mal greifen und ein paar ernste Worte mit ihm reden, sonst wird der am Ende eines Tages noch ein großer Gangster.“
Dieses Argument leuchtete mir ein, und so fütterten Großvater und ich, wieder versöhnt, die beiden Kälbchen gemeinsam. Als ich ihm von der Taufe erzählte, schmunzelte er und stellte fest: „Du bist ja eine ernsthafte Konkurrenz für unseren Herrn Pfarrer.“ Die von mir ausgewählten Namen Rosel und Elli allerdings erzeugten einen kräftigen Lachanfall bei ihm. Als er sich wieder etwas beruhigt hatte, gluckste er: „Ja, weißt du denn nicht, dass das Männer sind?“

Erntezeit

In der Erntezeit verströmten die zahlreichen Obstbäume, die auf der dem Gemüsegarten angrenzenden Wiese standen, den Duft ihrer reifen Früchte. Denke ich an diese Zeit zurück, so kann ich heute noch das intensive Aroma von überreifen Mirabellen riechen, das im Hochsommer über dem ganzen Gehöft lag.

Mirabellen, das war Großvaters Lieblingsobst. Und da ich alles, was Großvater mochte, ebenfalls mochte, war es gleich nach Erdbeeren auch mein Lieblingsobst. Wenn Großmutter im Winter knusprig braune Kartoffelpuffer buk, öffnete sie dazu als Beilage stets ein großes Einmachglas dieser sonnengelben Eierfrüchte, die dann – obwohl es draußen so kalt war – herrlich nach Sommer schmeckten.

Einmal, als mein Bruder Edgar und ich beim abernten der vielen Mirabellen halfen, veranstalteten wir ein Wettessen. Jeder musste so viele Früchte essen wie er nur konnte. Da ich mich richtig ins Zeug legte, wurde ich die Siegerin. Nur leider hatte ich nicht wirklich etwas davon, denn meine Siegesfeier fand auf dem kleinen Toilettenhäuschen statt.

Wenn sich die unzähligen Johannisbeersträucher im Garten vor reifen Früchten bogen, wurden wir Kinder ebenfalls zum Ernten herangezogen. Stand ich dann mit einem kleinen Blecheimerchen bewaffnet zwischen den Sträuchern, zupfe ich eifrig, um ja schnell fertig zu werden. Schließlich hatte ich stets äußerst wichtige Verabredungen mit den anderen Dorfkindern. Die hellroten Früchte schmeckten gar nicht schlecht, und so verschwanden ab und an welche in meinem Mund, nur die etwas dickeren, tief schwarzen mochte ich überhaupt nicht.

Trotzdem forderte Tante Herminchen mich immer wieder von neuem auf, doch auch von den dunklen Johannisbeeren zu essen. Als ich ihr entgegnete, dass die mir viel zu bitter seien, belehrte sie mich: „Die musst du aber essen, die sind sehr gesund.“ Als Großvater das einmal hörte, rief er zu Tante Herminchen: „Für das Mädchen ist gesund, was ihr schmeckt und basta.“
Unsere Kühe blieben im Hochsommer Tag und Nacht draußen auf der Weide. Von daher befüllte Großvater früh morgens auf dem Hof das große bereifte Wasserfass, welches eine Kuhtränke darstellte und auf das Feld zu den Tieren gebracht wurde. An beiden Seiten dieses Fasses befanden sich kleine Becken, die sich, wenn eine Kuh mit dem Maul daran stieß, öffneten und dem Wasser freien Lauf ließen. Sah ich den Kühen beim Trinken zu, so überlegte ich, woher sie wohl wussten, wie die Tränke funktionierte. Als ich Großvater einmal danach fragte, antwortete er: „Ja, meinst du denn, dass die Tiere blöd sind?“
Manchmal nahm Großvater mich mit, wenn er bei Tagesanbruch das frisch gefüllte Wasserfass zur Wiese fuhr. Sobald die Kühe das Motorengeräusch des Traktors hörten, kamen sie wie wild an den Zaun gelaufen und begannen ohrenbetäubend zu plärren. Das war die Begrüßung für Großvater und das Wasserfass.
Ich genoss nicht nur dieses sich immer wiederholende Spektakel, sondern auch die erwachende Natur hier draußen. Im hellen glitzernden Licht der aufgehenden Sonne glänzten die satten grünen Wiesen, die noch vor Nässe dampften, wie mit Silber überzogen. Über die unzähligen Büsche am Wegrand zogen sich feine Netze aus hauchdünnen Wassertropfen. Diese kunstvollen Gebilde wirkten wie von geheimnisvollen Spinnen

gewebt. Kniff ich die Augen ein wenig zusammen, verschleierte sich mein Blick leicht, und ich meinte ganz sicher, winzige Naturwesen, die auf den feinen Fäden dieser kunstvollen Gebilde tanzten, zu erkennen. Sie trugen Zipfelmützen, bunte Pluderhosen und übergroße Schnabelschuhe mit vergoldeten Spitzen.

Begleitete ich meinen Großvater tagsüber wenn er nach seinen Kühen schaute, so war alles viel wirklicher. Ich legte mich dann oft in das inzwischen trockene, hohe Gras, blickte in den leuchtend stahlblauen Sommerhimmel und beobachtete die vorbeiziehenden Wolken. Aber auch das mannigfaltige Leben um mich herum zog mich in seinen Bann: In der kleinen Welt zwischen den verschieden hohen Halmen tummelten sich Würmchen, winzige Mücken und allerlei anderes klitzekleines Getier.

Am allerliebsten aber beobachte ich die wunderschönen Schmetterlinge. Großvater hatte mir einmal erklärt, dass sie sehr wichtig seien für uns Menschen, denn sie würden uns Grüße von unseren Ahnen bringen. Ich konnte mich nicht entscheiden: An manchen Tagen gefielen mir die Zitronenfalter am besten, an anderen Tagen wieder die veilchenfarbenen oder auch die Pfauenaugen, und manchmal fand ich die ganz weißen am schönsten. Die sahen ohnehin so majestätisch aus, dass ich sie für Schmetterlingsköniginnen hielt. So mit der Natur verschmolzen erschrak ich meist, wenn Großvaters Stimme, die mich zur Rückfahrt rief, an mein Ohr drang. Ich fühlte mich dann, wie aus einer verwunschenen Welt herausgerissen. Als ich ihm das einmal sagte, meinte er: „Ja, ja, hier draußen wohnt die wahrhaftige Seele Gottes.“

An den sogenannten Hundstagen holten Mutter und Tante Herminchen frühmorgens die riesige Zinkbadewanne aus der Waschküche, platzierten sie auf dem Hof und füllten sie mit Wasser. Die Strahlen der Hochsommersonne taten das Übrige und heizten das Wasser auf. So wurde aus dem betagten Behälter ein kleines Schwimmbad für uns Kinder.
Weil Mutter und Tante Herminchen sich ständig sorgten, dass wir krank werden könnten, stellten sie die Regel auf, dass wir erst mittags baden durften, wenn das Wasser sich erwärmt hatte. Das passte mir zwar überhaupt nicht, steigerte aber die Vorfreude. Da Warten nicht gerade meine Stärke war, begann ich bereits zeitig zu quengeln, indem ich ca. alle zehn Minuten nachfragte: „Kann ich jetzt baden?" Ich wusste, dass die Erwachsenen, wenn man ihnen nur lange genug auf die Nerven fiel, irgendwann Zugeständnisse machten. In diesem Fall aber war es nicht ganz so einfach. Das Wasser wurde wirklich erst freigegeben, nachdem eine der Frauen unseres Haushaltes mit ernsthafter Miene einen Moment lang die Hand hineingehalten und es für nicht mehr „zu eisig" befunden hatte. Ich stand dann fast immer schon in meiner Badekleidung, der Unterhose, daneben und war eigentlich ohnehin nicht mehr zu bremsen. Und überhaupt, was hieß schon „eisig" in diesen heißen Tagen?
Zum Glück war die altertümliche Zinkbadewanne dermaßen geräumig, dass man darin erstaunlich gut planschen konnte. Es gefiel mir zwar auch alleine, aber noch mehr Spaß machte es, wenn meine Freundin Brigitte dazukam. Dann bespritzten wir uns gegenseitig und kreischten vor Freude oft so laut, dass sich die Kühe im Stall erschreckten und zu plärren begannen. Das rief Großmutter vor die Haustüre. Sie beschimpfte uns als alberne Gänse und drohte, das Wasser auszukippen, wenn wir

nicht augenblicklich Ruhe gäben. Anfangs badete auch mein Bruder Edgar mit. Irgendwann verkündete er allerdings, dass ihm das viel zu kindisch sei. Ich wusste aber ganz genau, dass er das nur sagte, weil er sich in seiner Unterhose genierte.

Nahmen wir Kinder den Hochsommer als pure Lebensfreude wahr, so galt es für die Erwachsenen, die Heuvorräte für die langen Wintermonate einzubringen. Das bedeutete einerseits zwar unendlich viel Arbeit, und sie stöhnten unter der großen Hitze, andererseits aber schien das anhaltende Strahlen der Sonne auch ihre Gemüter zu beleben. Denn auf den tiefgebräunten Gesichtern spiegelte sich trotz allem in diesen südlich anmutenden Wochen ein aufgeheiterter Ausdruck.
Schließlich hatten auch sie ihre kleinen Fluchten. Waren die Tage in dieser Zeit zwar streng und lang, so genossen sie nichtsdestotrotz nach der vollbrachten Arbeit meist noch ausgiebig die laue Abendluft. Nicht selten saßen sie bis tief in die Nacht hinein unter dem klaren Sternenhimmel. Da in den großen Ferien niemand darauf achtete, dass wir Kinder zeitig zu Bett gingen, strolchten wir an solchen Abenden lange herum. Irgendwann aber wurden wir ganz von selbst müde und verschwanden ziemlich lautlos und meist ungewaschen in unseren Betten. Beim Einschlafen konnte man dann noch die vertrauten Stimmen aus dem Hof hören.
Großvater kannte in der Erntezeit keine Gnade. Er forderte jede zur Verfügung stehende Arbeitskraft ein. Selbst sein Schwiegersohn Hugo aus der Stadt musste anreisen und mithelfen. Mein Onkel Hugo, der von Beruf ein kleiner Angestellter war, tat, wenn er zu uns aufs Dorf kam, immer recht groß. Zum Heuwenden erschien er im gestärkten weißen Oberhemd, Schlips

und Bügelfaltenhose. Da die Dorfbewohner aber Menschen aus der Stadt ohnehin nicht so ernst nahmen, sahen sie seinen ungewöhnlichen Aufzug mit Gelassenheit oder machten höchstens mal einen neckischen Witz darüber.

Einmal, als Onkel Hugo für einen Ernteeinsatz bei uns zu Besuch weilte, bat Großvater ihn, mit einem Stock auf die freilaufenden Schweine im Hof aufzupassen. Sein Schwiegersohn jedoch lehnte diese Arbeit ganz entschieden ab. Er empörte sich über dieses Ansinnen: „Wie komme ich mir denn da vor? Ich bin doch nicht euer Schweinehirte?“ Mein Onkel Hugo war ein recht guter Esser, und als er sich abends am Tisch eifrig über einen Teller mit dicken Schweinswürsten hermachte, zog Großvater ihm rabiat den noch wohlgefüllten Teller einfach weg. Sein Schwiegersohn Hugo schaute ihn wie von allen Geistern verlassen an und wollte wissen: „Konrad, was soll'n das?“ Großvater blickte Hugo fest in die Augen und verkündete: „Das ist die Mahlzeit für den Schweinehirten und nicht für dich.“

Mein Großvater machte in diesen Tagen wirklich vor nichts halt. Selbst Vater, der als Maschinenschlosser in einem großen Stahlwerk arbeitete und wöchentlich zwischen Nacht- und Tagschicht wechselte, wurde in der Woche seiner Nachtschicht von ihm geweckt. Großvater sah nicht ein, wieso ein junger, kerngesunder Mann tagsüber schlief. Dass Vater vielleicht gerade erst vor ein oder zwei Stunden ins Bett gegangen war, interessierte ihn keinesfalls. Zuerst schickte er meine Mutter, damit sie ihren Mann aufweckte. War Mutter erfolglos, so klopfte er selbst ausgiebig und äußerst rüde an Vaters Schlafzimmertüre. Tat sich drinnen nichts, so lief Großvater in seinen schweren Stiefeln laut schimpfend so lange vor der Tür hin und her, bis Vater sich erbarmte und in seiner Arbeitskleidung herauskam.

Gab es auch manche Reiberei unter den Erwachsenen, ich mochte es gerne, wenn, so wie in der Heuernte, alle von der Familie mit dabei waren. Allerdings begannen diese Hochsommertage sehr früh. Verschlief ich es nicht, begleitete ich Großvater bei Tagesanbruch, wenn er auf die Wiesen fuhr, um mit dem Mähbalken des Traktors das hohe Gras zu schneiden. Später wendeten unzählige fleißige Hände mit bunt verzierten Holzrechen das gemähte Gras, sodass es an der Sonne trocknen konnte. Das war eine sehr mühsame Tätigkeit, die ständig wiederholt werden musste. Deshalb wurde jede Hand gebraucht.
Einzig Großmutter fehlte bei der Arbeit auf dem Feld, aber auch nur, weil sie zu Hause das Essen für die Erntearbeiter zubereitete. Großvaters Wahlspruch „Wer kräftig arbeitet, der muss auch anständig essen“ entsprechend, versorgte sie die Leute mit leckeren Speisen. Um die Mittagszeit kam sie auf ihrem alten schwarzen Damenrad angefahren, auf dessen Gepäckträger sich ein wuchtiger, geflochtener Korb mit dem Imbiss für die heiß ersehnte Mittagspause befand. Es war gar nicht so leicht, das Gefährt zu steuern, da an beiden Seiten der Lenkstange große Blechkannen baumelten, die heißen Kaffee und eisgekühlten Tee enthielten.
Eine der Frauen lief Großmutter entgegen, um ihr beim Absteigen und Eindecken behilflich zu sein. An einem schattigen Platz, meist unter einem dicken Baum, breiteten sie kurz drauf gemeinsam eine weiße, überdimensional große Tischdecke aus. Blitzschnell verteilten sie Geschirr, Bestecke, verschiedene Salate, große Bratenstücke, allerlei Würste und natürlich frisch gebackenes Brot auf dem ungewöhnlichen Tisch. Großmutter wusste, wie hungrig die Feldarbeit machte. Zwischendurch füllte sie bereits die Blechtassen mit Kaffee oder Tee, denn der

Durst der Leute war noch schlimmer als der Hunger.

Im Nu durchsetzte sich der Duft des frischen Heus mit dem des dampfend heißen Milchkaffees und des Holunderblütentees mit Zitrone. Der mächtige Wohlgeruch aus dem Gemisch dieser Aromen hat sich dermaßen tief in mein Gedächtnis eingegraben, dass ich ihn bis ans Ende meiner Tage nicht vergessen werde. Aber auch das fröhliche Lachen und das laute Durcheinanderschwatzen der Erntegesellschaft kann ich, wenn ich in mich hineinhöre, heute noch vernehmen. Die Menschen freuten sich nicht nur über die vielen Leckerbissen, sondern auch über die Unterbrechung der schweren Arbeit.

Irgendwann aber klatschte Großvater in die Hände, was so viel hieß wie: „Auf Leute, los geht's wieder!" Dann setzten sich, meist ohne große Eile, die Männer ihre großen Strohhüte wieder auf, und die Frauen banden sich ihre hellen Kopftücher wieder um. Denn die Sonne brannte unbarmherzig vom hochsommerlichen Himmel. Und obwohl alle hundemüde waren, ging es weiter mit dem Heurechen.

Erst abends war es dann so weit, dass das getrocknete Heu auf Leiterwagen geladen und nach Hause in die Scheune gefahren wurde. Manchmal, wenn sich durch Donner ein nahender Gewitterregen ankündigte, wurden die Wagen in Windeseile beladen, um das Heu noch trocken in die Speicher zu bringen. Auf der Heimfahrt durften wir Kinder oft ganz oben auf dem vollgeladenen Heuwagen sitzen. Das war eine mächtige Gaudi, die uns viel Freude bereitete. Dieser vergnügliche Nachhauseweg war uns allerdings nur erlaubt, wenn es die Frauen der Familie nicht sahen. Denn sie hatten Angst, dass wir von dem hohen Gefährt herunterfallen könnten. Aus diesem Grund verboten sie die lustige Fahrt. So war die Prägung meiner Kindheit, dass weibliche Wesen alles verbieten, was Spaß macht, weil es ja gefährlich sein könnte.

Auf dem Hof zu Hause war aber noch kein Feierabend in Sicht. Schließlich musste das frische Heu in der Scheune abgeladen und auf die Heuböden hinaufgebracht werden. Nach dem Einzug der Dunkelheit befestigte Großvater große Handlampen an der Scheunendecke, damit die Erntehelfer noch etwas sehen konnten. Manchmal gingen die Zeiger der Uhr bereits auf Mitternacht zu, bis auch das letzte Heu im Heuboden verschwand. Beschwerte sich ein Familienmitglied über die Müdigkeit, so verwies Großvater darauf, dass derjenige ja im Winter ausschlafen könne.

Nach einem so unendlich langen Tag hatten alle Erntearbeiter einen Bärenhunger. Großmutter hievte an diesen Sommerabenden, in welchen es nachts nur wenig abkühlte, den Küchentisch und die Stühle auf den Hof. Damit auch alle Platz am Tisch fanden, vergrößerte sie die Tafel mit einer übergroßen Einlegplatte, die sie vom Dachboden hinunterschleppte.

Meist gab es Eier mit Speck aus einer riesigen eisernen Pfanne, die den Mittelpunkt des Mahls darstellte. Da der Kopfsalat im Garten zu dieser Jahreszeit wie von selbst wuchs, standen ebenfalls mehrere Schüsseln davon, in fettigem Rahm und Unmengen von würzigem Schnittlauch schwimmend, auf dem Tisch. Der große Einkochtopf war bis oben hin voll mit frisch gekochten Pellkartoffeln und rundete das wohlverdiente Nachtessen ab.

Die vor der Scheune aufgehängten Lampen spendeten den Schmausenden Licht. Zum Essen hatte Großvater Apfelwein aus den großen Korbflaschen im Keller in Steingutkrüge gefüllt. Alle langten ordentlich zu. Und obwohl sie müde bis auf die Knochen waren, wurden sie lustig – vielleicht vor Erleichterung, dass die schwere Arbeit für heute getan war oder auch auf Grund des Apfelweins. Auf jeden Fall begannen sie zu singen. Unser Nachbar, der Fritz, den sie das Rucksackgesicht nannten, kam meist noch mit seinem Akkordeon herüber. Sein Repertoire war zwar recht klein und wiederholte sich von daher ständig, aber daran störte sich niemand. Selbst mein sonst so zurückhaltender Großvater sang an solchen Sommerabenden mit. Dann schallte es über unseren Hof: „Rosamunde, schenk mir dein Sparkassenbuch ...“ und „Wenn bei Capri die rote Sonne im Meer versinkt ...“ oder auch „Bella, bella Marie, häng dich auf, ich schneide dich ab morgen früh“. Letzteres war zwar eine Eigenkreation von Fritz, die sich aber unheimlich spaßig anhörte. Und am nächsten Morgen ging die harte Arbeit wieder von neuem los.

Nicht selten wurden diese heißen Sommertage von schweren Gewittern unterbrochen. Hatte einer der Bauern noch Heu draußen im Feld liegen, so halfen die Nachbarn schnell beim Einfahren, damit es nicht nass wurde. Nachbarschaftshilfe war seinerzeit noch sehr wichtig, denn man brauchte sich einfach. Von daher sagte Großvater auch stets: „Ein guter Nachbar an der Hand ist mehr wert als ein guter Freund über Land.“
Meine Großmutter hatte unermesslich große Angst vor Blitz und Donner. Bereits wenn dicke Wolken aufzogen, sich der Himmel verdunkelte und weit entfernt das Grollen von Donner zu hören war, lief sie hoch in die Schlafstube, um ihr gespartes Geld und ihren Pass zu holen. Hochgradig erregt erschien sie nur wenige Minuten später mit ihrer schwarzen abgegriffenen Lederhandtasche am Gelenk wieder in der Küche.

Großmutter hatte Sorge, dass ihre Barschaft und ihre Identitätskarte (so nannte sie den Pass) den Flammen zum Opfer fallen würde, falls es in das Haus einschlage. Aber ihre Besorgnis galt natürlich auch uns, und so hatte sie strenge Regeln aufgestellt. Man durfte sich im Fall eines Gewitters keinesfalls in der Nähe des Wasserhahns oder eines Fensters aufhalten. Sie glaubte fest, dass man an diesen Plätzen leicht vom Blitz getroffen werden könnte. Wenn es ganz arg kam und das laute, dröhnende Donnergrollen auf die grellen Blitze in Sekundenschnelle folgte, bestand Großmutter sogar darauf, dass wir uns alle im Flur direkt hinter der Haustüre aufstellten, damit wir bei einem Blitzschlag noch schnell das Haus verlassen könnten. Großvater fand das lächerlich, für ihn gehörten Gewitter ganz selbstverständlich zum Hochsommer dazu. Er ging ohnehin in die Ställe, um sein Vieh zu beruhigen. Wenn Großmutter kein Auge auf mich hatte, schloss ich mich ihm an. Dicht neben meinem Großvater lief ich dann über den Hof. Wie so oft schob ich meine kleine Hand dann in seine große Pranke, die rau von der schweren Arbeit war. Das fühlte sich dermaßen gut an, dass ich sowieso vor nichts auf dieser Welt wirklich Angst hatte. Ganz im Gegenteil, ich genoss das mächtige Naturschauspiel des Gewitters. Prasselte der warme Sommerregen beim Überqueren des Hofs auf uns beide, sah ich zum Himmel hinauf und wunderte mich, wie es möglich war, dass die grell zuckenden Blitze alles in den verschiedensten violetten Tönen erscheinen ließen. Während Großvater im Stall von einem Tier zum anderen ging und es mit beruhigenden Worten streichelte, blieb ich noch an der offenen Stalltür stehen und sah weiter dem Schauspiel des Gewitters zu. Sogar die ohrenbetäubenden Donner faszinierten mich. Kamen sie doch aus einer ganz anderen Welt. Mir gefiel der Gedanke, dass der liebe Gott mit diesem lauten Poltern die Menschen ausschimpfte. Aber am allermeisten mochte ich es, wenn das Gewitter endlich zu Ende war. Dann erschien die Welt wie ganz neu. Die drückende Hitze hatte sich in eine reine, klare Luft verwandelt, und der Regen ließ die Farben der Natur wieder intensiver erscheinen.

Schulden im Laden

Im Laden gab es etwas Neues: Auf der Theke neben den großen runden Gläsern, die mit dicken Himbeerbonbons und Karamellen gefüllt waren, standen zwei viereckige ebenfalls durchsichtige Behältnisse. In dem einen befanden sich bunte Murmeln aus Ton und aus dem anderen leuchteten verschieden große Glasmurmeln. Natürlich wollte ich sofort einige davon haben, am besten alle, aber mir war klar, dass das nicht ging.
Zuvor hatte ich Großvater zwanzig Pfennig abgerungen, in der Absicht, sie in eine dicke schwarze Schokowaffel zu verwandeln. Nun allerdings brauchte ich ganz dringend Murmeln, und so disponierte ich flugs um. Die handgeschriebenen Schildchen auf den Glasbehältern zeigten an, dass die Tonmurmeln einen Pfennig das Stück und die aus Glas, je nach Größe, zwei oder sogar fünf Pfennig das Stück kosteten. In meinem Kopf begann das große Rechnen, denn es galt, die kleine Barschaft möglichst gut anzulegen. Ich war hin- und hergerissen. Wenn ich die aus Ton kaufte, so hatte ich mehr Masse, aber die aus Glas gefielen mir bedeutend besser. Vor lauter Rechnen merkte ich gar nicht, dass die Reihe an mir war. Bis auf einmal Wilhelms kräftige Stimme zu mir durchdrang: „Was kriegst du Rotzlöffel denn?“
Ich war nicht in der Lage zu antworten, da es in meinem Kopf

immer noch kräftig arbeitete. Als der dicke Wilhelm mich bereits anraunzte, ich solle mich wieder hinten anstellen und erst einmal überlegen, was ich überhaupt kaufen wolle, rief ich wie aus der Pistole geschossen: „Dreißig Tonmurmeln und je fünf Glasmurmeln." Da ich nun mal so gut in Schwung war, ließ ich mir auch gleich noch je 10 Himbeerbonbons und Karamellen eintüten. Ich weiß nicht, was mich antrieb, dermaßen üppig zuzuschlagen, denn das Verlangte übertraf bei Weitem meine finanziellen Möglichkeiten.

Als der dicke Wilhelm mir jedoch die drei blau geblümten, prall gefüllten Papiertütchen über die Theke reichte und ich ihm die 20 Pfennig gab, sagte ich ganz frech, dass er den Rest in das Aufschreibbuch notieren solle. Der dicke Wilhelm murmelte zwar in sein Doppelkinn, er wisse nicht, ob das seine Richtigkeit habe, nahm aber trotzdem das große schwarze Heft aus der Schublade und schrieb den Restbetrag, der höher war als die Anzahlung, ein. So zog ich mit meinen Schätzen ab.

Draußen setzte ich mich, wie so oft, auf die hohe Treppe vor dem Laden. Als erstes schob ich mir ein dickes Himbeerbonbon in den Mund. Genüsslich lutschend besah ich mir dann in aller Ruhe die kostbaren Murmeln. Da es mir noch völlig unklar war, wie ich das mit dem Aufschreibbuch wieder hinbiegen wollte, schob ich diesen unangenehmen Gedanken erst einmal zur Seite und freute mich über die Murmeln. Es würde sich schon eine Lösung ergeben.

Auf dem Nachhauseweg stolperte ich über einen Stein und fiel direkt auf die Knie. Auf beiden Seiten floss Blut. Als ich die Küche betrat, sah Großmutter sofort, dass sich über jedes Knie eine blutige Wunde zog. Ich ahnte schon, dass sie nicht darauf verzichten würde, mich mit Jod zu behandeln, denn Großmut-

ter schwor auf dieses ekelhaft brennende Zeug. Alles Jammern half nichts, sie bestand auch dieses Mal darauf. Mit großen Schritten lief sie in die Kammer und kam mit dem Höllenzeug in der Hand zurück. Als sie die braune Flüssigkeit nacheinander üppig über jedes Knie goss, fühlte es sich an, als ob diese in Flammen stehen würden.
Mit einem Mal meldete sich mein schlechtes Gewissen und ich argwöhnte, dass die Strafe für das Schuldenmachen gleich auf den Fuß gefolgt wäre. So hielt ich aus, ohne auch nur ein einziges Mal laut aufzuschreien, ganz im Gegensatz zu sonst, wenn ich mich dieser schmerzlichen Prozedur unterziehen musste. Ich hatte es ja schließlich auch verdient.
Aber das Leben ging weiter und ich vergaß meine Schulden beim dicken Wilhelm. Tante Hermine, die gute Seele, hatte mir für meine geliebten Murmeln aus einem himmelblauen Stoffrest einen Beutel genäht, der sich am oberen Rand mit einer roten Kordel zuziehen ließ. Mit ihm in der Hand rannte ich nun jeden Nachmittag zum Murmelloch, welches sich bei Brigittes Eltern vor der Scheune befand. Dort trafen sich alle Murmelspieler des Oberdorfes. Mein rechter Zeigefinger war nun ständig wund vom täglichen Spielen auf dem harten Teer, aber das war mir gänzlich egal. Ich spielte inzwischen so gut, dass die gewonnenen Murmeln fast die Nähte meines geliebten himmelblauen Beutelchens sprengten.

Eines Nachts dann fielen mir aber meine Schulden beim dicken Wilhelm in Form eines Albtraums wieder ein. Völlig nass geschwitzt wachte ich in den Morgenstunden auf. Mir war kalt und heiß zugleich. Ich musste erst einmal überlegen, ob es Wirklichkeit oder nur ein Traum gewesen war, dass der dicke

Wilhelm mich mit einer langen Peitsche quer durch das ganze Dorf gejagt hatte, dass sein wabbeliges Doppelkinn wild auf und ab wippte. Dabei hatte er laut gerufen, ich solle ihm sofort das Geld aus dem schwarzen Aufschreibbuch geben.

In meiner Not suchte ich gleich frühmorgens meinen Großvater im Kuhstall auf. Zuerst druckste ich herum, bis Großvater mich fragte: „Monilein, du hast doch etwas auf dem Herzen! Sag schon was los ist, nichts ist so schlimm, dass man es nicht aus der Welt schaffen kann!“ Schniefend erzählte ich ihm von meinem Großeinkauf im Laden und dem schwarzen Aufschreibheft. Beim Zuhören schlich sich ein leichtes Schmunzeln über Großvaters zerfurchtes Gesicht.

Nachdem ich meine Tat gestanden hatte, schob er bedächtig seine große Schirmmütze zurück, kratzte sich am Kopf und äußerte zuerst einmal gar nichts. Nach geraumer Zeit fragte er: „Weißt du eigentlich, dass am Samstag eine Hochzeit im Dorf stattfindet?“ Das wusste ich, weil ich auf unserem Küchentisch ein großes, viereckiges Stück Kuchen mit dicken Butterstreuseln liegen gesehen hatte. Es war Brauch in unserem Dorf, dass die Bauern vor einer Hochzeit entweder Milch, Eier oder Mehl in das Hochzeitshaus brachten. Daraufhin wurden dann im Backhaus riesige Bleche Butterstreuselkuchen gebacken. Zu üppigen Stücken geschnitten trugen junge Mädchen aus der Verwandtschaft der Brautleute den Hochzeitskuchen in großen Weidenkörben in jedes Haus.

Was hatte diese Hochzeit aber mit meinen Sorgen zu tun? Großvater fuhr fort, indem er mir erklärte: „Die Elke von dem kleinen Kogelhof hat doch in der Nudelfabrik in der Kreisstadt gearbeitet. Und da sie ein schöner Käfer ist, hat sich der Besitzer von der Fabrik in sie verliebt, und jetzt wird am Samstag

Hochzeit gefeiert." Großvater sah mich an und fragte: „Hast du dein Hemmseil bereit, denn der ist kein armer Schlucker, bei dem wird's ordentlich Groschen hageln." Jetzt endlich wusste ich, worauf er hinauswollte. „Das Hemmseilhalten" war ebenfalls ein alter Brauch in unserem Dorf. Auf dem Weg vom Hochzeitshaus zur Kirche hielten wir Kinder den Zug mit der Festgesellschaft an. Wir stellten uns gegenüber auf dem Bürgersteig auf und spannten ein Seil über die Straße, sodass der Hochzeitszug anhalten musste. Erst wenn der Bräutigam Kleingeld warf, ließen wir das Seil fallen, der Zug konnte passieren und wir Kinder sammelten die Pfennige und Groschen vom Boden auf.

Brigitte und ich überlegten bereits Tage zuvor, wo wir uns mit unserem Seil aufstellen wollten. Die meisten Kinder warteten vor der kleinen Dorfkirche auf den Zug. Großvater meinte, wir sollten uns gleich vor dem Hochzeitshaus positionieren, denn da habe der Bräutigam noch genügend Geld in den Taschen.

Am Hochzeitsmorgen ging es recht lebhaft zu in unserem Dorf. Fast alle Frauen liefen zur Kirche hin, um die Braut zu sehen, so sagten sie zumindest. Großvater wähnte, dass sei nur einer der Gründe. Die Frauen würden sich fast schon mehr für die Gäste der Hochzeit interessieren. Tagelang hätten sie dann kein anderes Gespräch mehr, als wer alles eingeladen oder – fast noch wichtiger – wer nicht eingeladen worden war. Doch auch die Kleidung der Gäste regte zum Tratsch an.

Als das Brautpaar aus dem Hochzeitshaus kam, sah ich schon, dass sich die Taschen der dunklen Anzugjacke des Bräutigams mächtig beulten. Die Braut war wunderschön! Sie sah aus wie die gute Fee in meinem Märchenbuch. Zu einem schneeweißen bodenlangen Kleid, dessen Stoff in der Sonne glänzte,

trug sie einen überlangen Schleier aus prächtiger Spitze. In der Hand hielt sie einen Strauß üppiger dunkelroter Rosen. Der Zug wurde von zwei kleinen Mädchen mit Blumenkränzen, die ebenfalls dunkelrote Rosen auf den Weg streuten, angeführt. Oh, war das feierlich!
Der Bräutigam allerdings war keineswegs schön: Er hatte eine Glatze, Glupschaugen und einen dicken Bauch. Na ja, Großvater sagte immer, Männer müssen nicht schön sein, nur die Frauen. Das fand ich zwar nicht, aber damit, dass der Bräutigam kein armer Schlucker war, hatte er recht behalten. Das erste Mal in meinem Leben erbeutete ich beim Hemmseilhalten ein Fünfzig-Pfennig-Stück. Es tat mir fast leid, das schöne Geld zum Doppelkinn-Wilhelm zu bringen, aber ich wollte nicht noch einmal so schlimm träumen. Und als dieser dann im Aufschreibheft mit dem Lineal einen dicken schwarzen Strich durch den Schuldenbetrag zog, fiel mir ein großer Stein von meinem kleinen Herzen.

Der Versicherungsvertreter

Ich weiß nicht, wie es dazu kam, dass mein Großvater neben seiner Landwirtschaft eine Versicherungsagentur betrieb. Bei ihm war die gesamte Bauernschaft vom Ort und auch viele Bauern aus den Nachbardörfern versichert. Unsere Wohnküche stellte Großvaters Büro dar. Ein wuchtiges altes Küchenbuffet, das in der Speisekammer stand, diente ihm als Aktenschrank. An der Front unseres Hauses hing ein kleines, glänzend blaues Blechschild, auf welchem unter dem Namen der Versicherung Großvaters Sprechzeiten angegeben waren, die allerdings niemand

ernst nahm. Von daher war unsere Küche zu jeder Zeit und jeder Unzeit mit Leben erfüllt.
Da Großvater den großen Küchentisch als Schreibtisch nutzte, entwickelte sich diese Platzierung zum ständigen Zankapfel in unserem Haus. Wenn eine der Frauen den Tisch decken wollte und Großvater aufforderte, Platz zu machen, arbeitete er emsig weiter und tat, als ob er nichts gehört hätte. Vielleicht wollte er nur die begonnene Arbeit zu Ende bringen, aber ich wurde den Verdacht nicht los, dass er dieses Verlangen als Aufforderung zum Machtkampf ansah. Wenn Großvater auch weiteren Appellen nicht folgte, schimpfte sich das Weibervolk so in Rage, dass, wenn er dann endlich Platz für das Essen machte, sich der Streit meist über die gesamte Essenszeit hinzog. Unter diesem Gezänk schmeckte mir sogar meine Lieblingsspeise, lange rohe Kartoffelknödel mit Milch-Specksoße, welche wir „Spitzbuben“ nannten, nicht.
Dass Großvater unentwegt von seinen Kunden aufgesucht wurde, stellte ein weiteres Problem für die Frauen unseres Haushaltes dar. Die Bauern dachten nicht im Traum daran, ihre schmutzigen Arbeitsstiefel zu wechseln, wenn sie im Dorf irgendwo hingingen. Aber nicht nur, dass sie Dreck in unser Haus brachten, oft redeten sie sich so fest, dass sie über einen langen Zeitraum in unserer Küche herumsaßen. Nur wenn einer eine Neuigkeit berichtete, welche die Frauen ausnehmend interessierte, zeterten sie nicht herum. Da sie jedoch selbst bei Großvater mit ihrem Begehren, dass er die Stallstiefel im Haus ausziehen möge, auf Granit bissen, verbuchten sie auch keine Erfolge mit der Forderung, dass er seine Kunden auffordern sollte, vor unserer Haustüre die Stiefel auszuziehen. Großvater vertrat sowieso die Ansicht, dass zu einem Bauern nun

mal schmutzige Stiefel gehören würden und dass Putzen doch wirklich keine erwähnenswerte Arbeit sei.
Wenn Großvater „das Theater", wie er den Ärger um seine Kunden nannte, zu viel wurde, schrie er, dass die Weiber doch schizophren seien. Auf der einen Seite wollten sie das gute Geld, das er mit der Versicherung verdiente zwar haben, aber auf der anderen Seite fielen sie über seine Kundschaft her. Ein Geschäft aber funktioniere nun mal nicht ohne Kundschaft, so blöd könne man doch nicht sein und das nicht kapieren.

Einmal im Monat besuchte der Bezirksleiter des Versicherungskonzerns Großvater, um mit ihm abzurechnen. Es handelte sich um einen großen Mann mit einem unglaublich dicken Bauch, der meist gut gelaunt war und viel lachte. Ich verstand nicht, dass er stets Feiertagskleidung wie dunkle Anzüge und Schlips trug, da er ja immer an ganz normalen Werktagen kam.
Oft erschien er um die Mittagszeit. Dann lud Großmutter ihn zum Essen ein. Großvater äußerte einmal, dass der Versicherungsmensch, wie er ihn nannte, absichtlich um diese Zeit kommen würde, um sich bei uns umsonst durchzufressen. Ich selbst hatte noch nie jemanden gesehen, der Essen so gierig in sich hineinstopfte wie Herr Englein-Schellenberg. Ihm beim Essen zuzuschauen war äußerst interessant. Er schaffte es trotz der riesigen Portionen, die er mit der Gabel in seinen Mund schob, zu reden und zu lachen. Laut schmatzend lobte er immer wieder von neuem Großmutters Kochkünste. Dermaßen angestachelt legte sie ihm dann oft noch ein weiteres Kotelett oder Bratenstück auf den Teller. An solchen Tagen gab es keine Reste vom Mittagessen, die sonst immer für Vater, nachdem er abends von der Arbeit nach Hause kam, aufgewärmt wurden.

Manchmal, wenn Großvater sich bei diesen Besuchen zu sehr über Herrn Englein- Schellenberg geärgert hatte, bezeichnete er ihn als ein „nimmersattes Großmaul". Großmutter sagte, dass er ruhig sein solle. Dieses Mal wies sie ihn darauf hin, dass sie das schöne Geld von der Versicherungsagentur gut brauchen könnten.

Einmal trieb Herr Englein-Schellenberg es auf die Spitze. Das war, als er mit einer üppigen Blondine aufkreuzte, die in einem fort dümmlich lächelte. Er stellte sie als Fräulein Schmidt vor und lud sich und seine Begleiterin wie selbstverständlich bei uns zum Essen ein. Das fand Großvater recht unverschämt. Als Großmutter merkte, dass ihr Mann ansetzte, Herrn Englein-Schellenberg zurechtzuweisen, zog sie ihn sanft in die Speisekammer. Trotz dieser Vorsichtsmaßnahme konnte man in der Küche jedes einzelne Wort der Auseinandersetzung verstehen. Großvater zischte mit erboster Stimme: „Mir reicht‘s! Was bildet der Kerl sich eigentlich ein, jetzt auch noch seine Frauenzimmer mit hierher zu bringen?" Großmutter entgegnete in besänftigendem Tonfall: „Ach Konrad, sei doch nicht päpstlicher als der Papst. Es tut nicht gut, es sich mit dem Versicherungsfritzen zu verderben."

Herr Englein-Schellenberg und seine üppige Blondine schauten an die Küchendecke und taten, als ginge sie das Ganze nichts an. Als Großvater aus der Speisekammer herauskam, erklärte er, dass er keinen Hunger habe und außerdem im Stall nach dem Vieh sehen müsse. Wie immer, wenn ihm etwa nicht passte, stellte der Stall seinen Rettungsanker dar.

Zu dieser Zeit bastelten mein Bruder Edgar und sein Freund Reinhard Steinschleudern nach einer Anleitung aus einem Ritterheft. Die beiden schnitzten tagelang Äste von wilden Weiden, um sie mit Nägeln zu der Form eines V zusammen zu hämmern. Zum Schluss spannten sie dicke Einmachgummiringe davor. Mit einfachen Kieselsteinen schossen sie dann auf unsere Katze und andere Ziele.

Eines Mittags, als Herr Englein-Schellenberg wieder einmal mit seinem grauen DKW auf unseren Hof brummte, stand mein Bruder gerade mit seiner Steinschleuder vor unserer Waschküche. Ich weiß nicht, welch ein Teufel ihn ritt, als er auf den aus dem Auto steigenden Mann zielte. Er traf den beleibten Herrn Englein-Schellenberg mitten ins Gesicht. Dieser schrie auf wie ein verletztes Tier. Großmutter kam erschrocken aus dem Haus gerannt. Als sie das blutüberströmte Gesicht von Herrn Englein-Schellenberg und meinen Bruder, der bereits Fersengeld gab, erblickte, wusste sie sofort Bescheid.

Herrn Englein-Schellenbergs markerschütternde Schreie steigerten sich so, dass einige der Nachbarn herbeigerannt kamen. Glücklicherweise war bei unserem direkten Nachbarn gerade der Tierarzt Müller im Stall und behandelte eine trächtige Kuh. Alarmiert eilte Herr Müller schnellen Schrittes mit seinen mistigen Gummistiefeln auf unseren Hof, um Herrn Englein-Schellenberg Erste Hilfe zu leisten. Als erstes setzte er seinen neuen Patienten auf die Eingangsstufen unseres Hauses. Dann redete er beruhigend auf ihn ein. Aber Herr Englein-Schellenberg war wie eine Sirene, die nicht abzustellen ging. Er schrie immer weiter, bis es dem Tierarzt Müller zu dumm wurde und er ihm einfach eine knallte. Postwendend verstummte Herr Englein-Schellenberg und schaute nur noch starr vor sich hin.

Großmutter, die immer wusste, was gerade fehlte, hatte in der Zwischenzeit eine große Waschschüssel mit warmem Wasser,

Tücher, Jod und Heftpflaster aus der Küche geholt. In nur wenigen Minuten säuberte der Tierarzt Müller gekonnt die Platzwunde. Zu guter Letzt zierte ein bombastisches Heftpflaster der Marke Hansaplast die feiste Stirn des Herrn Englein-Schellenberg. Dieser schien so langsam wieder Oberwasser zu gewinnen, denn er schüttelte Herrn Müller nun überschwänglich beide Hände und bedankte sich: „Bin ich froh, dass gerade ein guter Arzt in der Nähe war." Der Gelobte entgegnete schmunzelnd: „Na ja, in der Regel haben meine Patienten vier Beine, aber so unterschiedlich sind die Menschen und Tiere ja auch wieder nicht, dass ich im Notfall nicht mal helfen könnte."

Bei dieser Information fiel Herrn Englein-Schellenberg regelrecht der Kiefer herunter. Dann blaffte er: „Sind Sie etwa Tierarzt?" „Genau das!", bestätigte Herr Müller selbstbewusst. „Dann dürfen Sie doch gar keine Menschen behandeln! Ist Ihnen klar, dass ich Sie nun wegen Körperverletzung verklagen kann", zeterte Herr Englein-Schellenberg nun wieder ganz auf der Höhe. „Na gut!", brummte Herr Müller, wobei er die Hand in Richtung der Englein-Schellenberg'schen Stirn hob und verkündete: „Dann will ich den Schaden mal beheben und das Pflaster wieder abziehen." Nun schrie der Patient wie von einer Tarantel gestochen: „Mann, lassen Sie gefälligst die Finger von mir!" So langsam schien dem Tierarzt Müller die Situation zu blöd zu werden, denn mit einem Mal verließ er den Schauplatz und schlenderte gelassenen Schrittes wieder in Richtung Nachbarhof. Er drehte sich nur noch einmal kurz um, deutete mit dem Zeigefinger auf den Kuhstall und bemerkte: „Die Patienten da drin sind dankbarer."

Kurz drauf hievte sich Herr Englein-Schellenberg mit den Worten „Das hat alles noch ein Nachspiel!" in sein Auto und

verließ mittels eines umständlichen Rückwärtsfahrmanövers unseren Hof.
Mein Bruder tauchte erst spätabends wieder auf, als ich bereits im Bett lag. Unten in der Küche hatte Mutter auf ihn gewartet. Sie verpasste Edgar mit dem Holzkochlöffel eine gehörige Tracht Prügel, sodass nun sein markerschütterndes Schreien durch die Dunkelheit hallte. Nach diesem ereignisreichen Tag wurden zwei Dinge in unserem Haushalt nie wieder gesehen. Zum einen die Steinschleuder meines Bruders, die meine Mutter beschlagnahmte, und zum anderen Herr Englein-Schellenberg, der die Betreuung von Großvaters Agentur abgab. Da Großvater den neuen Betreuer bedeutend angenehmer fand, verkündete er, dass im Endeffekt doch alles sein Gutes habe.

Abgesehen von den üblichen Streitereien bekamen meine Großeltern wegen der Versicherungsagentur auch ernsthaften Ehestreit. Das Problem bestand darin, dass Großvater ein gutmütiger Mensch war. Die anderen Bauern merkten das sehr schnell und versuchten natürlich, diesen Schwachpunkt für sich auszunutzen. Manche nötigten Großvater, einen Versicherungsbetrug für sie zu begehen. Lehnte Großvater dies ab, so drohten sie, die Verträge bei ihm zu kündigen und ihren Einfluss auf ihre gesamte Verwandtschaft geltend zu machen, sodass diese ebenfalls ihre Versicherungen bei Großvater kündigen würden. War einem von ihnen ein Missgeschick oder Unglück passiert, so versuchten sie, ihren Schaden als Versicherungsfall auszulegen. Großvater oblag die Aufgabe, das Geschehen in den Formularen so darzustellen, dass es passte.
Großmutter hatte Angst und reagierte massiv auf solche Aktionen. Sie drohte dann: „Konrad, wenn das herauskommt, kom-

men wir um Haus und Hof!“ Großvater verteidigte sich stets mit dem gleichen Ausspruch: „Ja, meinst du, mir passt das, aber was soll ich denn machen, viele Menschen sind nun mal so.“ Aber sie schimpfte weiter: „Das Schlimmste ist, das es gerade die reichsten Bauern sind, welche die meisten Betrügereien ausklügeln, und die haben es doch wahrhaftig nicht nötig.“

Einmal verbürgte Großvater sich sogar für einen seiner Kunden bei der Raiffeisenbank, als dieser einen neuen Stall baute. Daraufhin war der Hausfrieden tagelang gestört, nicht nur Großmutter, sondern auch Mutter und Tante Hermine zeterten ständig mit ihm herum. Großmutter schrie: „Konrad, du bist vielleicht so hohlköpfig. Was glaubst du denn, warum sich seine Freunde und Verwandten nicht als Bürgen für ihn erklärt haben? Ich kann es dir sagen, weil er bereits hoch verschuldet ist.“ Großvater entgegnete ganz ruhig: „Gott wird mir schon beistehen.“ Daraufhin belehrte Großmutter ihn: „Das ist keine Frage Gottes, sondern eine Frage des Geldes!“ Voller Wut fügte sie noch hinzu: „Konrad, du bist und bleibst ein selten blöder Hornochse!“ Nun erwiderte Großvater nichts mehr, sondern er verschwand stundenlang im Stall und kam selbst zum Essen nicht herein. Sein Weib hatte ihn tief gekränkt, und so blieb er lieber im Stall bei seinem Vieh.

Sonntags nach dem Kirchgang holte Großvater sein fast schon antikes Fahrrad aus dem Schuppen, klammerte die Hosenbeine seines guten braunen Anzugs mit Fahrradklammern fest, stieg in der ihm ganz eigenen Art von hinten auf das Rad und fuhr los, um bei seinen Kunden in den umliegenden Dörfern die Versicherungsbeiträge zu kassieren.

Als ich ihn einmal fragte, warum er denn über den Gepäckträger auf das Rad stieg, erklärte er mir, dass seitlich Aufsteigen „weibisch“ sei. Doch so viel ich auch überlegte, mir fiel außer Großvater kein anderes männliches Wesen mit dieser Eigenart ein, offensichtlich handelte es sich um eine von Großvater selbst aufgestellte Regel in Bezug auf männliches und weibliches Verhalten.
Sein ganzes Leben lang achtete er darauf, sich auf keinen Fall „weibisch“ zu verhalten, da das einem gestandenen Mannsbild unwürdig war. Aus diesem Weltbild resultierte auch ein Teil der Verachtung, die er für Vater hegte. Denn Vater sah nichts Schlimmes darin, auf dem Hof oder auch im Haus Arbeiten zu verrichten, die Großvater streng als Frauenarbeit eingestuft hatte.

Nicht nur Großvater kassierte die Versicherungsbeiträge in bar, sondern damals war es noch allgemein üblich, mit Bargeld zu zahlen. Selbst Vaters Lohn wurde ihm in einer Tüte ausgehändigt. Da in unserem Haushalt alles, was für wichtig erachtet wurde, in einer großen Schublade des Küchenschrankes lag, befanden sich auch die mit einem Gummiring gebündelten Lohntüten meines Vaters zwischen alten Ansichtskarten, Milchabrechnungen und dergleichen in dieser Lade.
Ich war, seit ich denken kann, überaus neugierig, von daher wühlte ich öfters in dieser ergiebigen Schublade herum. Das Bündel mit den leeren Lohntüten faszinierte mich, und ich nahm es manchmal heraus und schaute es mir an, um mir vorzustellen, welch eine unerhört große Summe Geld sich darin befunden haben musste. Nicht nur, dass sich auf der Vorderseite eine Abrechnung mit vielen großen Zahlen befand, nein, ich

kam auch einmal dazu, als mein Vater gerade mehrere Hundert-Mark-Scheine aus solch einer Tüte zog. Von diesem Moment an hielt ich ihn lange Zeit für irgendwie reich. Überhaupt, wenn man das Geld in die von mir heiß begehrten Dinge wie Schaumwaffeln, Brausebonbons, Wundertüten, Kirschlutscher und ähnliche Leckereien umrechnete, erschien mir Vaters Gehalt geradezu bombastisch.

Aber zurück zu Großvaters Versicherungsagentur. Auch Vaters mausgraues Autochen erhielt die Ehre, in deren Dienst gestellt zu werden. Großmutter hatte eingefädelt, dass im Spätherbst und Winter, wenn die Wetterverhältnisse sich von ihrer übelsten Seite zeigten, mein Vater seinen Schwiegervater in die Nachbardörfer fuhr, um Beiträge zu kassieren. Obwohl es für Großvater eine enorme Erleichterung gewesen sein muss, stieg er sonntagnachmittags beharrlich mit verächtlicher Miene in das Goggomobil. Vater schimpfte manchmal, dass der alte Geizhals ihm ruhig etwas dafür bezahlen könne, dass er ihn durch die Gegend chauffiere. Aber am meisten ärgerte sich Vater über Großvaters „faule Kunden“, denn dort musste er ihn mehrere Male hinfahren, bis diese endlich ihre Rechnungen beglichen.
Es verstand sich von selbst, dass Großvater bei seinen Rundfahrten durch die Dörfer viele Neuigkeiten erzählt bekam. Darunter fiel auch der sogenannte Heiratsmarkt. Da es zur damaligen Zeit nur wenig Möglichkeiten gab, Bekanntschaften zu machen, war es üblich, dass Leute, die von einem Ort zum anderen fuhren, wie zum Beispiel Viehhändler, Müller, Hausierer oder eben auch mein Großvater, damit bedrängt wurden, doch mal im Nachbardorf herumzuhören, ob sich nicht für die Tochter oder den Sohn eine passende Partie finden ließe. Groß-

vater ließ sich nicht gerne auf so etwas ein. Er pflegte zu sagen: „Wenn das Paar nachher nicht miteinander klarkommt, gibt man mir die Schuld an dem Übel.“
Wie recht er damit hatte, sollte ich miterleben. Eines Tages, als Großvater mich auf dem Gepäckträger seines Rades mitnahm, fuhren wir am Haus des Gemeindedieners vorbei. Dort stand dessen Frau auf der Treppe. Als sie Großvater erblickte, schrie sie mit lauter, hysterischer Stimme: „Dir Drecksack habe ich es zu verdanken, dass ich diesen versoffenen, nichtsnutzigen Kerl geheiratet habe. Mach nur schnell, dass du an unserem Haus vorbeikommst, sonst vergesse ich mich.“ Von diesem Tage an ließ Großvater sich nie, aber auch wirklich nie wieder bereden, in Heiratsangelegenheiten tätig zu werden.

Der Dorf-Frisör

Am Ende der Borngasse, versteckt hinter zwei hochgewachsenen Lindenbäumen, befand sich das kleine Anwesen vom Meier Leopold. Er war nicht nur Landwirt, sondern stellte auch den Friseur des Ortes dar. Leopold, den alle nur Leo nannten, entsprach äußerlich keinesfalls dem Bild eines Frisörs, er glich eher einem Seebären. Das einzig Gepflegte an ihm war sein gigantischer Schnauzbart, der links und rechts über das Gesicht hinausragte. Stellte Leo eine schwierige Überlegung an, so zwirbelte er die Enden seines Bartes so heftig, als könnte dieser eine Antwort darauf geben.
Sommers wie winters trug er dicke schwarze Manchesterhosen, die von breiten Hosenträgern der Marke Herkules gehalten wurden. Seine Friseurtätigkeit übte Leo in der Waschkü-

che aus. Um dorthin zu gelangen, war es erforderlich, um das Wohnhaus herumzugehen und die steile Kellertreppe hinabzusteigen. Dominiert wurde diese Lokalität von einem großen Kessel, welcher je nach Jahreszeit zum Wurst- oder Pflaumenhonigkochen diente. Infolgedessen lagen über dem Waschküchensalon entweder der süßlich penetrante Geruch des Honigs oder die Ausdünstungen von fettiger, gekochter Wurst.

In der Mitte des Raums befand sich ein alter Küchenhocker. Diese wackelige Sitzgelegenheit stellte den Friseurstuhl dar. Daneben befand sich ein kleines Tischchen, welches mit einem grell bunten Wachstuch abgedeckt war. Dort lagen die wenigen Utensilien, die der Feierabendfriseur, der nie eine Lehre gemacht hatte, für sein Handwerk benötigte. Des Weiteren standen an der Wand noch ein paar alte ausrangierte Küchenstühle. Sie boten Platz für die wartende, oft laut durcheinanderschwatzende Kundschaft. Manchmal war in dem „Friseurkeller" mehr Stimmung als in einer Wirtsstube.

Allerdings wurden beim Leo nur Männer- und Bubenhaare geschnitten – das aber gründlich! Wenn Mutter meinem Bruder Edgar freitagnachmittags, denn dann waren die Buben in der Borngasse an der Reihe, fünfzig Pfennig in die Hand drückte, zog dieser ein Gesicht. Zum Leo ging er nur unter starkem Protest. Trotzdem, es gab kein Pardon, schließlich mussten die Haare kurz geschnitten sein. Das war ordentlich und außerdem ein ungeschriebenes Gesetz in unserem Dorf.

Zum einen konnte Edgar den Friseur nicht leiden, weil in seinem Waschküchensalon äußerst strenge Regeln herrschten. Leo betonte stets, dass die Jugend seiner Meinung nach Zucht und Ordnung benötige. So musste ein Bub, wenn er lachte oder laut mit einem anderen Buben sprach, sich wieder hinten in

der Reihe anstellen. Zum anderen mochte mein Bruder Edgar den einheitlichen „Fassonschnitt“ nicht, welchen Leo den Jungs verpasste. Nach dem Friseurbesuch sahen alle gleich aus und zwar so, als sei ihnen ein Topf auf den Kopf gesetzt und erbarmungslos drumherum geschnitten worden.
Obendrein schimpfte mein Bruder darüber, dass das Haarschneidegerät vom Leo so zupfen würde, dass man das Gefühl habe, skalpiert zu werden. Großvater behauptete dann immer, dass dieses Gerät seit Generationen weitervererbt worden sei und der Großvater vom Leo ihn bereits damit traktiert hätte. Nur habe die Tortur damals nicht fünfzig Pfennig, sondern drei Eier gekostet.
Da Großvaters Kopf inzwischen eine Vollglatze aufwies, blieb ihm der Friseurbesuch erspart. Doch er betonte beharrlich, wenn er noch im Besitz einer Haartracht wäre, würde er im Leben nicht zum Leo gehen. Großvaters Ablehnung hatte eigentlich nichts mit dem Leo direkt zu tun. Die Quelle seines Grolls lag einige Zeit zurück und betraf Leos Vater. Da dieser zur Nazizeit stets mit einem Volksempfänger in seinem Waschküchensalon überlaut die Reden des Führers und anderer Nazigrößen hörte, radelte Großvater zum Haareschneiden in das Nachbardorf. Großvater konnte die Nazis nicht ausstehen. Seiner Meinung nach hatten damals auf einmal sämtliche Schaumschläger im Ort eine Position inne und rissen den Rachen auf, um die anderen zu schikanieren.
Aber nicht nur Großvater handelte generationenübergreifend, wenn es um Sympathien bzw. Antipathien ging. Alle Bewohner unseres Dorfes taten das. Deshalb waren einige Familien auch bereits über viele Generationen hinweg verstritten, meistens wussten sie überhaupt nicht mehr warum.

Fliegende Händler

In unseren Ort kamen die verschiedenen fliegenden Händler. Fast alles, was meine Großeltern an Kleidung besaßen, kauften sie bei einem Handlungsreisenden, der einen meergrünen Mercedes Diesel fuhr. Dieses Auto war bis unter das Dach mit allerhand Textilien vollgestopft. Seinen Besitzer nannten wir den Mützen-Karl, obwohl Mützen nur einen kleinen Teil seines unermesslich großen Sortiments darstellten.

Der Mützen-Karl stand mit allen Bauern auf du und du. Kam er in unsere Küche, so unterhielt er sich ausgiebig mit Großvater über die jeweilig anstehenden landwirtschaftlichen Arbeiten. Fast unbemerkt, ganz sachte, ging er dazu über, seine Waren anzubieten. War es so weit, dann lief er nach draußen, um kurze Zeit später wieder mit einem Arm voller Cordhosen, Hemden, Flanellkleidern, Arbeitskitteln und ähnlichem zu erscheinen.

Mein Großvater kaufte nur, wenn er wirklich etwas benötigte, und das war selten der Fall. Hatte er sich jedoch für eine Ware entschieden, so begann das Handeln. Großvater, der es gewohnt war, auf jeden Pfennig zu achten, war ein zäher Verhandlungspartner. Es ging dann endlos hin und her, bis der Mützen-Karl mit den Worten, daran sei ja nichts mehr zu verdienen und vom Drauflegen könne auch er nicht leben, die Küche verließ. Nichtsdestotrotz kam er nach einem Moment wieder zurück, und das Geschäft wurde abgeschlossen. Obwohl ich dieses Schauspiel öfters miterlebte, genoss ich es immer wieder von Neuem.

Die wenigen Schuhe, die wir kauften, bezogen wir vom Schuster Ernst. Dieser hatte in einer nahegelegenen Kleinstadt einen kleinen Laden und fuhr nach Feierabend mit seinem leuchtend blauen Fiat Kombi in die Dörfer, um die Bauern zu versorgen. Meist kam er abends zur Fütterungszeit der Tiere, und so ging er in die Ställe, plauderte mit den Leuten und fragte so ganz nebenbei, ob sie neue Schuhe benötigten. Sagte jemand ja, zog er sein Notizbuch und schrieb sich das Gewünschte und die Schuhgröße auf. Am nächsten Abend erschien er dann wieder mit drei oder vier Schuhkartons unter dem Arm. Anprobiert wurden die Schuhe in der Küche. Die Auswahl war zwar ziemlich gering, aber dennoch passte meist eines der Modelle. Großmutter kaufte sich stets Männerschuhe, denn sie hatte so große Füße, dass Frauenschuhe ihr nicht passten.
Einmal zauberte der Schuster Ernst ein paar leuchtend rote Lackschuhe in meiner Größe aus dem Kofferraum seines Autos. Ich probierte sie an und obwohl sie über die gesamten Zehen drückten, behauptete ich, dass sie gut passen würden. Mutter ermahnte mich, dass ich doch lieber noch einmal in unserer Küche hin- und hergehen solle, denn sie würde mir die Schuhe nur kaufen, wenn ich noch etwas Platz darin hätte, da sie längere Zeit halten müssten. Aber es war bereits zu spät, ich hatte mich unsterblich in diese Lackschuhe verliebt. Ich wollte sie um jeden Preis besitzen. So behauptete ich steif und fest, dass ich genügend Platz in den Schuhen hätte. Auf Grund dieser kleinen Lüge besaß ich mit einem Mal die allerschönsten Schuhe dieser Welt.
Jedoch ließ die Strafe nicht lange auf sich warten. Mir taten die Füße in diesen Schuhen dermaßen weh, dass ich vor Schmerzen manchmal nicht recht laufen konnte. Ein Ausweg musste

gefunden werden, denn Mutter hätte mir keine neuen Schuhe mehr gekauft. So kam mir der rettende Einfall, sie heimlich verschwinden zu lassen und zu sagen, dass sie nicht mehr auffindbar wären.
Großvater erwischte mich dabei, als ich gerade schweren Herzens die Prinzessinnenschuhe, wie ich sie nannte, in der Scheune im Heu vergraben wollte. Ich beichtete mein Dilemma und zeigte ihm meine wundgescheuerten Füße. Nachdem er mich, wegen der Lebensgefahr für die Kühe, wenn sie Fremdkörper wie Schuhe mit dem Heu essen würden, kräftig ausgeschimpft hatte, strich er mir mit seiner rauen Hand ungelenk über das Haar und sagte: „Kind, Kind, was machst du denn für Sachen, deine Füße sollen dich doch noch durch dein ganzes Leben tragen, da kannst du sie doch nicht so schlecht behandeln."
Als am folgenden Abend der Schuster Ernst bei Großvater im Stall auftauchte, bestellte der alte Herr ein paar Schuhe in meiner Größe. Er ermahnte den Ernst auch ja etwas Vernünftiges anzubringen, sonst könne er mit ihm keine Geschäfte machen. So kam es, dass ich letztendlich in geschnürten, dunkelbraunen, derben Schuhen herumlief. Sie sahen zwar keineswegs wie Prinzessinnenschuhe aus, aber dafür war das Leder, wie Großvater sagte, der das Schuhwerk natürlich bezahlt hatte, „weich wie Butter an der Sonne."

Sogar ein Seifenhändler suchte uns turnusmäßig auf. Ich mochte ihn gerne, weil er so gut roch und Dinge mitbrachte, die aus der großen Welt außerhalb unseres Dorfes kamen. Großvater argwöhnte, er wisse nicht, was der „Stinker" so oft bei uns wolle, denn ein Stück Kernseife würde doch ewig reichen. Offensichtlich kannte er sein Weibervolk nicht. Die warteten nämlich begierig auf die Besuche des „Stinkers“, der von Gestalt ein kleiner, untersetzter Mann war, aber immer einen dermaßen großen Koffer mit sich herumschleppte, dass er Probleme hatte, durch unsere Küchentür zu kommen.

Auch in mir machte sich bereits das weibliche Wesen bemerkbar. Wenn der Seifen-Schmitt seine Seifenstücke auspackte, welche die Aromen von Maiglöckchen, Veilchen, Sandelholz oder anderen Wohlgerüchen verströmten, quengelte ich solange, bis eine der Frauen Ruhe haben wollte und mir ein Stück kaufte. Mit dieser Beute ging ich ganz gewissenhaft um. Ich benutzte sie erst einmal nicht zum Waschen, sondern legte das wertvolle Stück zu meinen Schätzen in eine alte Zigarrenschachtel. Das hatte allerdings den Nachteil, dass der gesamte Inhalt den jeweiligen Geruch annahm. Zuweilen öffnete ich die Schachtel nur, um den herausströmenden Duft einzuatmen.

Einmal erwarb Mutter ein Fläschchen Rosenparfüm mit einem Parfümzerstäuber. Dieser Zerstäuber faszinierte mich, da er einem interessanten Mechanismus folgte. Ein rosa Gummischläuchelchen, welches aus dem Fläschchen herausragte, endete in einer Gummikugel, die mit Luft gefüllt war und bei Druck das Parfüm versprühte. Wenn sie nicht da war, schlich ich mich manchmal heimlich in ihr Schlafzimmer, um etwas Rosenduft auf mich zu sprühen. Begegnete ich in diese Duftwolke eingehüllt Großvater, wedelte er nach Luft und sagte, dass ich wie ein Stadtweib stinken würde. Ich sollte mich mal lieber waschen gehen, um wieder wie ein ordentlicher Mensch zu riechen. Außerdem könne ich so nicht in den Stall gehen, da die Viecher diesen Gestank nicht aushalten würden.

Letzten Endes verdarb es sich der Seifen-Händler sowieso mit mir. Das war, als er mir einmal in der Vorweihnachtszeit eine

weiße Seife schenkte und mit bedeutungsvoller Miene sagte: „Wenn du es jeden Tag ein bisschen befeuchtest, dann wirst du sehen, dass mit der Zeit ein ganz feines, weiches Fell darauf wächst.“ Beeindruckt legte ich das Stück voller Erwartung in die Waschküche. Wochenlang lief ich gleich morgens nach dem Aufstehen als erstes dorthin, um ganz vorsichtig ein paar Tropfen Wasser daraufzuträufeln.
Nachdem sich schließlich nach einem längeren Zeitraum absolut nichts tat, wurde mir klar, dass der Seifen-Schmitt mir einen Bären aufgebunden hatte. Da ich Leute nicht mochte, die dachten, dass man Kinder einfach so foppen könne, mied ich den Lügenbold von diesem Zeitpunkt an. Als ich mich bei Großvater darüber beschwerte, verwies er darauf, dass er schon immer gesagt habe, dass der Seifen-Schmitt ein „Stinker“ sei, und damit meine er nicht nur dessen Geruch.

Der dicke Wilhelm fällt in Ungnade

Es gab zwei Läden in unserem Ort: einen im Unterdorf und einen im Oberdorf. Der im Unterdorf wurde von einer gutmütigen Frau mit Buckel namens Mina und ihrem Mann Emmerich geführt. Emmerich wurde im Dorf nur „der Essig“ genannt, weil er, wie mir Großmutter erklärte, Zeit seines Lebens ein Gesicht zog, als ob er Essig getrunken habe. Knall auf Fall ging unsere Familie, obwohl das Sortiment in diesem Laden kleiner war und er am anderen Ende des Dorfes lag, nur noch dort einkaufen. Mutter hatte sich mit dem dicken Wilhelm aus dem Laden im Oberdorf zerstritten. Den Zankapfel stellte das Heft dar, in welchem im Laden angeschrieben wurde, wenn jemand

kein oder zu wenig Geld für seine Einkäufe dabei hatte.
Im Sommer war die alte schrullige Tante des dicken Wilhelms zu Besuch gewesen und hatte im Laden mitgeholfen. Von ihr wurde in der Einkochzeit im Aufschreibheft ein relativ hoher Betrag für eine riesige Menge Gelierzucker unter dem Namen Schneider angeschrieben.
An dieser Stelle sei erwähnt, dass jeder im Dorf einen Rufnamen hatte, der eigentlich zum Hof gehörte und in der Regel von einem früheren Hofinhaber abstammte. Manchmal wusste aber auch niemand mehr, wo der Rufname einer Familie letztendlich wirklich seinen Ursprung nahm. Nun war es so, dass nicht wenige Leute in unserem Ort Schneider genannt wurden. Und obwohl weder mein Großvater noch mein Vater so hießen, wurden auch wir aus irgendeinem historischen Grund von vielen als „Schneiders" bezeichnet.
Nun zurück zur Geschichte mit meiner Mutter und dem dicken Wilhelm: Eines Tages wollte der dicke Wilhelm von ihr wissen, ob sie diesen Betrag habe anschreiben lassen. Als Mutter dies verneinte, verzog der dicke Wilhelm das Gesicht und sagte: „Na ja, einer muss den vielen Gelierzucker ja gekauft und nicht bezahlt haben." Als Mutter mit fester Stimme erwiderte „Ich aber nicht!", erdreistete er sich doch tatsächlich kundzutun: „Das sagen sie alle!" Bereits um ihre Fassung ringend, fragte sie zurück: „Du willst doch nicht allen Ernstes behaupten, dass ich bei dir eine große Menge Gelierzucker gekauft und nicht bezahlt habe?" Irgendetwas, vielleicht war es auch nur der Ärger darüber, dass der dicke Wilhelm bereits ahnte, dass er auf dem Posten im Schuldenheft sitzenbleiben würde, muss ihn geritten haben, denn mit einem Mal stellte er fest: „Weiß ich's, man schaut den Menschen doch sowieso nur vor die Stirn

und nicht ins Gehirn." Jetzt schrie Mutter vor Wut schäumend: „Das ist eine ernsthafte Anschuldigung, die nimmst du sofort zurück!" Als der dicke Wilhelm gänzlich unberührt mit den Schultern zuckte und frech fragte wieso, fiel sie, wahrscheinlich fassungslos über diese bodenlose Frechheit, in sich zusammen und rannte weinend aus dem Laden.

Dermaßen aufgelöst kam sie mit ihrer leeren Einkaufstasche in der Hand nach Hause. Auf dem Hof traf sie auf Vater, der gerade von der Arbeit kam. Erschrocken nahm er seine Frau in die Arme und wollte wissen: „Gerlinde, was ist dir denn passiert?" Zuerst schluchzte sie nur: „Der Wilhelm, der Wilhelm ..." Dann brach es aus ihr heraus: „Der hat gesagt, dass wir Diebe sind." „Was?", schrie Vater. „So ein Drecksack!" Es dauerte einen kleinen Moment, bis Vater die ganze Angelegenheit aus ihr herausbekam. Obwohl er sonst meist für eine friedliche Lösung plädierte, brüllte er in diesem Fall außer sich: „Ich geh da sofort hin und schlag ihm seinen ganzen Laden zusammen." Großvater und ich beobachteten die kleine Szene durch die offenstehende Kuhstalltür. Sogleich ging Großvater mit bedächtigen Schritten auf Vater zu, legte ihm die Hand auf die Schulter und sagte: „Schaff das aus der Welt, so was klebt sonst ewig an der Familie." Großvater hatte noch nicht ganz ausgesprochen, da stürzte Vater auch schon los und ich natürlich ober neugierig hinterher. Vater machte so große Schritte, dass ich kaum mithalten konnte. So ergab sich ein Abstand zwischen uns, aber als Vater die Ladentür mit einem Ruck aufriss, hörte ich ganz deutlich, wie er tobte: „Wilhelm, was fällt dir ein, uns so zu beleidigen. Ich schlage dir deine ganze Bude zusammen!"

Ich weiß nicht, ob Großvater es nicht vorgezogen hätte, wenn Vater etwas diplomatischer vorgegangen wäre. Ich auf jeden

Fall war mächtig stolz auf ihn. Es ging noch hin und her zwischen den beiden Männern, und ich kann auch nicht sagen, wer von ihnen im Endeffekt lauter schrie, aber ich hatte das Gefühl, dass mein Vater es dem dicken Wilhelm einmal so richtig gegeben hatte.

Sogar das große bauchige Glas mit den leckeren Himbeerbonbons musste daran glauben. Ich konnte nicht sehen, ob es nur ein Versehen war oder ob Vater das Gefäß aus Wut mit seiner rechten Hand von der Theke fegte. Auf jeden Fall brüllte der dicke Wilhelm daraufhin: „Verlass sofort meinen Laden!" Vater schrie zurück: „Ja, genau das mach ich, und glaub bloß nicht, dass von unserer Familie noch jemals auch nur einer einen einzigen Pfennig in deinen Saftladen trägt!" Bei Mutter hatte Vater von nun ab einen dicken Stein im Brett, denn er hatte sie wirklich heldenhaft verteidigt.

Als ich mich so tierisch darüber gefreut hatte, wie mein Vater dem Wilhelm den Garaus gemacht hatte, war mir in keinster Weise bewusst gewesen, dass ich wieder einmal die Leidtragende sein würde. Denn der Weg in den Laden von Mina und „dem Essig" war mindestens doppelt so lang wie der zum dicken Wilhelm. Doch es gab einen Lichtblick: Sie hatten eine kleine Glastheke mit Gebäck. Die Auswahl war zwar nicht besonders groß, aber fast immer befanden sich unbeschreiblich köstliche Nusstörtchen hinter der Scheibe. Es handelte sich dabei um ein kleines dreistöckiges Backwerk mit doppelter Nusscremefüllung gehüllt in dicke Schokoladenglasur. Wenn man hineinbiss, so musste man ganz schnell die Ecken ablecken, weil die üppige Masse sonst an den Enden herunterlief. Da Mutter nie so richtig wusste, wie viel Geld sie in ihrer Börse aufbewahrte, gönnte ich mir diese Leckerei öfters, als ich sie mir eigentlich hätte leisten können. Saß ich dann auf der Außentreppe des Ladens und verspeiste eines der von mir so heiß geliebten Teilchen, so hatte ich zwar manchmal wegen des unterschlagenen Geldes schon ein schlechtes Gewissen. Jedoch verschwand das meist schnell wieder hinter einer Wolke der Wollust des Schlemmens.

Skandal um den Bürgermeister

Stets spitzte ich die Ohren, wenn die Erwachsenen sich unterhielten. Es passierte so viel Aufregendes in unserem Dorf. Am begierigsten war ich allerdings auf Geschehnisse, die eigentlich nicht für Kinderohren bestimmt waren. Beratschten die Frauen in erregter Stimmung einen neuen außergewöhnlichen Vorfall, so knisterte es in unserer Küche vor Spannung. Mucksmäuschenstill verhielt ich mich in solchen Situationen, um ja nicht aufzufallen, sonst wären sie womöglich auf die Idee gekommen, mich hinauszuschicken.
Einmal ging es um den Gastwirt vom Nachbarort, der sei „schwul", erzählten sie sich mit atemlosen Stimmen. Als ich bei meinem Bruder Edgar nach dem Sinn dieses Wortes forschte, sagte er im überheblichen Tonfall der älteren Geschwister: „Du bist aber auch wirklich zu blöd! Das ist, wenn ein Mann mit einem anderen Mann Kinder macht."
Das verstand ich nun ganz und gar nicht. Ich kannte ja auch keinen Mann, der mit einem anderen Mann verheiratet war. So etwas gab es doch gar nicht! Sicher band Edgar mir wieder mal einen Bären auf. Da fragte ich doch lieber mal meinen Großvater, aber der antwortete überaus abweisend, dass das überhaupt nichts für kleine Mädchen sei, und ich solle lieber mal meine

Schulaufgaben ordentlich machen.
Aber eine Geschichte bekam ich dann doch ganz genau mit. Das war der Skandal um den Bürgermeister. In unserem Dorf wurde seit Langem darüber getratscht, dass er ein heimliches Liebesverhältnis mit der Schäfer Erna habe. Großmutter hatte einmal gesagt, das komme daher, weil die Erna eine Witwe sei und dass man vor denen die Männer wegsperren müsse, da sie mannstoll wären. Ihren Konrad habe die Erna auch schon so lüstern wie eine rollige Katze angeschaut.
Nun ging es darum, dass das unselige Verhältnis aufgedeckt worden war und zwar von der Tochter des Bürgermeisters. Man erzählte sich, dass die Hedwig, so hieß sie, im Feld beim Grasmähen gewesen sei, als sie aus dem angrenzenden Wäldchen seltsame Geräusche gehört habe. Den Lauten, die sich wie das Jaulen eines jungen Hundes angehört hatten, nachgehend, war sie auf ihren Vater und die Witwe Erna gestoßen, welche sich nackt auf dem Waldboden wälzten. Nur wenige hatten es wirklich gesehen, aber man erzählte sich, dass die Hedwig, couragiert wie sie nun mal war, das Bündel mit der Kleidung genommen und die beiden Sünder nackt ins Dorf gejagt habe.
Diese Sensation löste eine regelrechte Hysterie bei den geschwätzigen Weibern unseres Ortes aus. Eine jede wusste den Hergang besser zu schildern. Großmutter sagte dazu: „Gut, dass bei denen auch mal was passiert, sonst würden die ja nur eingebildet durch das Dorf laufen und glauben, dass bei ihnen die Bäume in den Himmel wachsen." Großvater mahnte seine Frau: „Lina, halt dich bloß aus dem Geschwätz heraus, damit kannst du in Teufelsküche kommen."
Ich machte mir so meine eigenen Gedanken zu diesem aufregenden Ereignis. Der Bürgermeister hatte eine Frau wie ein

Schreckgespenst. Wenn wir Kinder an ihrem Haus vorbeiliefen, wusste sie immer etwas hinter uns her zu schimpfen. Die dralle Erna hingegen scherzte mit uns und schenkte uns sogar ab und zu einen Apfel. Ich mochte sie auch viel lieber als die Frau des Bürgermeisters. Als ich Großvater das erzählte, lachte er laut und sagte, dass sei so, weil der Bürgermeister den Hof und nicht die Frau geheiratet habe.

Der nächste Skandal ließ nicht lange auf sich warten. Die Gemüter hatten sich gerade erst wieder beruhigt, als die Liebesgeschichte zwischen dem Anton von der Post und der Irmgard, die ihm ab und an in der Poststelle zur Hand ging, aufflog. Den Weg in unsere Küche fand die Sensation mittels der Marie, die das größte Klatschweib des Ortes war. Sie trug sommers wie winters ungeheuer große schwarze Stiefel. Großvater behauptete scherzend, dass seien Siebenmeilenstiefel, die brauche die Marie, um ja schnell mit den Neuigkeiten von einem Ende des Dorfes an das andere zu gelangen. Mit vor Empörung bebender Stimme saß sie nun auf unserem alten Kanapee und verkündete, dass der Post-Anton ein Lustmolch sei. Seine Frau habe ihn in der Amtsstube mit der Irmgard auf dem Schoß erwischt, als sie ihn zum Mittagessen habe rufen wollen. Großvater, der gerade seinen Kaffee in der Küche trank, stellte fest, dass der Anton doch ein selten blöder Ochs sei, er hätte doch wissen müssen, dass Mittagessenszeit war. Marie quittierte diese Bemerkung mit einem Blick, der Abscheu und Verachtung gleichzeitig ausdrückte. Wenn Blicke töten könnten, so wäre Großvater auf der Stelle mit seiner Kaffeetasse in der Hand tot umgefallen. Daraufhin verzog er sich lieber wieder in den Stall, da ihn das Getratsche sowieso nicht wirklich interessierte. Mich aber beschäftigte, dass Großmutter bei dem Bürgermeisterskandal gesagt hatte, das wäre nur passiert, weil die dralle Erna Witwe sei. Nun verstand ich nicht, warum die Irmgard auf dem Schoß von dem Post-Anton gesessen hatte, obwohl sie doch gar keine Witwe war. Wie so oft, wenn ich etwas nicht verstand, wand ich mich an meinen Großvater. Er antwortete mir, dass die Großmutter auch nicht alles wisse, obwohl sie sich das manchmal einbilde.

Das Butterholen

Großvaters Steckenpferd war seine Einteilung der anfallenden Tätigkeiten in Männerarbeit und Frauenarbeit. Dabei zeigten sich die Grenzen der sogenannten Männerarbeit recht beweglich. Wenn Not „am Manne" war, konnte Großmutter sehr wohl helfen, den Stall auszumisten. Hingegen erklärte er sich noch nicht einmal im Notfall dazu bereit, eine von ihm als Frauenarbeit eingestufte Verrichtung anzupacken. War Großmutter einmal krank oder verhindert und es ließ sich keine seiner Töchter abkommandieren, bat er lieber eine Nachbarin um deren Hilfe, als dass er gar selbst eine in seinen Augen unmännliche Arbeit übernommen hätte.

Die Milchwirtschaft fiel für ihn unter die Rubrik Frauenarbeit und oblag Großmutter. So war sie morgens um 5 Uhr die Erste im Stall, um die Kühe zu melken. Als ich sie einmal fragte, ob es nicht schrecklich sei, dermaßen früh aufzustehen und die müden Tiere zu melken, winkte sie ab und sagte, dass dies die schönste Zeit am Vormittag wäre. Da alle noch schliefen, genieße sie die himmlische Ruhe auf dem Hof. So ganz alleine im Stall auf dem Melkschemel sitzend, den Kopf an die warmen

Kuhleiber gelehnt, könne man gut nachdenken und sich besinnen. Ja, wenn sie so recht überlege, würde ihr das sogar die Kraft für den ganzen Tag geben.
Die Eimer mit der frisch gemolkenen Milch goss Großmutter durch ein Milchsieb mit feinen Filtern in große Blechkannen. Wenn sie fertig war, brachte sie diese Kannen zur Milchsammelstelle, von wo sie von einem Lastwagen der Molkerei abgeholt wurden. Dazu musste sie zwar die schweren Kannen auf ein Wägelchen und wieder herunter hieven, aber sie wurde für diese Anstrengung reichlich belohnt. Die Milchsammelstelle, das war der morgendliche Treff der Bäuerinnen aus dem ganzen Dorf. Hier wurde geratscht und getratscht was das Zeug hielt. Manchmal, wenn Großmutter allzu lange wegblieb, drohte Großvater an, dass er in Zukunft die Milchkannen selbst abliefern würde. Die Sorge, dass er das wirklich tun würde, brauchte Großmutter allerdings nicht zu haben, denn so etwas Peinliches, wie ein Milchwägelchen durch den Ort zu schieben, hätte Großvater niemals getan.

Die Bauern der Umgebung gehörten einer Genossenschaftsmolkerei an. Da die Molkerei jedem Milchlieferanten einen Anteil der Vergütung in Naturalien zuteilte, kam ein Quantum der Milch in Form von Butter und Käse wieder auf den Hof zurück. Aus diesem Grund ergab es sich, dass die verschiedensten Käsesorten den Weg auf unseren alten Küchentisch fanden. Einmal in der Woche brachte die Molkerei die großen Holzkisten mit den Milchprodukten zu einem Bauern, der die Aufgabe hatte, sie zu verteilen. Das sah so aus, dass an diesem Tag von jedem Hof einer mit einer Einkaufstasche dort eintraf, um die gesamte Wochenration entgegenzunehmen. In unserer Familie oblag mir die Arbeit des sogenannten Butterholens. Mein Bruder wusste sich schon früh vor solch niederen Diensten zu drücken – oder teilte auch er die Aufgaben bereits in Männer- und Frauenarbeiten ein? Aber da ich sowieso gerne durch den Ort schlenderte, machte es mir eigentlich nichts aus, mit der abgewetzten alten ledernen Tasche die Milchprodukte abzuholen. Das Ganze hatte nur einen Haken: Auf dem Hof der Butterausgabestelle lag stets ein Bernhardinerhund von immensen Ausmaßen. Nicht nur, dass er unglaublich massig war, er sah auch noch hochgradig gefährlich aus. Da ich um das Butterholen nicht herumkam, war der Mittwoch ein Tag, an dem ich meinen Mut immer wieder neu erprobte. Selbst wenn es zum Mittagessen meine Lieblingsspeise „Lange Spitzbuben" gab, schmeckten mir diese nicht, da meine Gedanken bereits bei dem Monsterhund weilten.

Die verschiedensten Techniken hatte ich mir schon einfallen lassen, um unbehelligt in das „Butterhaus" zu gelangen. Einmal rief ich zum Beispiel bereits vor dem Hof schallend laut „Mathilde, Mathilde", das war der Name der Bäuerin. Da jedoch das wilde, markerschütternde Bellen der Bestie meine Stimme übertönte, machte dieses Rufen eigentlich keinen Sinn. Wenn ich dann lange genug vor dem Hof gestanden hatte, schaffte ich es irgendwann doch, unter Aufwand meines ganzen Schneids, mich an der Hausmauer entlang an dem Hund vorbeizudrücken. Wenn Mathilde das sah, lachte sie aus vollem Halse, sie fand es wohl sehr witzig. In solchen Momenten hasste ich sie abgrundtief, obwohl sie ansonsten immer ganz nett war und mir ab und zu sogar einen dicken Kirschlutscher zusteckte.

Einmal gab mir Großvater einen Rat. Er meinte, das sei doch ganz einfach, man müsse dem Hund nur ein anständiges Stück

Wurst hinwerfen. Aber diese Strategie ging völlig daneben. Da der Koloss die Wurst schneller verschlang, als ich in das Haus gelangen konnte, stellte er mich und hielt mich erbarmungslos knurrend in Schach. Wie erstarrt stand ich vor ihm, traute mich nicht, auch nur die geringste Bewegung zu machen. Nach einem Augenblick, der mir wie eine Ewigkeit vorkam, brüllte ich so laut, wie ich nur konnte: „Mathilde, Mathilde!" Daraufhin kam sie aus dem Kuhstall gerannt und rief streng: „Ruhe verdammt noch mal!" Aus dem Hund wich mit einem Mal alle Anspannung, er drehte sich um und trottete völlig desinteressiert weg. Mein Herz klopfte immer noch bis zum Hals, aber Mathilde lächelte mich an und erklärte: „Der gute Schnuffi wollte nur noch ein bisschen mehr Wurst von dir." Es war unglaublich, diesem Untier hatten sie doch tatsächlich den niedlichen Namen „Schnuffi" verpasst! Aufgrund dieser Erlebnisse verband ich den eigentlich wohligen Geruch von Butter und Käse, der das ganze Anwesen des Butterhauses umgab, in meiner näheren und ferneren Zukunft immer mit einem Gefühl der Furcht.

Schlachtfest

Die Arbeit und die Aufregung um das Schlachten begannen bereits einige Tage vor dem eigentlichen Schlachttermin. Großmutter suchte alle brauchbaren Schüsseln und Wannen im Haus zusammen. Auch wurden sämtliche leeren Einweckgläser für die Wurst aus dem Keller geholt, um sie in dem großen Einkochtopf zum Zwecke der Sterilisation in heißem Wasser auszukochen. Ferner galt es bereits, die gute Stube für das große

abendliche Schlachtfest herzurichten.
Am Tag vor dem großen Ereignis schälten und garten die Frauen einen riesigen Berg Kartoffeln, welcher für die Herstellung der Blutwurst benötigt wurde. Großmutter oder Tante Herminchen liefen in den Laden und kauften allerlei Gewürze zum Veredeln der Würste ein. Großvater legte besonderen Wert auf Majoranblätter und Muskatnüsse. Wäre es nach ihm gegangen, so hätten alle Würste vorrangig nach diesen beiden Aromen geschmeckt. Aber auch eine größere Menge schwarze und weiße Pfefferkörner sowie ein beachtliches Paket grobes Salz wurden eingekauft.
Am frühen Abend vor dem eigentlichen Hauptschlachttag kam der Dorfmetzger Heinrich, ein hünenhafter, hagerer Mann, um das Schwein mit seinem Bolzenschussapparat zu töten. Vater, der zu weich für diesen rohen Vorgang war, schlich sich davon und ward einige Stunden nicht mehr gesehen. Hinterher erzählte er, dass er etwas ganz Wichtiges zu erledigen gehabt hätte. Er gab nie offen zu, dass er kein Blut sehen konnte. Nachdem Vater sich verdünnisiert hatte, fragte Großvater alle naselang, wo denn Vater sei, obwohl er ganz genau wusste, warum Vater sich verdrückt hatte.
Wir Kinder fühlten uns hin- und hergerissen. Einerseits waren wir freudig erregt, weil auf dem Hof etwas Außergewöhnliches los war, andererseits aber tat uns das arme Schwein leid. Ich war fest davon überzeugt, dass das Tier wusste, was ihm bevorstand, denn wenn es aus dem Stall geführt wurde, quiekte es so laut, dass man die erbärmlichen Töne über die Häuser hinweg bis ans andere Ende des Dorfes hören konnte.
Doch ehe es losging, trank die Hauptperson Heinrich erst einmal einen doppelten klaren Schnaps. Daraufhin schob er mit

bedeutungsvoller Miene seine speckig glänzende schwarze Ledermütze zurück und verlangte, die „Sau“ zu sehen. Schließlich müsse er den Fettgehalt des Tieres bestimmen, über welchen er und Großvater dann ausgiebigst diskutierten. Daneben galt es auch festzulegen, welche Wurstsorten favorisiert hergestellt werden sollten. Bei diesen schwerwiegenden Überlegungen kippten sie noch so einige klare Schnäpse.
Großvater und der Metzger Heinrich redeten dann immer endlos lange über die alten Zeiten. Die beiden Alten blickten auf eine gemeinsame Vergangenheit zurück. In den Kriegsjahren, als es verboten war, Tiere für den Eigenbedarf zu schlachten, verwandelten sie nachts in dem verdunkelten Schuppen so manches Schwein in Würste und Fleisch. Das war eine gefährliche Angelegenheit gewesen, denn wurden Bauern und Metzger beim sogenannten Schwarzschlachten erwischt, drohten ihnen hohe Strafen von Seiten der nationalsozialistischen Regierung. Als der Metzger Heinrich einmal mit ernsthafter Miene kundtat, dass er genau wisse, dass man Leute, die des Schwarzschlachtens überführt worden waren, erschossen hätte, war ich mächtig stolz auf meinen mutigen Großvater. Großvater versicherte in diesen Gesprächen stets, dass keiner aus seiner Familie während dieser jämmerlichen Jahre Hunger gelitten hätte.

Einige Dinge in unserem Haushalt hatten ihren Ursprung in diesem Schwarzschlachten. Sie waren gegen Wurst oder Fleisch eingetauscht worden. In der guten Stube stand sogar in einer Ecke völlig unbeachtet und vernachlässigt ein Klavier, welches den Weg zu uns als Tauschobjekt gefunden hatte. Großvater sagte, dass es fast nichts gegeben habe, was die hungernden Städter nicht angebracht hätten. Manchmal seinen wahre Wunder aus

ihren Rucksäcken herausgekommen.
So erinnerte er sich auch, dass die beiden kleinen Teppiche mit dem bunten Pfauenmuster, die in seiner Schlafstube lagen, einmal der Gegenwert für einen dicken Schweineschinken gewesen waren. Manchmal schlich ich mich in die Schlafstube der Großeltern, um mir diese Teppiche in aller Ruhe anzusehen. Dann ließ ich meiner Phantasie freien Lauf, indem ich mir Märchen ausdachte, in welchen die Pfauen verzauberte Prinzessinnen und Prinzen darstellten, die sprechen und singen konnten. Es gab aber noch einen weiteren Gegenstand aus dieser Zeit, der einen ganz besonderen Reiz auf mich ausübte. Eine bauchige, goldrandige Blumenvase, die rundum fernöstliche Tiere und bunte Blumenornamente schmückten. Dieses Dekor beflügelte mich ebenfalls dazu, kleine Geschichten zu erdichten. Leider fand ich in unserem Haus keine Zuhörer für meine Geschichten. Versuchte ich es bei meinem Bruder, so wimmelte er mich mit den Worten ab: „Du spinnst doch komplett.“ Versuchte ich es bei Großmutter oder den Eltern, so meinten diese: „Mach lieber deine Schulaufgaben.“ Großvater, dem ich meine Geschichten am allerliebsten geschildert hätte, verwies darauf, dass ich besser ordentlich rechnen lernen solle, denn das sei das wichtigste Wissen im Leben.
Doch ich interessierte mich mehr für die Herkunft dieser fremdartigen Vase, und so fragte ich Großmutter, ob sie etwas darüber wisse. „Natürlich“, antwortete sie, und begann zu erzählen, dass sie sich noch ganz genau daran erinnere, dass sie einmal einer bildschönen jungen Frau gehört habe. Diese sei in den Jahren der Not einige Male mit zwei kleinen Kindern auf dem Hof erschienen, um nach Milch und Eiern für ihre Kinder zu fragen. Großvater habe ihr immer etwas gegeben,

manchmal sogar wertvolle Würste. Nie habe er etwas von ihr dafür verlangt, doch eines Tages habe sie als Dank diese Vase mitgebracht.

Nun aber zurück zum Schlachtfest: Nachdem Großvater und Heinrich ausgiebig in alten Zeiten geschwelgt hatten und jedes einzelne Detail der Gefahren des Schlachtens unter den damals riskanten Umständen lebhaft erörtert hatten, wurde das Schwein getötet. Im Dorf nannte man diesen Vorgang „das Schwein stechen", womit gemeint war, es mit einem Bolzenschussapparat niederzustrecken und durch einen Schnitt in den Hals die Halsschlagader zu öffnen, damit es ausbluten konnte. Das fließende Blut wurde aufgefangen und schnell geschlagen, damit es nicht gerinnen konnte. Diese Arbeit war wichtig, denn es handelte sich schließlich um den Hauptbestandteil der Blutwürste. Diese Tätigkeit fiel allgemein unter die Rubrik Frauenarbeit. Nur gab es in unserem Haus immer erst einmal Streit darüber, wer sie übernehmen sollte, denn irgendwie ekelten sich alle davor.

Letztendlich traf es, da sie die gutmütigste war und fast immer nachgab, stets Tante Herminchen. So stand sie dann schwitzend über einer riesigen Blechschüssel gebeugt und rührte überaus flink mit einem langen Holzkochlöffel in dem frischen Blut, damit es auch nicht zu gerinnen begann. Wir Kinder drängten uns oft ganz nah heran, um ja alles genau mitzubekommen. Die Erwachsenen aber jagten uns meist weg. Es war ihnen wohl doch irgendwie bewusst, wie grausam dieser Vorgang im Prinzip war.

Ansonsten wurde das Schlachten als ein fröhliches Ereignis gesehen: Alle waren gut gelaunt in Erwartung der frischen Würste und der leckeren Braten, noch dazu hatte man einen guten

Grund zum Feiern. War das Schwein am Tag des „Stechens" ausgeblutet, so wurde es in einem großen, mit heißem Wasser gefüllten Bottich durch Schaben mit speziell dafür vorgesehenen Schabemessern von seinen Borsten befreit. Daraufhin wurde es in zwei Teile zerlegt und über Nacht auf einem Bock aufgehängt, wo es bis zum nächsten Tag, dem eigentlichen Schlachttag, hing. Ging man im Spätherbst zur Zeit des Schlachtens abends durch das Dorf, so traf man nicht selten auf diesen Anblick.
War der erste Teil des Schweineschlachtens erledigt, musste allerdings vor der Weiterverarbeitung auf den Fleischbeschauer gewartet werden. Das war der Beauftragte des Landwirtschaftsamts, welcher Proben von dem Schwein nahm, um dessen Gesundheit sicherzustellen. Denn von Staatswegen achtete man streng darauf, dass auf den Bauernhöfen kein krankes Vieh zu Nahrungsmitteln verarbeitet wurde. Ich fand es sehr spannend, wenn dieser wichtige Beamte kam und seine Arbeitsgeräte auspackte.
So sah ich auch das erste Mikroskop meines Lebens in den Händen eines Fleischbeschauers. Es handelte sich damals um eine riesig große Ausführung dieses Vergrößerungsgerätes. Der Mann setzte sich an unseren alten Küchentisch und breitete seine amtlichen Utensilien aus, sodass nichts anderes mehr Platz fand. Die Art, wie er das Mikroskop aufbaute, erinnerte an ein strenges Ritual. Zudem holte er noch eine Reihe von kleinen Döschen aus seiner wuchtigen Ledertasche, in welche er winzige Proben von den verschiedensten Teilen des Schweins hineinfüllte. Nacheinander prüfte er dann mit bedeutungsvoller Miene die Inhalte der Döschen unter dem Mikroskop. Seine besondere Beachtung fand die Leber. Wissbegierig sah ich dem Fleischbeschauer ganz genau bei seiner Arbeit zu. Sichtlich ge-

nervt fragte er mich: „Sag mal, willst du nicht lieber auf den Hof gehen und dort spielen?“ Nein, das wollte ich nicht.

Mein Großvater konnte den Fleischbeschauer nicht ausstehen, da er durch dessen Funktion seine Kompetenz als Viehwirt angezweifelt sah. Er pflegte zu sagen, dass er diesen blöden Heini vom Staat nicht brauche, um festzustellen, ob er gesunde Tiere habe. Schließlich sei er schon sein ganzes Leben Bauer und atme die gleiche Luft wie seine Tiere. Er würde doch sofort merken, wenn etwas nicht in Ordnung wäre. Er schimpfte weiter, dass ihm sowieso bereits übel werde, wenn er das wichtigtuerische Brillengesicht im weißen Kittel auch nur von Weitem sehen würde. Die Gebühren für diese Untersuchungen hielt Großvater für nutzlos hinausgeworfenes Geld. Er behauptete steif und fest, dass er selbst wisse, wie eine gesunde Leber oder Niere auszusehen hätte.

Einmal, als wir zwei Schweine geschlachtet hatten, versteckte Großvater eines davon in der Milchkammer. Er sagte, dass wir so tun sollten, als ob wir nur ein Schwein schlachteten, so könnten wir das schöne Geld sparen, welches der Fleischbeschauer sonst kassieren würde. Nachdem der Beamte die Kontrolluntersuchungen des ihm gezeigten Schweins abgeschlossen hatte, bemerkte er: „Das war mein erstes Schwein mit acht Beinen.“ Zu Großvaters Ärger hatte der Beamte die achtlos im Hof herumliegenden acht Schweinefüße gesehen. So musste Großvater zähneknirschend das andere Schwein aus der Milchkammer holen und auch noch prüfen lassen. Nach diesem Ereignis mochte er den Fleischbeschauer noch weniger, er nannte ihn von nun an den staatlich bezahlten Spitzel.

Es war die Aufgabe meiner Großmutter, am Vorabend der Schlachtung, also am Tag des sogenannten Stechens, zwei rie-

sengroße Bleche mit Butterkuchen zu backen. Dies hatte Tradition, denn am Schlachttag wurde eine große Kaffeetafel gedeckt und alle, die bei der Schlachtung halfen, genossen die süße Verschnaufpause. Zu dem Kuchen wurden große Mengen Malzkaffee, auch Muckefuck genannt, welcher aus einer wuchtigen, blau gemusterten Blechkanne eingeschenkt wurde, getrunken. Großmutter erzählte mir, dass alle Metzger Süßmäuler seien. Weil sie immer mit Wurst und Fleisch hantierten, würden sie am liebsten zuckrigen Kuchen essen.
Wenn Großmutter abends den Kuchenteig zubereitete, rief sie Großvater, um mit ihm den morgigen Tag zu besprechen. Sie gab die Losung heraus, dass man dem Metzger Heinrich keinen Schnaps einschenken solle, bevor er die Wurst gewürzt habe. Mit gutem Grund forderte sie diese Verhaltensmaßnahme, denn einmal hatte der Heinrich, nachdem er bereits frühmorgens den Tag mit Kornschnaps begonnen hatte, die gesamte Wurst versalzen. Großvater, der sich ansonsten nur selten etwas bestimmen ließ, sah die Notwendigkeit dieser Maßnahme ein.

Schlachten, das hieß eine Menge Arbeit. Da jede Hand gebraucht wurde, half sich meistens die Nachbarschaft gegenseitig. Genau genommen nahm das gesamte Dorf Anteil an dem Geschehen, denn es war üblich, dass die Leute aus dem Dorf mit großen blechernen Milchkannen kamen, um von der Wurstsuppe zu holen. Diese wurde in der Waschküche gekocht. Dort stand ein großer Kessel, unter welchem sich eine Feuerstelle befand. In diesem Kessel siedeten die Kochwürste wie Blutwurst, Leberwurst und Presskopf stundenlang vor sich hin.
Das Feuer zu überwachen war eine Ehrensache, die in unserem

Haushalt meinem Großvater, dem Familienoberhaupt, oblag. Tatsächlich bestand die Aufgabe darin, darauf zu achten, dass das Feuer stets mit kleiner Flamme brannte. Denn bei einem größeren Feuer würde das Wasser zu stark kochen und somit würden die Würste aufplatzen. Aber Großvater, der leidenschaftlich gerne „eine gute Wurstsuppe“ aß, vertrat die Meinung, dass schon einige Würste aufplatzen müssten, damit es eine richtig gute Suppe wird.

An diesem Tag stand er immer mit einem vor Anstrengung hochroten Kopf in den dicken Dampfschwaden vor dem heißen Kübel, in welchem die Würste schwammen. Um seine Beine schlich sein Lieblingskater Peter. Dieser genoss das Schlachtfest auf seine Art. Er hoffte auf für ihn abfallende Leckerbissen. Damit hatte er recht, denn in der Regel warf Großvater ihm die Schweinsnieren zum Fressen hin. Das musste aber schnell geschehen, damit meine Großmutter es nicht sah. Für sie war das die reinste Verschwendung, denn sie war es gewohnt, dass man die Nieren unter die Wurst mischte.

Über das Zubereiten der Wurstsuppe konnte Großvater lange Vorträge halten. Er fühlte sich als Fachmann. Großmutter jedoch sah das nicht so. Sie schimpfte ihn immer aus, denn sie konnte es einfach nicht verstehen, dass er einige der kostbaren Würste tatsächlich absichtlich zerkochen ließ. Großvater, der sonst eigentlich eher selten Schimpfwörter benutzte, nannte sie in solch einem Streit einmal wütend ein „knickriges, raffgieriges Weib“.

Am Schluss, wenn Großvater die Suppe abschmeckte, begann eine ernsthafte Zeremonie. Gegenüber dem Kessel auf einem uralten Küchentisch befanden sich fein säuberlich aufgereiht die Gewürze. Niemand durfte ihn ansprechen, wenn er mit der Reibe für die Muskatnüsse, mit Majoran, schwarzem und weißem Pfeffer oder auch dem Salzfässchen über dem riesigen Kessel hantierte. Unzählige Male probierte er das heiße Gebräu laut schlürfend von einem Blechlöffel, bevor er zufrieden nickte und die Suppe zum allgemeinen Verzehr freigab. Großmutter vertrat die Meinung, dass der Alte viel zu viel Gedöns um diese Brühe machen würde.

Da man zusammen arbeitete, feierte man auch gemeinsam. Noch sehr lebhaft erinnere ich mich an die großen Schlachtfeste, die abends, nachdem die Arbeit getan war, stattfanden. Die gute Stube wurde ausgeräumt, damit genügend Bänke hereingestellt werden konnten. Es mussten ja schließlich alle Nachbarn einen Platz finden, um am Schlachtessen teilnehmen zu können. Und obwohl eigentlich alle todmüde hätten sein müssen, waren sie hellwach. Das Essen bestand aus der Wurstsuppe mit Weißbrotwürfeln, Wellfleisch, einer Schlachtsoße aus frischem Hackfleisch, selbsteingelegtem Sauerkraut und Salzkartoffeln. Zum Nachtisch wurden Schnäpse zur Verdauung gereicht. Seinerzeit floss bei solchen Festen noch reichlich Schnaps, der Nachholbedarf der Kriegszeit war noch nicht zu Ende.

Der Metzger Heinrich, ein lebenslustiger Geselle, der selbstverständlich den Ehrengast darstellte, verbreitete Frohsinn. Er stimmte alte Volkslieder an und sang lauthals in seiner kräftigen Stimme, mit welcher er tagsüber bei der Arbeit die Befehle an die Helfer erteilte. Es wurde gemunkelt, dass er so lustig sei, weil er es in vollen Zügen genießen würde, von zu Hause weg zu sein. Denn dort würde seine mürrische Frau den Ton angeben.

Ich hörte einmal, wie Großmutter und die Nachbarin Lisbeth

in unserer Küche darüber tuschelten, dass der Metzger Heinrich, wenn er nachts recht heiter nach solchen Festen davonging, stets noch der stämmigen Kriegerwitwe Marianne, die hinter dem Postamt wohnte, einen Besuch abstattete. Bei diesem Tratsch kicherten die beiden alten Frauen wie zwei junge Mädchen. So kam ich mit den meisten Dingen des Lebens in unserem Dorf auf eine ganz natürliche Art und Weise in Berührung.

Der andere Großvater

Den anderen Großvater kannte ich nur wenig. Wenn wir mit unserem Goggomobil sonntagnachmittags einen Ausflug zu den anderen Großeltern machten, lag er meist krank im Bett. Vater erzählte, dass er ein schweres Leben gehabt hätte und dass er ein Spätheimkehrer sei. Da ich nicht wusste, was ein Spätheimkehrer war, nahm ich mir vor, meinen richtigen Großvater danach zu fragen. Der erklärte mir, dass die Russen einen großen Teil ihrer Kriegsgefangenen nach Kriegsende einfach nicht nach Hause geschickt hätten. Deshalb sei unser Kanzler Adenauer nach Moskau gefahren und habe dort erklärt, dass er so lange da bleiben würde, bis man ihm die deutschen Gefangenen mitgäbe. Das habe gewirkt, und so seien zehn Jahre nach Kriegsende etwa 10.000 arme Burschen wieder in ihre Heimat gekommen. Allerdings wären viele der deutschen Soldaten sehr krank geworden in der russischen Kriegsgefangenschaft, wie auch der andere Großvater, der es dem alten Fuchs Adenauer verdankte, dass er die Heimaterde in diesem Leben noch einmal wiedergesehen habe. Großvater, der normalerweise kein

Mann vieler Worte war, führte weiter aus, dass deshalb jeder auch nur halbwegs anständige deutsche Mensch den Adenauer wählen müsse.

Mutter fuhr nicht oft mit zu den anderen Großeltern, da sie, nicht selten, über lange Zeiträume mit ihrer Schwiegermutter verstritten war. Aber auch mein Bruder Edgar blieb fast immer zu Hause bei seiner Lieblingsoma. So kam es, dass häufig nur Vater und ich in dem kleinen grauen Auto saßen. Vater war trotz oder gerade weil Mutter nicht dabei war stets gut gelaunt. Er sang lauthals „Rote Lippen soll mal Küssen ..." oder „Cindy oh Cindy, dein Herz muss nicht traurig sein ..." und ich machte Possen dazu. Diese beiden Schlager schien er sehr zu mögen, denn er stimmte sie immer wieder von Neuem an. Aber auch Freddy Quinn hatte er in seinem Repertoire, und so wechselte er manchmal zu „Fährt ein weißes Schiff nach Hongkong ..." Mit diesen fröhlichen Klängen kamen wir dann im Nachbardorf bei den anderen Großeltern an.

Ein Mal war alles anders, denn mein Bruder Edgar war ausnahmsweise mit von der Partie und der andere Großvater lag einmal nicht kränkelnd im Bett. Zuerst drückte uns die andere Großmutter zur Begrüßung so kräftig an ihren mächtigen Busen, dass uns die Luft wegblieb. Daraufhin konnte sie sich gar nicht mehr darüber beruhigen, wie viel Edgar und ich in der Zwischenzeit wieder gewachsen waren.

Nach diesem Empfang begaben wir uns alle in die gute Stube und aßen Kuchen. Wir Kinder tranken dampfend heißen Kakao und die Erwachsenen Kaffee mit Kondensmilch. Der andere Großvater schlürfte seinen Kaffee geräuschvoll aus einer grauen verbeulten Blechtasse. Ich konnte mir nicht verkneifen zu fragen, warum er denn nicht wie wir aus den schönen Porzel-

lantassen mit dem blauen Veilchenmuster trank. Er antwortete, dass mich vorwitzige Göre das zwar nichts angehen würde, aber das sei seine Tasse, die er aus der russischen Kriegsgefangenschaft mitgebracht habe, und er würde den Rest seines Lebens nur noch aus dieser Blechtasse trinken.
Irgendwie hatte ich immer das Gefühl, dass der andere Großvater mich nicht leiden konnte. Als ich noch kleiner war, hatte ich sogar Angst vor ihm. Denn einmal schimpfte er mich mächtig aus. Die andere Großmutter hielt nämlich in einem kleinen Stall ein paar Ziegen. Diese Tiere stellten ihr Heiligtum dar. Sie erzählte stets voller Stolz, dass sie während der schlechten Zeiten ihre drei Söhne nur durchgebracht hätte, weil sie Ziegenmilch und Ziegenkäse gehabt hätte. Wenn sie es gut mit mir meinte, drängte sie mir ein Brot auf, das dick mit Ziegenkäse belegt war, der so bitter wie roher Rhabarber schmeckte. Selbst wenn ich mich zwingen wollte, dieses Brot zu essen, es ging nicht. So hatte ich mir angewöhnt, die Scheibe Brot still und heimlich auf den kleinen Misthaufen hinter dem Haus zu werfen. Einmal erwischte mich der andere Großvater dabei. Er schnappte mich am Arm und zog mich so fest an den Zöpfen, dass es höllisch wehtat. Wütend schrie er, dass er im Krieg vor Hunger nachts von Brot geträumt habe und dass ich verwöhnte Göre vor nichts Achtung hätte. Zum Schluss drohte er, wenn er noch einmal sehe, dass ich Brot wegwerfe, würde er mir den Arsch kräftig versohlen. Eine Zeit lang war meine Furcht so groß, dass ich das abscheuliche Brot tatsächlich irgendwie herunterwürgte.

An diesem Besuchssonntag nun waren wir noch nicht ganz fertig mit Kakao und Kuchen, als der andere Großvater meinen

Bruder Edgar an die Hand nahm und mit ihm die Stube verließ. Neugierig lief ich hinter den beiden her und sah, dass der andere Großvater ein leuchtend grünes Kinderfahrrad aus der Scheune holte. Mit Stolz in den Augen sagte er zu Edgar: „Das habe ich für dich gekauft, ein richtiger Junge braucht doch ein Fahrrad." Mir blieb fast die Spucke weg. Das konnte doch nicht wahr sei! Ich schwärmte schon seit längerer Zeit für solch ein wunderbares Gefährt, und mein Bruder bekam es gerade einfach geschenkt.

Das Fahrrad blitzte in seiner herrlichen grünen Farbe in der Sonne. Mir war der Appetit auf Kuchen und Kakao gründlich vergangen. Als wir wieder in der Stube saßen, aß ich aus Trotz keinen Bissen mehr und sprach auch kein einziges Wort. Der andere Großvater wollte mich trösten und sagte, dass Buben ein Fahrrad doch viel besser brauchen könnten als Mädchen, die sollten lieber stricken und häkeln lernen. Das leuchtete mir überhaupt nicht ein, wie konnte Großvater nur auf so etwas Blödes kommen?

Das grüne Fahrrad sollte der zukünftige Zankapfel zwischen mir und meinem Bruder werden. Immer dann, wenn Edgar das Rad aus dem Schuppen holte und sich darauf setzte um loszuradeln, hielt ich ihn mit meiner ganzen Kraft am Gepäckträger fest, sodass er nicht fahren konnte. Daraufhin schrie er, ich solle sofort loslassen, sonst würde ich mir ein paar saftige Backpfeifen einhandeln. Das war mir auch egal, wenn ich schon kein Fahrrad hatte, konnte er mich ruhig auch noch verhauen. Als Mutter die ständigen lauten Streitereien auf dem Hof leid war, entschied sie, dass das Rad gemeinsam genutzt werden sollte. Nun aber ging der Kampf erst richtig los, denn wenn ich fahren wollte, wollte Edgar auch gerade fahren, und wenn er fahren wollte, dann wollte ich auch. Wir stritten ständig über das glänzende grüne Fahrrad. Edgar zog mich, wann immer er konnte, an den Zöpfen, und ich wehrte mich auf meine Art. Edgar war mir zwar kräftemäßig überlegen, aber ich hatte meine eigene Art zu kämpfen. Ich kratzte, biss und spukte, wenn wir unsere geschwisterlichen Gefechte austrugen.

Selbst am Essenstisch attackierten wir uns gegenseitig. Trat ich ihn unter dem Tisch gegen sein Schienbein, so verpasste er mir eine Ohrfeige, woraufhin ich lauthals zu weinen begann. Meine Tat unter dem Tisch blieb den Erwachsenen verborgen, aber Edgar bekam nach solchen Attacken eine Ohrfeige von Mutter und die Order, „die Kleine“, wie sie mich auf Grund meiner späteren Geburt nannte, in Ruhe zu lassen, sonst würde es etwas mit dem Kochlöffel setzen.

Im Endeffekt erwies ich mich als die Stärkere in diesem Ringen um das heiß begehrte Vehikel, denn ich verfügte über weibliche Raffinesse und bedeutend mehr psychische Ausdauer als Edgar. Das Ganze ging so lange hin und her, bis mein Bruder die Lust an dem Rad gänzlich verlor und ich fahren konnte, wie es mir beliebte. So kam ich zu meinem ersten Fahrrad.

Samstagabend

Der Samstag war der Tag des Badens. Am frühen Abend schleppte mein Vater eine große Zinkwanne in die Küche. Zudem wurde ein ordentliches Feuer im Ofen entfacht und große emaillierte Töpfe mit Wasser für das Bad erwärmt. Später, wenn Mutter uns Kinder in der Wanne abschrubbte, saß Großmutter mit einem Stapel alter Tageszeitungen und einer scharfen Schere am Küchentisch. Ihr sonnabendliches Ritual bestand darin, die Zeitung in Klopapier zu verwandeln. Konzentriert schnitt sie die großen Zeitungsblätter zu kleinen Vierecken zurecht. Vor ihr auf dem Tisch stand Großvaters monströser Locher, mit welchem sie zum Schluss die zurechtgeschnittenen Zeitungsblätter sorgfältig lochte, um sie an einer Kordel aufzuziehen. Diese Fabrikation hängte sie dann im Toilettenhäuschen an einen Haken, sodass man sich die Blätter bei Bedarf abreißen konnte.

Großmutter und Mutter bestanden darauf, dass, wenn Edgar oder ich nackt in der Wanne saßen, wegen der Zugluft keiner zur Küchentür herein- oder herausgehen durfte. Sie hatten Angst, dass wir Kinder uns erkälten könnten. Großvater jedoch hielt sich nicht an solche Anweisungen, die er sowieso für absoluten Blödsinn hielt, und so lief er durch die Küche, wie es ihm passte. Da er die Akten seiner Versicherungsagentur in der Speisekammer in einem alten ausgedienten Küchenschrank aufbewahrte, musste er, um an diese heranzukommen, die Küche durchqueren. Es verging kein Samstagabend, an dem Großvater nicht mit seinen derben Stiefeln mindestens zweimal während des Badevorganges durch die Küche zu seinem Aktenschrank schlürfte. Daraufhin schimpften die Frauen Zeter und Mordio hinter ihm her und prophezeiten, dass er die Kinder damit noch umbringen werde. Diese Schimpftiraden gehörten genauso zum sonnabendlichen Baderitual wie das warme Wasser.

Mir waren diese Querelen völlig egal, und obwohl Mutter uns recht derb einseifte und abwusch, genoss ich das Wannenbad in vollen Zügen. Ich planschte vor Vergnügen dermaßen, dass das Wasser durch die ganze Küche spritzte und Mutter zum

Schluss völlig durchnässt dastand. Die Erwachsenen badeten erst spätabends hintereinander. Zuletzt, wenn alle anderen im Bett lagen, stieg Großvater in die Wanne. Er hatte panische Angst, dass ihn jemand nackt sehen könnte. Ich hörte einmal, wie Vater sich darüber lustig machte, dass die abenteuerliche Stellage, mit welcher Großvater zwei große Wolldecken vor der Zinnwanne aufhängte, zusammengekracht war und den Alten, wie Vater ihn nannte, in der Wanne fast erschlagen hätte. Vater spottete, das wäre nur passiert, weil der Alte so ein Gedöns um sein ehrenwertes Teil machen würde. Dabei könne das doch wirklich nichts besonders sein.

Ich selbst habe weder meine Großmutter noch meinen Großvater auch nur ein einziges Mal nackt oder auch nur teilweise bekleidet gesehen. In Bezug auf ihre Körperlichkeit lebten meine Großeltern ein sehr strenges Reglement. Diese Einstellung entsprach zum einen der Zeit und zum anderen aber auch ihrer dörflichen Prägung.

Besonders Großvater legte Wert auf eine strenge Kleiderordnung, denn für ihn hatte seine Bekleidung etwas mit seiner Würde zu tun. Nie war er schlampig oder nachlässig angezogen. Selbst im Hochsommer, wenn die Sonne heiß vom Himmel brannte, kam es ihm nicht in den Sinn, so etwas wie kurze Hosen zu tragen. Ein dermaßen unvollständiges Kleidungsstück hätte sein Ehrgefühl verletzt. Selbst im hohen Alter legte Großvater noch großen Wert auf korrekte Kleidung. Höchstwahrscheinlich würde er sich im Grab herumdrehen, wenn er sehen könnte, in welch lächerlichem Aufzug manch ein älterer Herr heutzutage herumläuft.

Großvater achtete Zeit seines Lebens pedantisch darauf, dass Großmutter jeden Montag seinen guten Sonntagsanzug sorgfältig ausbürstete und aufbügelte. Nachdem er sonntagmorgens in der Frühe sein Vieh versorgt hatte, nahm er sich die Zeit, gemütlich einen Bohnenkaffee zu trinken und ein oder zwei Honigbrote dazu zu verspeisen. Dann begann er sich für den Kirchgang herzurichten. Er erklärte mir einmal, dass es von Wichtigkeit sei ordentlich angezogen zu sein, wenn man in das Haus des Herrn ginge.

Das Prozedere begann, indem er seine schwarzen Stiefel mit einem alten Lappen auf Hochglanz brachte. Daraufhin verschwand er in der Schlafkammer und kam nach einer Weile in seinem dunklen Anzug wieder heraus, zu dem er ein weißes Hemd mit hochstehend gestärktem Kragen trug. So feierlich aussehend marschierte er dann in die Wohnstube. Dort, über dem Kanapee, hing ein monströser Spiegel, vor dem er seine schwarze Krawatte band. Großvater war sehr penibel mit dem Knoten, fiel dieser nicht zu seiner Zufriedenheit aus, so konnte es vorkommen, dass er den Vorgang unzählige Male wiederholte. Zum Schluss steckte er seine goldene Taschenuhr in ein Täschchen seiner Anzugweste. Mich faszinierte die goldene, glänzende Kette dieser Uhr, die quer über seinen Bauch in die Westentasche führte. Zu guter Letzt rief er nach seiner Frau, damit sie ihm ein frisches weißes Taschentuch brachte, und setzte dabei bereits seinen breitkrempigen Hut auf seine Glatze. Meine Großmutter ging nie mit in die Kirche, weil sie das Sonntagsessen kochte. Wenn sie mal jemand darauf ansprach, sagte sie: „Der Konrad betet für uns beide."

In unserer kleinen Dorfkirche waren Männer und Frauen streng von einander getrennt. Die Mannsbilder saßen oben auf der sogenannten Herrenbühne und die Weibsbilder unten im Raum, wo auch wir Kinder saßen. Oft blickte ich verstohlen zu

Großvater hoch und sah, wie würdevoll er die Kirchenlieder mitsang. Ich dachte mir, dass doch alle anderen Kinder neidisch auf meinen Großvater sein müssten. Gingen wir beide auf dem Heimweg nebeneinander her durch das Dorf, so platzte ich fast vor Stolz. Großvater stellte etwas dar. Eigentlich war ich irgendwie richtig verliebt in ihn. So wie Großvater sollte mein späterer Mann einmal sein und auch aussehen.

Onkel Hugo der Trunkenbold

Es war zur Mittagszeit, die Sonne brannte heiß vom Himmel, fröhlich hüpfend verließ ich das kleine Schulgebäude unseres Dorfes, der braune Lederranzen wippte auf meinem Rücken hin und her. Ich freute mich auf das Mittagessen, Großmutter hatte mir meine Lieblingsspeise, rohe Kartoffelklöße mit Specksoße, versprochen. Das kam selten vor, denn „ihr Bub", mein Bruder Edgar, mochte dieses Essen nicht. Beständig wünschte er sich Süßspeisen wie Milchreis mit Zucker und Zimt, süße Nudeln oder gebackene Waffeln mit Obst. Wegen dieser Vorliebe nannte ich ihn, wenn ich ihn ärgern wollte, „Zuckerbübche". Wenn er mich zu fassen bekam, kassierte ich so manche Ohrfeige für diesen Spitznamen. Sein eigentlicher Ärger bestand darin, dass die Kinder in der Schule ihn, von mir übernommen, auch bald „Zuckerbübche" riefen. Jedenfalls stellten diese zuckerigen Gerichte für mich kein richtiges Mittagessen dar. Großvater sah dass auch so, denn er pflegte zu sagen, dass dieser Kram nicht vorhalten würde und er bereits nach einer Stunde wieder Hunger wie ein Ochse hätte.
Schon als ich unser Haus betrat, hörte ich im Flur aufgeregte

Stimmen aus der Küche. Neugierig spitzte ich meine Ohren und eilte an den Ort der erhitzten Stimmung. Großmutter stand mit ihrer blaugestreiften Arbeitsschürze und Knödelteig in den Händen vor dem wuchtigen Küchentisch. Sie schalt und zeterte unter Aufwendung all der ihr zur Verfügung stehenden Schimpfworte. Mit einem Mal verlegte sie sich aufs Jammern: „Hätte unsere Ilse damals doch bloß auf mich gehört und den Sohn vom Finken Bauern geheiratet. Nun haben wir den Ärger mit dem dicken Faulenzer aus der Stadt.“ Ich begann zu ahnen, wem die wüsten Beschimpfungen wie „Dummsäufer“ und „unwürdiger Nichtsnutz“ galten, nämlich meinem Onkel Hugo. Mutter, Tante Herminchen und sogar Großvater standen um die wütende, knödelformende Großmutter herum und regten sich ebenfalls auf. So langsam, Stück für Stück kam ich hinter die Ursache für den großen Aufruhr. Mein Onkel Hugo hatte gestern Abend nach der Singstunde seines Gesangvereins ordentlich tief ins Glas geschaut und sich restlos betrunken hinter das Steuer seines neuen, von meinen Großeltern bezahlten Kleinwagens gesetzt und so einen Verkehrsunfall verursacht. Als die Polizei ihn festnehmen wollte, hatte er die Beamten beleidigt und wild um sich geschlagen, sodass er die Nacht in der Ausnüchterungszelle verbringen musste. Nun stand ihm wohl eine Anklage wegen Trunkenheit am Steuer und Widerstands gegen die Staatsgewalt ins Haus. Außerdem war der schöne Wagen kaputt und somit das gute Geld meiner Großeltern futsch. Da wir keinen Telefonapparat besaßen, hatte meine Tante Ilse in der Dorfwirtschaft angerufen und weinend das Geschehene berichtet. Die Wirtin Elfriede hatte es meiner Großmutter kurz drauf ausgerichtet. Nun fühlte meine Großmutter sich auch noch im ganzen Dorf blamiert. Sie klagte, dass auf Grund der

Geschwätzigkeit von Elfriede nun ein jeder von der Geschichte erfahren würde. Daraufhin verzog Großvater das Gesicht und sagte: „Die sollen doch alle erst einmal vor ihrer eigenen Türe kehren." Zudem legte er beruhigend seine Hand auf Großmutters Schulter. Doch seine Frau war nicht zu beschwichtigen, ganz im Gegenteil. Sie schaute zu ihm hoch und stellte fest: „Du bist an allem schuld!" „Wieso denn ich? Was habe ich denn damit zu tun?", fragte Großvater nun völlig perplex. Sie holte tief Luft und kreischte: „Sie war deine Lieblingstochter, und du hast ihr ja immer alles durchgehen lassen." Großvater entgegnete: „Das gehört hier jetzt nicht her." Und nach einem kurzen Augenblick verkündete er: „Aber eins steht fest, ich werde diesem versoffenen Subjekt von Schwiegersohn von meinem guten Geld kein Auto mehr kaufen." Mit diesen Worten verließ er mit festen Schritten die Küche.

Wie meine Großeltern schon richtig vermutet hatten, wurden sie von ihrer Tochter Ilse gefragt, ob sie nicht eine Kuh oder ein Schwein verkaufen könnten, um etwas Geld für ein neues Auto beizusteuern. Dieses Anliegen schaffte erneut Aufregung in unserer bäuerlichen Küche, in der alle auftretenden Probleme abgehandelt wurden. Großvater bekräftigte, dass er einen Teufel tun werde, um diesem Nichtsnutz von Schwiegersohn den Kauf eines Autos zu ermöglichen. Er benötige sein Geld sowieso für den Bau eines neuen Hühnerstalls und nicht, um die Sauforgien dieses städtischen Faulenzers zu unterstützen. Außerdem sei auch er von Anfang an gegen eine Heirat mit diesem „Pfeifenkopf" gewesen. Großmutter war es dann, die zum Telefonieren in die Wirtschaft ging, um ihrer Tochter Ilse eine Absage samt ein paar warmen Worten zu übermitteln.

So kam es, dass ein paar Tage später der wohlbeleibte Anton

von der Post in unser Haus schritt und meiner Großmutter eine Geldüberweisung über den Betrag von einem Pfennig in die Hand drückte. Anton hatte offensichtlich seine Freude an der Überreichung dieser außergewöhnlichen Geldsendung. Er grinste meine Großmutter dreist an und sagte: „Na Lina, da haste aber einen frechen Schwiegersohn in der Stadt, der will dir mit dem Pfennig wohl zeigen, für wie geizig er dich hält." Großmutter konnte sich gut vorstellen, dass der Anton die Geschichte nun mit einem spöttischen Lächeln in seinem breiten Gesicht überall im Dorf herumerzählen würde. Sie wusste sehr wohl, dass Anton alle Postkarten las, und es hier im Ort eigentlich kein Postgeheimnis gab. Da er überaus geschwätzig war, hatte er von daher immer neuen Gesprächsstoff zu bieten. Eigentlich hatte auch sie selbst schon an seinem nicht rechtmäßig erworbenen Wissen teilgehabt. Nun aber schämte sie sich bereits bei der Vorstellung, dass diese Geschichte jeder im Dorf erfahren würde, in Grund und Boden. Ja, sie würde zum Gespött des neusten Tratsches werden. Am liebsten wäre sie in ein Mauseloch gekrochen und nicht mehr herausgekommen. Diese Übeltat würde sie ihrem Schwiegersohn Hugo nie verzeihen.

Großvaters verleugneter Bruder

Ich saß in unserer gemütlichen, mollig warmen Wohnküche und machte missmutig meine Schulaufgaben. Draußen goss es in Strömen. Großmutter stand, wie meist, in ihrer blauen Arbeitsschürze am Herd und kochte das Mittagessen. Der köstliche Duft von gebratener Wurst lag über dem Raum. Da ich mit einer kniffeligen Rechenaufgabe nicht weiterkam, schaute ich, am oberen Ende des Bleistifts kauend, aus dem Fenster und überlegte, was es an so einem verregneten Nachmittag zu unternehmen gäbe. Gerade als Großmutter mich anherrschte, ich solle nicht träumen, sondern endlich meine Schulaufgaben fertig machen, ging mit einem kräftigen Stoß die Küchentüre auf. Wie ein Pfeil schoss unsere Nachbarin Marga tropfnass in unsere behagliche Wohnküche. Ihr plötzliches Eintreten hatte Großmutter zusammenfahren lassen. Erschrocken schimpfte sie: „Anständige Leute klopfen an, bevor sie irgendwo eintreten.“ Ohne zu reagieren, ließ Marga sich auf einen Stuhl plumpsen. „Lina, du wirst es nicht glauben“, begann sie in aufgeregtem Ton zu stammeln: „Er lebt! Er lebt!“ „Was ist los?“, fragte Großmutter. „Bist du jetzt verrückt geworden?“ „Mein Theo, der hat den Bruder vom Konrad in der Kreisstadt gesehen.“ Mit einem Mal wich alle Farbe aus Großmutters Gesicht, und ganz langsam ließ sie sich ebenfalls auf einen Stuhl fallen. Der Stampfer, mit welchem sie gerade die Kartoffeln bearbeitete, damit sie zu Brei wurden, fiel ihr aus der Hand auf den Küchenboden. Mit leiser Stimme wollte sie wissen: „Ist der Theo sicher, dass er es auch wirklich war?“ „Ja, ja, der Theo hat ihn ganz genau erkannt“, erwiderte Marga immer noch im stark erregten Tonfall.

Irgendetwas stimmte hier nicht, Großvater hatte doch gar keinen Bruder! Meine Ohren vibrierten geradezu vor Neugierde. Nun versprach dieser langweilige Regentag doch noch interessant zu werden. Marga rief nun, mit einem Jammern in der Stimme, aus: „Sie hätten die Männer damals nicht erschießen dürfen. Das war nicht richtig.“ Großmutter entgegnete immer noch kreidebleich: „Was ist im Krieg schon richtig oder falsch?“ „Trotzdem“, beharrte Marga, „sie hätten es nicht tun dürfen.“

Erneut öffnete sich die Küchentür, und Großvater betrat mit seinen riesigen Gummistiefeln den Raum, von der abgewetzten Lederschirmmütze kullerten vereinzelte Wassertropfen. In der Hand trug er einen Blecheimer. Er schlurfte zum Herd, nahm die Kelle, die vorne herunterbaumelte, um aus dem Schiff, so nannten wir den im Herd eingebauten Behälter, in welchem sich ständig warmes Wasser befand, eifrig Wasser in den Eimer zu schöpfen. Dabei drehte er sich um und blickte auf seine Frau und Marga, welche ihn schweigend anstarrten. „Na, was hat euch beiden Grazien denn die Sprache verschlagen? Ich dachte, das gibt's gar nicht!", bemerkte er schmunzelnd. Gerade als Großmutter den Mund öffnen wollte, um etwas zu sagen, beeilte sich Marga, ihr mit der Neuigkeit zuvorzukommen. Einem Aufschrei gleich artikulierte sie: „Konrad, Konrad! Dein Bruder lebt!" Man konnte die Luft im Raum förmlich knistern hören. Großvater schluckte und blickte auf mich. „Nicht vor dem Kind", schnaubte er.

So war es meistens: Wenn es richtig spannend wurde, durfte ich nicht dabeibleiben. Als Großvater mich aus der Küche schickte, hörte ich bereits im Gehen, dass er wütend erwiderte: „Ist mir egal, von dem will ich nichts mehr wissen!" Geräuschvoll ließ ich die Türe ins Schloss fallen, blieb jedoch ganz dicht dahinter stehen, um zu horchen. Großvater redete so laut und aufgebracht, dass ich jedes einzelne Wort verstehen konnte. Seine Stimme überschlug sich, als er brüllte: „Für mich ist und bleibt der Hermann ein brutaler Mörder!" In noch zornigerem Ton schnauzte er durch die Küche: „Ich verbiete euch beiden Schwätzweibern in meinem Haus von ihm zu reden! Habt ihr denn nichts zu arbeiten?"

Just in diesem Moment riss er mit einem gewaltigen Ruck die

Küchentür auf, hinter welcher ich angespannt lauschte. Das Gleichgewicht verlierend stürzte ich geradewegs auf den Bauch. So lag ich dann in einer Pfütze warmen Wassers, welches Großvaters Eimer entstammte, und blickte zu seiner übermächtig großen Gestalt auf. Als er mich so am Boden liegen sah, wurden seine Gesichtszüge mit einem Mal ganz weich. Er lächelte mich an. Dabei reichte er mir seine starke Hand, die sich rau anfühlte, und zog mich auf die Beine. Dann sagte er: „Komm nachher mal zu mir in den Stall." Bedächtig fügte er hinzu: „Es ist wohl doch besser, wenn ich es dir erzähle, als wenn du es irgendwann einmal von fremden Menschen erfährst."

Als ich später, wieder in trockener Montur, in den Stall kam, striegelte Großvater seine Lieblingskuh Lisa dermaßen heftig, dass sie nicht entzückt wie sonst bei dieser Behandlung dreinschaute, sondern widerwillig mit den hinteren Hufen aufklopfte. So erregt hatte ich meinen Großvater bisher nur selten erlebt. Er deutete auf die an der Wand gestapelten Strohballen und befahl mir: „Setzt dich da mal hin und sei still." Erst nach einem geraumen Zeitraum begann er zu erzählen.
Mit belegter Stimme berichtete er: „Weißt du, auch ich hatte einen älteren Bruder. Wir haben uns als Kinder mindestens so oft gestritten wie du und dein Bruder. Nur als wir erwachsen wurden, hat es nicht aufgehört. Wir waren einfach zu verschieden. Der Hermann mochte das Laute, Wilde und ich bevorzugte die Stille. Mir hat schon, seit ich denken kann, vor jedem Radau gegraut." Nach einem erneuten Moment des Schweigens strich Großvater mir unbeholfen über das Haar und sagte in einem eindringlichen Tonfall: „Kind! Achte in deinem Leben auf die leisen Töne und hüte dich vor allem Krawall. Denn der Kra-

wall war es auch, der den Hermann in Teufels Küche gebracht hat.“ Mit den Beinen gegen die Strohballen baumelnd, hörte ich meinem Großvater in gespannter Erwartung zu. „Im Gegensatz zu meinem Bruder“, fuhr er fort, „habe ich mich immer aus der Politik herausgehalten. Ging er zu Versammlungen der großmäuligen Nazipartei, so ging ich lieber zum Gottesdienst. Und je größer die Nazis in Deutschland wurden, umso größer wurde der Hermann im Dorf. Mit einem Mal war er Ortsgruppenleiter. Nun lief er in Uniform herum und nahm sich ungemein wichtig. Grüßte man ihn mit ‚Guten Tag‘, so schrie er: ‚Das heißt jetzt Heil Hitler!‘ Ab und an kam er auf den Hof, um mich zu überreden, auch in seiner Partei Mitglied zu werden. Er sagte, dass sei die Zukunft, um die auch ich auf Dauer nicht herumkommen würde. Ich aber weigerte mich inständig, einem Haufen brüllender und saufender Männer beizutreten. Auch redete der Hermann auf mich ein, dass ich meine Zeit nicht mehr in der Kirche verplempern solle, denn es gelte jetzt, für das deutsche Volk zu wirken. Zugegebenermaßen war die Kirche seinerzeit tatsächlich sehr leer geworden. Leider gingen nur noch wenige Menschen dorthin. Offensichtlich brauchten sie Gott nicht mehr. Stell dir vor, als deine Mutter konfirmiert wurde, deren Patenonkel der Hermann nun mal war, ist der Kerl nicht einmal zum Festgottesdienst mitgekommen. Ich sehe ihn noch heute vor mir“, erinnerte sich Großvater weiter, „wie er spöttisch lachend in seiner braunen Uniform mit gewienerten, in der Sonne glänzenden Stiefeln auf unserem Hof stand, als wir an diesem Tag aus der Kirche nach Hause kamen, und rief: ‚Na, seid ihr bei eurem himmlischen Führer gewesen? Haltet es lieber mit meinem Führer, der ist wirklich und sorgt hier auf dieser Welt für uns Deutsche.‘ An diesem Tag war

es auch, an dem der endgültige Bruch zwischen uns stattfand. Spätabends, als bereits einige Kornschnäpse getrunken worden waren und der Hermann immer lautstärker die Parolen seiner Nazipartei verkündete, fragte ich ihn einfach nur, was denn das alte Ehepaar aus der Zettelgasse, das schon seit ewigen Zeiten friedlich im Dorf lebte, seinen Nazifreunden getan hätte, das es rechtfertige, dass die beiden freundlichen Leutchen nachts von einem Haufen grölender Männer aus dem Haus geholt, auf einen Lastwagen geladen und weggebracht worden seien."
Großvater striegelte mittlerweile die alte Kuh Lena, die direkt neben Lisa stand, und erzählte weiter. Daraufhin sei sein Bruder vor Wut schnaubend aufgesprungen und habe geschrien, dass er wohl gar nichts verstanden habe von dem neuen Geist, der jetzt in Deutschland herrsche.
Es sei an diesem Konfirmationsabend noch hochhergegangen zwischen ihnen, bis der Hermann letztendlich mit feuerrotem Kopf und hervorstehenden Augen verkündet habe, dass er in seiner Position nicht im Haus eines Judenfreundes verkehren könne. Laut polternd und schwankend, die vielen Schnäpse zeigten ihre Wirkung, sei er an diesem Konfirmationsabend wütend aus Großvaters Haus gestürzt. Nur einmal noch, ein einziges Mal, gegen Ende des Krieges, sei er gekommen, um Großvater zu warnen. Hermann hatte den Namen seines Bruders auf einer Liste von politischen Gegnern der Nazis gesehen, welche in nächster Zeit festgenommen werden sollten.
Großvater holte tief Luft und fuhr mit belegter Stimme fort: „Bereits ein paar Tage später passierte dann die schlimme Geschichte mit den Amis. Aus einem getroffenen amerikanischen Flieger waren zwei Mann Besatzung mit Fallschirmen abgesprungen und unversehrt auf dem freien Feld des Nach-

bardorfes gelandet. Direkt vor den Augen der erschrockenen Bauern, die gerade auf dem Acker arbeiteten. Die Männer standen noch nicht richtig auf ihren Füßen, da bedrohten die Bauern sie bereits mit ihren Mistgabeln. Sie brachten die beiden amerikanischen Soldaten zu ihrem Ortsgruppenleiter. Dieser telefonierte den Hermann an und bestellte ihn in seine Amtsstube. Was sich in der Amtsstube zutrug, weiß ich von einem Bauern, der damals dabei war", erklärte Großvater mit einem Räuspern. „Dort haben sie beraten, was mit den Gefangenen zu tun sei. Alle waren sehr aufgebracht, denn gerade ein Woche vorher war unglücklicherweise ein Zug von Tieffliegern beschossen worden. Dieser Zug war voll besetzt gewesen mit ganz jungen Burschen aus den umliegenden Dörfern, welche man noch zum Volkssturm beordert hatte und mit dem Zug an die Front befördern wollte." Großvater erklärte mir: „Weißt du, der Volkssturm, das waren alte Männer und Buben, die zum Schluss, als eh bereits alles verloren war, noch mobil gemacht wurden. Als ob in Deutschland noch etwas zu retten gewesen wäre." Großvater sinnierte und berichtete weiter: „Nun, angesichts dieses schrecklichen Geschehens, auf Grund dessen viele Häuser den Tod eines Buben zu beklagen hatten, war die Wut der Menschen in dieser Amtsstube damals groß. So beschlossen sie, die beiden amerikanischen Flieger als Rache für die eigenen Kinder umzubringen. In dem nahegelegenen Kammer-Wäldchen schossen der Hermann und sein Amtskollege Otto gleichzeitig auf die armen Kerle. In diesem Wäldchen haben sie dann auch die Leichen begraben. Aber das Leben ist gerecht", stellte Großvater, sich selbst mit einem eifrigen Kopfnicken zustimmend, fest. „Denn die Kriegsgefangenen, die im Dorf zum Arbeitsdienst eingeteilt waren, haben die Sache spitzgekriegt, und als der Krieg ein paar Wochen später zu Ende ging und die Alliierten ins Land kamen, haben sie diesen von dem schlimmen Verbrechen berichtet. Mein Bruder Hermann, der schon immer einen Riecher dafür hatte, wenn es brenzlig für ihn wurde, ist damals bei Nacht und Nebel mit dem Fahrrad geflüchtet. Sein Amtskollege Otto jedoch war nicht so schnell, und er und seine ganze Familie haben für die Tat büßen müssen. Aber das ist so schrecklich, dass ich es dir gar nicht erzählen mag", verkündete Großvater und endete abrupt. Aber natürlich wollte ich alles wissen! Und so bettelte ich: „Bitte, bitte, Großvater, es ist wirklich nicht gerecht, wenn du die Geschichte nicht zu Ende bringst." Großvater schwieg einen Moment, er schien nachzudenken. Dann sagte er: „Na ja, irgendwie hast du ja recht, und es schadet nicht, wenn du beizeiten weißt, zu was Menschen so alles fähig sind."

Schleppend fuhr er daraufhin fort: „Die Amerikaner ließen Otto und seine Familie mit bloßen Händen die Leichen der beiden Fallschirmspringer ausgraben."

„Und dann?", wollte ich mit offen stehendem Mund und großen Augen wissen. „Ja, dann", sagte Großvater nun mit ganz leiser Stimme, sodass man es kaum hören konnte, „haben sie die Leichen ins Haus von dem Otto gebracht, auf den Esstisch gelegt und die gesamte Familie, auch die Kinder und alten Großeltern, gezwungen, eine Nacht lang bei den Leichen am Tisch zu sitzen."

Zu dieser entsetzlichen Schilderung nahm er meine kleine Hand in seine raue Pranke und streichelte ganz sanft darüber. Mit aschfahlem Gesicht stellte er abschließend fest: „Wie du siehst, sind sie im Endeffekt alle nicht viel besser."

Obwohl Großvater nun so sorgenvoll wirkte, fragte ich noch:

„Und was ist mit dem Otto passiert?"
„Den Otto haben Sie als Kriegsverbrecher verurteilt und für lange Jahre ins Gefängnis gesperrt. Ja, und von meinem Bruder Hermann habe ich nie wieder etwas gehört."

Herbst

Bäumte sich die Natur im Herbst vor dem langen Winter noch einmal so richtig auf und zeigte ihre schönsten Farben, galt es, die späten Früchte zu ernten und für den nahen Winter einzuwecken. Für mich war „Birnen" das Zauberwort dieser Jahreszeit. Dicke gelbe Birnen liebte ich über alles. Sie mussten aber ganz reif, fast schon überreif sein, sodass einem beim Hineinbeißen der honigsüße Saft an den Mundwinkeln herunterlief.
Der größte Birnbaum unseres Dorfes befand sich an einem kleinen Hügelchen direkt gegenüber dem Schulhaus. Standen die Fenster unseres Schulzimmers offen, so nahm das betörende Aroma der Birnen fast den ganzen Raum ein. Waren die Stunden der Qual des Lernens zu Ende, das gemeinsame Gebet gesprochen und im Chor ein „Auf Wiedersehen, Herr Lehrer" gemurmelt, rannte ich so schnell meine Füße mich trugen den kleinen Hügel hinauf.
Das war gar nicht so ungefährlich, denn der Baum hatte bereits eine Unmenge überreife Früchte abgeworfen, und so schwirrten scharenweise Bienen auf der Wiese um das zermatschte Fallobst herum. Zum Glück war ich nicht so empfindlich wie mein Bruder Edgar, der immer sofort von allem gestochen wurde, was herumflog. Deshalb war Großmutter im Sommer auch ständig damit beschäftigt, irgendeinen Insektenstich bei

ihrem Zuckerbübchen mit Essig oder sonst einem ihrer alten Hausmittel zu behandeln.
Oben beim Birnbaum angekommen, füllte ich die breite Tasche, die sich quer über die gesamte blaukarierte Schulschürze zog, randvoll mit dicken Birnen. Ganz gegen meine sonstige Art bewegte ich mich behutsam in Richtung unseres Hofes, um auch ja keine von den Früchten zu zerdrücken. Als ich mich im Gehen noch einmal umdrehte und einen Blick auf den mächtigen Baum warf, war es mir, als ob er sogleich unter der schweren Last seiner reifen Früchte zusammenbrechen und den kleinen Hügel herunterkullern würde.

Meine Großmutter kochte in der Herbstzeit fortwährend in einem monströsen emaillierten Topf große Mengen Pflaumenmus. Einmal, als ich ihr unbedingt helfen wollte, trug sie mir auf, das Mus mit einem großen Holzlöffel umzurühren. Dazu rückte sie mir einen Hocker nah an den Herd, auf den ich mich stellte, um überhaupt an den riesigen Topf heranzureichen. Sie ermahnte mich auch ja ordentlich umzurühren, da das gute Mus sonst anbrennen würde und die Heidenarbeit des Pflaumenentkernens ganz umsonst gewesen wäre.
Anfangs rührte ich sogar so eifrig, dass ich schwitzte, aber als unser Kater Peter in die Küche geschlichen kam, sprang ich flugs von meinem Stuhl herunter, um ihm nur schnell ein Stückchen Wurst zu geben. Der graugetigerte Bursche schmiegte sich aber so lieb an mich, dass ich begann, sein dichtes Nackenhaar zu graulen. Das gefiel ihm dermaßen gut, dass er mich immer wieder von Neuem mit seinem samtweichen weißen Schnäuzchen kräftig anstupste. So gingen wohl einige Minuten ins Land.

Bis ich dann endlich wieder auf den Stuhl hochstieg, war es aber bereits zu spät. Die Pampe war tatsächlich angebrannt und stank fürchterlich. Großmutter schalt mich mächtig aus. Sie sagte, dass ich zu nichts zu gebrauchen wäre. Das machte mich richtig traurig. Ich hatte mich doch wirklich so sehr angestrengt beim Rühren der zähen Masse. Großvater, der gerade aus dem Stall kam, um in der Küche einen Kaffee zu trinken, hielt wie so oft zu mir und sagte, dass es ihm zwar auch leid tue um das gute Zeug, aber Großmutter solle mal nachdenken, ihr sei das Pflaumenmus ja schließlich auch schon mal angebrannt. Für gewöhnlich vergaß ich meine Vergehen schnell, aber dieses Mal erinnerte mich daran der ekelerregende Geruch der verbrannten Pampe, den man im ganzen Haus noch tagelang riechen konnte. Nichtsdestotrotz ging Großmutter mit neuem Elan daran, Ersatz herzustellen – nur durfte ich ihr nicht mehr dabei helfen. Jetzt erfuhr das Pflaumenmus sogar eine geschmackliche Veränderung, denn Großmutter hatte in einer Zeitung ein neues Rezept mit Zimtstangen entdeckt.

Der einzige, der diese exotische Geschmacksrichtung nicht mochte, war Großvater. Er warf Großmutter sogar vor, dass sie das ganze Pflaumenmus versaut hätte und behauptete, dass dieser Gusto keinem anständigen Christenmenschen schmecken würde. Die Muselmänner sollten diesen Kram – Großvater nannte alles „Kram“, von dem er nichts hielt – lieber im Orient behalten, und Großmutter solle sich wieder auf die einheimischen Gewürze besinnen. Sie entgegnete ihm nur, dass seine heißgeliebten Muskatnüsse auch nicht in unserem Dorf wachsen würden.

In einem Herbst erwies sich die Pflaumenernte als so ergiebig, dass wir täglich irgendein Gericht mit den violetten, eierförmigen Früchten aßen. Ich konnte bereits keinen Pflaumenkuchen, keine Hefeknödel gefüllt mit Pflaumen oder Pflaumen-Nachtische mehr sehen.

Meine Beziehung zu diesem Obst änderte sich allerdings schlagartig, nachdem der Ortsdiener Erwin mit seiner Schelle im ganzen Dorf bekannt gegeben hatte, dass die Marmeladenfabrik in der Kreisstadt Pflaumen aufkaufen würde. Gleich danach rief Großvater mich zu sich. Er lud zwei Leitern und einige Körbe auf einen breiten Handwagen und verkündete: „Komm mit, jetzt verdienen wir beide Geld!" Großvater und ich zogen den Handwagen gemeinsam zu unserer nahe gelegenen Obstwiese. Mit der Warnung, ich solle ja nicht beim Pflücken herunterfallen, überließ Großvater mir einen eigenen Baum. Hätten das die Frauen unseres Haushaltes gewusst, er wäre sicherlich arg ausgeschimpft worden. Aber Großvater lebte nach dem Grundsatz, dass Frauen zwar alles essen dürfen, aber nicht alles zu wissen brauchen.

Die Arbeit war eigentlich gar keine richtige Arbeit, denn sie machte riesigen Spaß. Und innerhalb von nur kurzer Zeit füllten sich all unsere Körbe randvoll. Zufrieden zogen wir mit unserem Wägelchen zu dem Anwesen von Großvaters Vetter Karl. Dort im Hof stand ein großer Lastwagen der Marmeladenfabrik. Es herrschte ein reges Treiben. An verschiedenen Stellen wurden Pflaumen abgewogen. Als wir an der Reihe waren, hob Großvater die Körbe nacheinander auf die Waage. Ein Angestellter der Marmeladenfabrik rechnete unseren Verdienst aus, und als er ihn Großvater aushändigen wollte, verwies dieser auf mich und verkündete: „Diese Dame in der roten Hose

ist der Finanzminister." Das Geld in meiner Hand erschien mir wie ein kleines Vermögen, und ich platzte fast vor Stolz. Schnell wollte ich nach Hause laufen, aber Großvater hielt mich zurück und sagte: „Wir sind noch nicht fertig mit dem Arbeiten. Wir müssen noch mal auf die Wiese und ein paar Fuhren holen. Jetzt gilt es, da wird sich zusammengerissen!"
Erst spät, die Dunkelheit zog bereits auf, trudelten wir beide wieder zu Hause ein. Als ich an diesem Abend in meinem weichen Bett lag, war ich hundemüde. Auch spürte ich keinen einzigen Knochen mehr, aber ich dämmerte unermesslich zufrieden in einen tiefen Schlaf hinüber.
Am nächsten Morgen überlegte ich, ob ich den Zehn-Mark-Schein dem Vogel zum Fressen geben sollte. Mit dem Vogel meinte ich meine mechanische Spardose. Sie war mein ganzer Stolz und wie ich fand, die schönste Spardose überhaupt. Es handelte sich um ein buntes Blechvogelhäuschen mit einer seitlichen Kurbel. Drehte man an ihr, so kam ein Vogel herausgeflogen, welcher von einem roten Gummiband gehalten wurde. Nachdem er Geld in den Schnabel gesteckt bekam, sprang er flugs in den Kasten zurück und gab dabei zur Belohnung einen lauten, etwas komisch klingenden Piepser von sich. Obwohl ich dieses Spektakel über alles liebte, entschloss ich mich letztendlich doch die zehn Mark auf mein Sparbuch bei der Raiffeisenkasse zu bringen.
Nicht nur diese faszinierende Spardose war ein Geschenk Großvaters, er hatte auch ein richtiges Sparbuch für mich angelegt. Großvater hielt viel vom Sparen. Immer wieder wies er mich darauf hin, dass man erst sparen und dann kaufen solle und nicht umgekehrt. Nur Schwachköpfe, wie mein Onkel Hugo in der Stadt, würden sich auf Ratenkäufe einlassen. Denn bei

Ratenkäufen müsse man viel mehr für die Sachen bezahlen, und außerdem könne man einen saftigen Preisnachlass heraushandeln, wenn man das Geld für eine Ware bar auf den Tisch legen würde. Diese Weisheit meines Großvaters hat sich dermaßen bei mir eingeprägt, dass sie mir im Laufe meines Lebens wohl schon eine ganze Menge Geld gespart hat.

Das Sparbuch bewahrte Großvater für mich auf. Als ich ihn bat, es mir auszuhändigen, dachte er zuerst, dass ich Geld abheben und verjuxen wollte. Demzufolge hielt er mir einen langen Vortrag über das Geldausgeben im Allgemeinen. Er ermahnte mich eindringlich, auf keinen Fall so zu werden wie meine Tante Ilse und mein Onkel Hugo. Diese beiden würden ihr gesamtes Geld für nutzlosen Kram rauswerfen. Es sei kaum zu glauben, aber sie hätten sich doch tatsächlich eine von diesen modernen Musiktruhen auf Ratenzahlung angeschafft. Großvater kam dermaßen ins Schimpfen über „die Prasser", wie er sie nannte, dass ich mich nicht traute, ihm zu widersprechen. Denn ich fand die neue Musiktruhe meiner Tante Ilse wunderbar. Und von wegen nutzloser Kram: Der klobige Kasten aus glänzendem Kirschbaumholz vermochte es sogar, einen in eine andere Welt zu versetzen. Ja, ich war seinem Zauber gänzlich erlegen.

Stellten die Besuche bei der Verwandtschaft in der Stadt ohnehin schon ein aufregendes Erlebnis dar, so war mein letzter Aufenthalt dort der absolute Höhepunkt. Wie immer in den Ferien durfte ich bei meiner Tante Ilse und meinem Onkel Hugo übernachten. Nur dieses Mal war es anders, denn in einer unscheinbaren Ecke des Wohnzimmers stand die neue Musiktruhe. Bereits am ersten Abend, als die Dämmerung einsetzte, legte meine Tante eine Märchenschallplatte auf. Es handelte sich um „Hänsel und Gretel". Obwohl ich dieses Märchen schon unzählige Male gehört hatte und es mich immer wieder von Neuem berührte, drang es erst jetzt, mit wirklichen Stimmen, allerlei Geräuschen und ergreifender Musik, ganz tief in mich hinein.

Die Schallplatte begann zwar mit einem lustigen Lied, aber schon gleich darauf, als das Geschwisterpaar abends im Bett beschloss von zu Hause wegzulaufen, gruselte es mich mächtig, denn ein furchterregender, gespenstischer Wind heulte um das Elternhaus der beiden Kinder. Als sich obendrein die beklemmende Musik zu kräftigen, bedrohlichen Tönen steigerte, rief ich aus: „Bleibt zu Hause, bleibt bloß zu Hause!" Aber am allerschlimmsten, ja fast nicht mehr auszuhalten war es später, als die beiden am Haus der Hexe ankamen. Nun war die Musik so schauerlich und der Wind so jaulend, dass mir fast die Brust platzte. Als zu alledem noch die grausig dünne Stimme der bösen Hexe kam, ging es gar nicht anders, nun musste ich Hänsel und Gretel einfach laut schreiend warnen: „Lauft schnell weg, lauft schnell weg!" Da half es auch nichts, dass eine liebliche Stimme die Lebkuchen und das üppige Naschwerk am Hexenhaus so eindringlich beschrieb, dass ich geradezu meinte, die Wonne der Süßigkeiten auf meiner eigenen Zunge zu schmecken. Obwohl ich ganz genau wusste, dass alles gut ausgeht, liefen mir, als Hänschen dann im Käfig saß und die böse Hexe seinen Finger überprüfte, weil sie ihn schlachten wollte, dicke Tränen über meine Wangen. Nur die fröhlichen Musikklänge, als die Kinder mit den Schätzen der Hexe wieder zu Hause ankamen und alle vor Freude tanzten, ließen meinen Tränenfluss versiegen. An diesem Abend hatte mich die Dramatik des Zuhörens so erschöpft, dass ich ungewöhnlich schnell einschlummerte. Dabei seufzte ich noch und dachte, ach, dass es aber auch so etwas Schönes wie diese Schallplatte auf der Welt gibt. Natürlich nahm ich mir ganz fest vor, dass, wenn ich genügend Geld zusammen hatte, ich es sofort in eine Musiktruhe investieren wollte, ganz egal was mein Großvater dazu sagen würde. Das lag aber noch in weiter Ferne, und an diesem Tag schlenderte ich erst einmal zur Raiffeisenkasse des Dorfes. Ich fühlte mich zwar irgendwie wie ein Judas, dass ich meine Tante Ilse nicht in Schutz genommen hatte, aber ich war alt genug, um zu wissen, dass es manchmal besser ist, keine Widerworte zu geben.

Auf dem Hof von Großvaters Vetter Karl, in dessen Haus sich die Raiffeisenkasse befand, empfing mich seine kleine dicke Frau Emma. Dass wir mit Karl und Emma verwandt waren, stellte nichts Außergewöhnliches dar, da unsere Familie irgendwie mit fast jedem im Dorf verwandt war. Großvater scherzte einmal, dass im Zweifelsfall die Verwandtschaft von Adam und Eva herrühren würde.

Die geschwätzige Emma nutzte die Gelegenheit und versuchte mich zuerst einmal nach Strich und Faden auszufragen, das begann damit, dass sie wissen wollte, was wir denn heute zu Mittag gegessen hätten. Ich stellte mich recht blöd und sagte, dass ich es nicht mehr wisse. Als sie merkte, dass sie bei mir auf Granit biss, rief sie mit ihrer schrillen Stimme in den Kuhstall: „Karl, komm doch mal, da ist jemand für die Kasse." Nach einer Weile erschien Karl auf dem Hof und sah mich mürrisch an, wahrscheinlich weil ich mich nicht an die offiziellen Kassenstunden hielt. Das tat allerdings niemand in unserem Ort. Ohne auch nur ein einziges Wort zu sagen, stampfte er mit seinen Stiefeln, an denen große Brocken Stallmist hingen, vor mir her ins Haus. Zuerst schlurfte er in die Küche und wühlte in einer Schublade des Küchenschranks, bis er einen Schlüssel fand. Es handelte sich um den Schlüssel für die Stube, denn eine Ecke der guten Stube stellte den Amtsraum der Raiffeisenkasse dar. Dort befanden sich ein uralter Aktenschrank mit Rolltüren, ein Stehpult, das von einem Stempelständer dominierte wurde, und ein Tresor von beachtlichem Ausmaß, an dessen Tür sich ein Drehkreuz befand.

Mit dem Hinweis, dass er keine Zeit habe, weil seine Kuh Rosa gleich kalben würde, nahm Karl mir unwirsch den Zehn-Mark-Schein und das rot glänzende Sparbuch aus der Hand. Eilig schlug er es auf, schrieb den Geldbetrag hinein und zog angestrengt mit einem Lineal eine Linie dahinter. Mit gewichtiger Miene erklärte er, dass die Linie das Wichtigste an dem Eintrag sei, denn es müsse gesichert werden, dass niemand die Summe verlängern könne. Dann befahl er, dass ich mich umdrehen solle, damit ich die Geheimzahl, die er eingeben würde, um die Tresortür zu öffnen, nicht sehen könne. Eigentlich fand ich, dass das Ganze doch ein bisschen viel Aufhebens für einen einzigen Zehn-Mark-Schein war.

Im Spätherbst, wenn die Kartoffelernte abgeschlossen war, wurde der bereifte Wagen mit dem gigantischen Kartoffeldämpfer, welcher der Genossenschaft der Bauern gehörte, von einem Anwesen zum anderen gezogen. In diesen Tagen lag eine dicke Wolke der Ausdünstungen von gedämpften Kartoffeln über dem Dorf.

Früher oder später stand das ungewöhnliche Gefährt auch auf Großvaters Hof. Das war ein Fest für uns Kinder. An diesem Tag fischten wir uns ständig frisch gedämpfte Kartoffeln aus dem Kocher. Dann setzten wir uns auf die Treppenstufen, bestrichen unsere Beute dick mit Butter und streuten ordentlich Salz darauf. Der irdene Butternapf und das kleine Salzfässchen standen dort, weil die Erwachsenen sich ebenso ernährten. Hätte man mir und meinem Bruder normalerweise einfach nur gekochte Kartoffeln mit Butter und Salz angeboten, so hätten wir sicherlich die Nase gerümpft und gefragt, was es noch dazu gebe. Aber heute schmeckte uns das einfache Mahl so gut, dass wir erst aufhörten zu essen, als uns die Bäuche weh taten.

Mit den letzten Herbsttagen ging auch die Zeit von Großmutters Fruchtlikör-Produktion zu Ende. Den Abschluss bildeten die Früchte der Hagebutten und der Schlehen. Großmutter schärfte mir ein, die matten dunkelblauen Perlen der Schlehe nie vor dem ersten Frost zu pflücken. Sie erklärte mir, dass Schlehen ihr einzigartiges Aroma erst dann richtig entfalten würden, wenn sie mindestens einmal Nachtfrost gehabt hätten. Hagebutten konnte ich nicht ausstehen, weil das Abzupfen der kleinen orangeroten Früchte von den stacheligen Sträuchern an den Händen verdammt weh tat. Damit ich ihr doch half, versprach Großmutter mir immer Röstbrot mit dickem Schweineschmalz und Salz drauf. Röstbrot, das war mein absolutes Lieblingsbrot und ein seltener Leckerbissen bei uns – und das obwohl es vom Prinzip her ganz einfach geht. Man legt lediglich eine Scheibe Roggenbrot auf die heiße Herdplatte und wendet sie nach kurzer Zeit. Das konnten sogar ich und Großvater. Aber leider verboten die Frauen unseres Haushaltes zumeist die Herstellung von diesem leckeren Brot. Denn das Abkratzen der Herdplatte war eine sehr eklige Arbeit, die keine von ihnen übernehmen wollte. Meine Mutter bezeichnete Brot auf diese Art zu rösten einfach nur als „Sauerei“. Als Großvater einmal polterte, dass sie sich nicht so anstellen solle, drückte sie ihm beherzt den Spachtel in die Hand und sagte: „Na, dann mach du das mal." Mit äußerst verdutztem Gesicht gab Großvater ihr den alten Holzgriff sogleich wieder zurück mit dem Hinweis: „Das wäre ja noch mal schöner, wenn ich als Mann bei drei Weibern im Hause den Ofen säubern müsste." Es war nicht ungewöhnlich, dass Großvater sich auch in diesem Fall mit seiner ganz speziellen Differenzierung zwischen Männer- und Frauenarbeit rettete.

Kaugummi-Automaten

Unser Dorf war klein und überschaubar. Ich kannte einen jeden so, wie mich jeder kannte. Kam es doch einmal vor, dass jemand fragte, wem man denn gehöre, so handelte es sich dabei meist um ältere Bewohner von Kirschhausen, die nicht mehr so richtig Bescheid wussten. Ich antwortete dann stets, dass ich meinem Großvater, dem Eisenkorb Konrad gehören würde, denn irgendwie dachte ich immer, dass alles auf unserem Hof sein Besitz sei.
Eine meiner Lieblingsbeschäftigungen war es, durch den Ort zu streifen. Die Bauernhöfe, Scheunen und Stallungen gaben sehr viel her für die Streifzüge eines aufgeweckten und einfallsreichen Kindes. Unsere betagte Nachbarin Berta nannte mich eine „Bubenlutsch", was heißen sollte, dass ich einem Buben bedeutend ähnlicher war als einem Mädchen. Ihre Vorstellungen von einem Mädchen waren gänzlich anders als mein Auftreten und Verhalten. Schon alleine, dass ich es durchgesetzt hatte, mittags nach der Schule Hosen tragen zu dürfen.

Zum Glück hatte meine knallrote Lieblingshose riesengroße Taschen. Wenn ich losschlenderte, packte ich allerlei Krimskrams hinein und vergrub obendrein meine beiden Hände ganz tief darin. Stand die alte Berta auf ihrem Hof und sah mir missbilligend nach, so schüttelte sie ihren Kopf so heftig, dass ich befürchtete, ihre Brille würde von ihrer langen, gebogenen Hexennase herunterfallen.
Einmal, als sie zu Großmutters Strickkränzchen kam, brachte sie mir als Geschenk ein weißes Taschentuch zum Besticken mit. Mit ihrer meckernden, zittrigen Stimme sagte sie, dass ich nun mal eine nützliche Mädchenarbeit machen könne, bei welcher ich etwas fürs Leben lernen würde. Ich hingegen war fest davon überzeugt, dass ich bei meinen ausgedehnten Touren durch die Umgebung viel mehr fürs Leben lernen könnte. Letztendlich erbarmte sich Großmutter und bestickte das Taschentuch.

Ich hatte nicht nur ein Geheimfach auf unserem Dachboden, sondern auch noch eines im Dorf. In Kirschhausen waren manche Häuser und Stallungen so eng zusammengebaut, dass sich etliche überaus enge Gässchen ergaben. Diese kleinen Zwischenräume stellten ein wahres Paradies für die Spiele von uns Kindern dar. Schon der vermoderte Geruch, der dort vorherrschte, regte unsere Phantasie zu geheimnisvollen Geschichten an. Da fast nie ein Erwachsener diese schmalen, schmutzigen Gänge benutzte, war man hier vor ihren überwachenden Blicken geschützt, zudem konnte man sich hier auch vortrefflich vor ihnen verstecken.
Es gab ein Gässchen, das besonders winzig war und deshalb von den anderen Kindern kaum aufgesucht wurde. Hierhin zog

ich mich zurück, wenn ich irgendetwas angestellt hatte, etwas verstecken wollte oder auch wenn ich einfach nur einmal für mich alleine sein wollte. Dieses Versteck bedeutete mir viel. Hinter einem dicken roten lockeren Backstein bewahrte ich meine wertvollen Schätze auf.

Mit einem Mal gab es neue Schätze für uns Kinder, denn das Zeitalter der Automatenwelt brach in Kirschhausen sozusagen über Nacht an. Wir Kinder mussten nun lernen, mit bisher unbekannten Wünschen umzugehen. An einer Hauswand in der Mitte des Ortes, im Schatten eines betagten Lindenbaums, hing neuerdings ein feuerroter Kaugummiautomat und ein schreiend gelber Automat mit Bildchen von Prominenten wie Conny Froboess, Heidi Brühl, Caterina Valente, Peter Kraus und vielen anderen Stars dieser Zeit. Die größere Aufmerksamkeit erregte der Kaugummiautomat. Denn außer den leuchtend bunten Kaugummikugeln konnte man, wenn man Glück hatte, für einen Groschen einen Ring oder anderes billiges Kleinzeug aus dem Automaten ziehen. Manchmal standen wir Kinder um die neue Errungenschaft herum und schauten mit großen Augen durch die Glasscheiben in das Innere des Automaten.
Der Hauptanziehungspunkt waren natürlich die winzigen kleinen Krimskrams-Teilchen, die zwischen den Kaugummis herumschwirrten. Ein jedes Kind hatte irgendetwas im Blickfeld, was es sich ganz besonders wünschte, bei mir war es ein Ring mit klitzekleinen roten Steinchen darauf. Mehrmals am Tag lief ich zu dem Automaten, um zu sehen, ob das so heiß begehrte Stück noch da war. In meiner Phantasie gehörte dieser Ring bereits längst mir. Ich stellte ihn mir an meinem Finger vor und war fest davon überzeugt, dass nichts auf dieser Welt so erstre-

benswert sei, wie dieses „Schmuckstück". Offensichtlich waren bei mir ganz neue Bedürfnisse geweckt worden.
Die Beschaffung der so nötig gebrauchten Groschen stellte ein Problem dar. Denn Anfang der sechziger Jahre hatten die Menschen noch nicht so viel Geld in den Taschen, um ihre Kinder verwöhnen zu können. Außerdem war ein Groschen gar nicht so wenig wert, wie es sich heute anhört. Aber ich hatte Glück, denn ich verfügte über einen Großvater. Allerdings war der meist auch nicht ganz leicht zu knacken. Es erforderte schon einiges an Einsatz. Man musste ein bisschen hinter ihm herlaufen und immer wieder erzählen, wie wichtig doch der Groschen für einen sei. Wenn diese Prozedur abgeschlossen war, eilte ich sogleich mit der wertvollen Beute zum Standort meines Verlangens. Aber leider kullerte fast immer nur ein bunter Kaugummi aus dem Automaten. Eigentlich schmeckte er eklig nach Farbstoff, aber aus Mangel an etwas anderem wurden die Kugeln trotzdem kräftig gekaut.
Ich hatte noch eine weitere Geldquelle aufgetan. Ganz korrekt war diese zwar nicht, aber weil sie meinen Großvater betraf und der stets nachsichtig mit mir umging, fand ich das, was ich tat, nicht ganz so schlimm. Es verhielt sich so, dass Großvater Strom für viel zu teuer hielt und deshalb ständig eine Taschenlampe benutzte. So schaltete er, wenn er bei Dunkelheit durch das Haus ging, nicht etwa das Flur- oder Treppenlicht an, nein, er leuchtete alles mit seiner Taschenlampe aus. Und wenn die Batterien zu Ende gingen, hatte er einen Trick, sie noch etwas länger am Leben zu erhalten: Er legte einen Groschen zwischen die Batterien. Diese Methode funktionierte tatsächlich, und die Lampe brannte noch ein paar Tage länger. Irgendwann einmal hatte ich das spitzgekriegt. Nicht selten nahm ich mir

den Groschen aus dem Batteriefach heraus. Wunderlicherweise befand sich immer wieder ein neuer darin. Manchmal, wenn ich ein schlechtes Gewissen verspürte, überlegte ich, dass dieser Groschenklau doch auffallen müsste, aber Großvater hat nie auch nur ein einziges Wort darüber verloren.

Indessen nahm meine leidenschaftliche Geschäftsbeziehung zu den Automaten ein jähes Ende. Eines Morgens kam meine Freundin Brigitte stürmisch in unsere Küche gerannt. Sie war so hektisch, dass sie sogar anzuklopfen vergaß. Aufgeregt erzählte sie, dass heute Nacht jemand die Scheiben des Kaugummiautomaten eingeschlagen hätte. Ich ließ meine noch randvolle Tasse Kakao stehen, schnappte meine Jacke und meinen Ranzen, und lief hinter Brigitte her, die unsere Küche schon längst wieder verlassen hatte.

Als wir am „Tatort" ankamen, sahen wir, dass einige Kinder sich um den Automaten drängelten und mit ihren kleinen Händen durch die kaputte Glasscheibe nach Kaugummis und dem anderen Kleinkram fischten. Wir überlegten nicht lange, sondern taten das Gleiche. An diesem Morgen wurde ich zwar zur Plünderin, aber ich kam tatsächlich in den Besitz des lang ersehnten Rings mit den kleinen roten Steinchen. Es war wie ein Wunder. Abends im Bett trug ich den Ring und schaute stolz immer wieder zu meinem Finger hin. Doch komisch, als ich ihn mir gewünscht hatte, war er mir bedeutend schöner und begehrenswerter erschienen, als jetzt, da er sich in meinem Besitz befand.

Eine ganze Zeit lang wurde kein neuer Kaugummiautomat mehr in unserem Dorf aufgehängt. Und der alte Meinold, an dessen Hauswand sich das Gerät befunden hatte, verkündete jetzt überall seine neue Erkenntnis, nämlich, dass ihm so ein

Ding nie wieder an die Hauswand kommen würde. Denn von früh bis spät hätten lärmende „Dreckbacken“ um sein Haus herumgelungert.

Die Maus im Pökelfass

Im Winter, wenn die dicke Eisschicht auf dem Dorfteich wochenlang nicht schmolz, war die Luft von Kälte und Schnee durchdrungen. Doch der wirkliche Geruch des Winters war für mich das Aroma, welches das in der Scheune gelagerte Heu und Stroh durchdringend ausströmte. Wir Kinder verbrachten unzählige Stunden der entseelten Zeit in der großen Scheune unseres Hofes. Hier konnte man ungestört im Heu rutschen, die Leitern hoch- und runterklettern, sich im Stroh verstecken und vor allen Dingen gruselige Geschichten erzählen.
Oft hielten wir uns aber auch im angrenzenden Kuhstall auf. Dort war es um einiges wärmer als in der zugigen Scheune. Lediglich im Pferdestall durften wir nicht spielen. Die Frauenspersonen unserer Familie hatten es uns strengstens verboten, da sie mächtig Respekt vor den kraftstrotzenden Pferden hatten. Sie warnten uns, dass eines von ihnen austreten und uns verletzen könnte. Jedoch, wie bei so vielen Verboten, hielten wir uns auch an dieses keineswegs. Aber nicht nur, weil alle Verbote einen ganz besonderen Reiz auf uns ausübten, sondern weil die beiden Pferde wirklich die schönsten Tiere auf dem Anwesen, ja vom ganzen Dorf waren. Vor dem nachtschwarzen Wallach Max hatten wir schon etwas Respekt, aber wir wussten, dass die gutmütige braun-weiß gescheckte Stute Bella fast alles mit sich machen ließ. Außerdem hielt Großvater sich

meist hier auf, und der konnte hervorragend mit Max umgehen. Unser Großvater war fest davon überzeugt, dass die beiden massigen Vierfüßer jedes einzelne Wort verstehen würden, und obendrein behauptete er, dass sie erheblich mehr Verstand hätten als die meisten Menschen.

Es gab aber auch noch andere Ställe, in denen wir uns mit Vorliebe aufhielten. Besonders gerne trieb ich mich im Hühnerstall herum. Es war ungeheuer spannend, die Hühner beim Fressen zu beobachten. Ein jedes Huhn bewachte die Körner in seinem Umkreis wie einen Schatz, kam ein anderes Huhn näher, um zu mopsen, gab es einen erbitterten Kampf. Sie gingen mit lautem Geschnatter aufeinander los, indem sie mit ihren harten Schnäbeln dermaßen fest aufeinander einhackten, dass ihre Federn durch den Stall flogen. Das unterlegene Huhn, welches am Schluss völlig verrupft dastand, erweckte meist mein Mitleid. Ich tat ihm aber keinen wirklichen Gefallen, wenn ich eine neue Hand voll Körner ins Spiel brachte, denn daraufhin ging der Kampf abermals los, und das schwächere Huhn unterlag wieder, nur dass es dieses Mal um noch einiges ramponierter aus dem Kampf hervorging.
Noch dazu stellte der Hühnerstall ein gutes Versteck dar, denn hier wurde man nicht so schnell gefunden. Als meine Mutter allerdings eines Tages beim Baden einen Hühnerfloh bei mir entdeckte, untersagte sie mir den Aufenthalt im Hühnerstall strengstens, unter der Androhung, mir bei Zuwiderhandlung tüchtig den Hintern zu versohlen. Da ich aus Erfahrung wusste, dass sie mit solchen Drohungen sehr wohl ernst machte, bezog ich nun öfters Quartier auf dem geräumigen Dachboden unseres Hauses, wo man mich ebenfalls nicht so schnell aufspüren

konnte. Wenn sie mich wieder einmal suchten, hörte ich vom Hof her laut die Silben meines Namens schallen: „Mo ni ka, Mo ni ka!" Aber das konnte ich getrost ignorieren, denn bis einer auf die Idee kam, mich hier oben in meinem Turm zu suchen, dauerte es lange. Meist kapitulierten sie recht schnell, wenn ich nicht erschien.

Auf dem Dachboden roch es neben dem eingelagerten Korn kräftig nach geräucherter Wurst und Schinken, da sich die Räucherkammer unseres Hofes ebenfalls hier oben befand.

Als erstes stellte ich mich immer auf einen alten Hocker und schaute aus dem schrägen Dachfensterchen heraus. Aus dieser Perspektive sah unser Dorf völlig anders aus. Von hier, aus dieser Höhe, erschienen die Menschen, die sonst so groß und übermächtig auf mich wirkten, klein und unscheinbar.

Ich liebte diesen Blick aus der kleinen Luke. Aber noch viel mehr liebte ich eingewecktes Obst. Deshalb bewahrte ich in einem Geheimversteck auch einen Suppenlöffel auf. Denn ab und an mopste ich mir aus der großen Vorratskammer, die einen Stock tiefer lag, ein prall gefülltes Einweckglas. Meinen Favoriten stellten natürlich die dicken gelben Mirabellen dar, aber damit es nicht so auffiel, begnügte ich mich manchmal mit einer anderen Obstsorte wie Kirschen, Erdbeeren oder Pflaumen. In aller Ruhe verspeiste ich den gesamten Inhalt auf einmal. Zum Schluss setzte ich das Glas an die Lippen und trank laut schlürfend den süßen Saft. Hier oben hatte es den großen Vorteil, dass man sich beim Essen nicht benehmen musste.

Als ich es mir auf dem Dachboden wieder einmal so richtig gemütlich machen wollte und dazu vorher in die Vorratskammer ging, um ein Glas eingeweckte Mirabellen zu stibitzen, sah ich in dem großen Steinfass, in welchem von der letzten Schlachtung Fleisch zur Konservierung in einer Salzlauge eingelegt war, eine aufgeblähte tote Maus schwimmen. „Igitt, igitt, wie eklig!“, schrie ich. Schnellfüßig holte ich Tante Herminchen. Beherzt ergriff sie die Maus am Schwanz, zog sie heraus und warf sie mit einem weiten Schwung aus dem Fenster in den Garten. Sie sagte, das sei keine große Geschichte. Ich solle aber meiner Mutter auf gar keinen Fall davon erzählen, denn die Gerlinde würde sich immer so schnell vor allem ekeln und käme am Ende noch auf die Idee, das gute Fleisch wegzuwerfen.

Für meine Verschwiegenheit versprach sie, mir beim Mittagessen ihren Vanillepudding zu überlassen. Ich hielt mich zuerst einmal an diese Abmachung. Zum einen weil ich nicht gefragt werden wollte, was ich denn überhaupt in der Vorratskammer zu suchen gehabt hätte, und zum anderen, weil Vanillepudding meine große Leidenschaft war. Da ich aber wusste, dass ich nicht wirklich zum Geheimnisträger taugte, hatte ich bei meinem Versprechen vorsichtshalber die Finger der rechten Hand hinter meinem Rücken gekreuzt. So galt es nicht wirklich.

Es kam, wie es kommen musste, Wochen später, das Fleisch war längst verspeist, sprudelte das unappetitliche Erlebnis einfach so aus mir heraus. Ich konnte gar nichts dagegen tun. Augenblicklich entbrannte ein gewaltiger Streit zwischen Mutter und Tante Herminchen, in welchem Mutter ihre Schwester wortwörtlich eine „große Wutz“ nannte.

Fastnacht

Fastnacht war die Zeit der bunten Masken. Selbst in unserem kleinen Dorf wurde Fastnacht gefeiert. Das hatte Tradition. Da wir, bevor das Dorfgemeinschaftshaus gebaut wurde, keinen großen Saal oder ähnlichen Raum für Festlichkeiten in unserem Ort hatten, wurde die Schule ausgeräumt. Diese Aktion stellte eine große Gaudi für uns Kinder dar. Am Vormittag des Rosenmontags saßen wir alle aufgeregt auf unseren Stühlen, ein vernünftiger Unterricht war an diesem Tag nicht möglich. Wir schwatzten wild durcheinander und fragten uns gegenseitig nach unseren Verkleidungen für den Nachmittag. Aber der Herr Lehrer beendete den Unterricht sowieso früher, denn wir Schüler mussten unter seiner Anleitung die Bänke und Tische an die Wände schieben, sodass in der Mitte der Schulstube Platz für eine Tanzfläche entstand. Dann streuten wir Konfetti im Raum aus, welches wir in mühsamer Arbeit selbst mit ganz normalen Lochern hergestellt hatten. Als Letztes stieg der Herr Lehrer hoch in seine Wohnung und holte ein unförmiges, riesiges Tonbandgerät herunter. Nun kam seine große Stunde: Mit gewichtiger Miene legte er ein Band mit Stimmungsmusik in das Gerät und startete unzählige Tonproben, zu denen wir Kinder aufgekratzt hin und her sausten.

Oben im Schulgebäude wohnte nicht nur unser Herr Lehrer, sondern auch zwei betagte, unverheiratete Schwestern Namens Kleinhenn. Diese Fräuleins Kleinhenn, wie sie allgemein im Dorf genannt wurden, waren zur Zeit der Flüchtlingseinquartierungen, eigentlich nur zum Übergang, in die kleine notdürftige Wohnung gezogen. Und obwohl sie sich täglich über den Lärm, der zu ihnen hoch drang, beschwerten, sah es so aus,

als würden sie niemals mehr aus dem Schulgebäude ausziehen. Ständig streckte eine von den Fräuleins ihren grauen Kopf aus dem Fenster, um mit uns Kindern zu schimpfen. Großvater sagte einmal, dass das wohl der Lebensinhalt der „vertrockneten Schachteln" sei.
Um die beiden Fräuleins Kleinhenn nicht zu verärgern, versuchte unser Herr Lehrer, die Musik nicht zu laut einzupendeln. Im Prinzip aber war die ganze Aktion sinnlos, denn ging die Lustbarkeit los, so drehte mit Sicherheit irgendjemand am Tonbandgerät herum und stellte es auf volle Lautstärke.

Nach dem Umräumen des Schulsaals liefen wir alle auf schnellen Sohlen nach Hause. Beim Mittagessen an diesem Tag waren die meisten von uns viel zu aufgeregt, um auch nur einen einzigen Bissen herunterzubringen. Nach dem Essen ging es endlich los. Mutter und Tante Herminchen verkleideten uns. Sie nahmen Fastnacht wichtig. Jedes Jahr dachten sie sich neue Kostüme für uns Kinder aus. Meist stellten sie diese mit einfachen Mitteln her. Im letzten Jahr war ich ein Blumenmädchen gewesen. Unter der Nähmaschine der anderen Großmutter war aus einem bunt geblümten Vorhangstoff ein schmuckes Dirndl entstanden, zu dem ich einen großen, leuchtend rosa Strohhut aufsetzte, welchen Mutter in weiser Voraussicht im Sommerausverkauf beim Kappen-Karl erstanden hatte. Zum Schluss malten sie mir mit dem Lippenstift, den Mutter und Tante Herminchen im Fall eines Ausgangs gemeinsam benutzten, den Mund grellrot an. Daraufhin verkündete Vater, dass er so eine fesche Maid wie mich noch nie gesehen habe und dass es schade sei, dass er bereits mit Mutter verheiratet wäre, denn sonst würde er mich auf der Stelle heiraten.

Dieses Jahr wollte ich unbedingt als Hulahula-Mädchen zum Fasching gehen. Das stand fest, seit eine bunte Ansichtskarte aus dem Hawaii-Urlaub von Großmutters amerikanischer Cousine Alice bei uns eingetroffen war. Weil wir so selten Karten erhielten, stellte sie etwas Besonderes dar. Deshalb wurde diese Karte, welche tanzende Schönheiten in Baströcken und mit Blumenkränzen um den Hals und auf den Haaren zeigte, in das Sichtfenster unseres Küchenschranks gesteckt und verblieb dort über lange Monate.

Weil meiner Mutter und Tante Herminchen diese Kostümierung aber zu kompliziert erschien, versuchten sie mich mit Engelszungen zu überreden, doch irgendetwas anderes zu werden. Doch sie hatten keine Chance. Ich blieb ganz fest dabei. Und siehe da, wenn man etwas wirklich will, klappt es auch. Tante Herminchen besorgte bunten Bast und farbige Servietten. Großmutter erinnerte sich daran, dass sie als junges Mädchen einmal gelernt hatte, Papierblumen herzustellen, und Mutter reihte die Baststreifen zu einem Röckchen zusammen. Auf einmal hatten alle Spaß an meiner Kostümierung, nur Großvater blickte kritisch drein. Als ich ihn fragte, ob ihm meine Verkleidung etwa nicht gefalle, zog er die Stirn kraus und gab zögerlich zu bedenken: „Mit dem Zeug am Leib wirst du dir eine saumäßige Erkältung holen, wir sind hier schließlich nicht auf Hawaii!“ „Aber Großvater, ich ziehe mir doch einen Wollpullover und eine dicke Strumpfhose darunter, oder glaubst du etwa, dass ich im Februar mit nackter Haut herumlaufe?“, beschwichtigte ich ihn lachend. „Na, dir traue ich das schon zu“, erwiderte er nun ebenfalls lachend.

Meinen Bruder Edgar verwandelten sie dieses Mal in einen Schornsteinfeger. Am Abend zuvor nähten Mutter und Tante Herminchen bis spät in die Nacht hinein an einem pechschwarzen Overall, der ursprünglich mal ein Trauerkleid Großmutters gewesen war. Sie hatte es nur schweren Herzens herausgerückt, obwohl es schon abgetragen und an die dreißig Jahre alt war. Selbst Großvater beteiligte sich an der Kostümierung des kleinen Schornsteinfegers. Er fertigte im Schuppen ein zierliches Leiterchen aus Holz an, welches Edgar auf dem Rücken mit sich tragen sollte.

Doch mein Bruder, der sich außer gegen den Haarschnitt des Dorffrisörs Leo gegen fast nichts auflehnte, verursachte an diesem Tag einen großen Aufstand. Er wollte auf gar keinen Fall so losgehen. Um seinen Unmut zu bekräftigen, stampfte er sogar wütend mit den Füßen auf. Heulend und jammernd stand der kleine schwarze Mann in unserer Küche. Alle anderen Jungs hatten morgens in der Schule davon gesprochen, dass sie Cowboy oder Indianer werden wollten. Deshalb schämte Edgar sich dafür, dass er nur ein Schornsteinfeger war.

Bereits in voller Verkleidung als Hawaiimädchen saß ich mit den Beinen baumelnd auf dem alten Holzkasten hinter der Küchentür und beobachtete mit wachsendem Interesse den Protest meines Bruders. Es freute mich diebisch, dass es heute mal um den ansonsten so braven und folgsamen Edgar ging. In der Regel gab es nur Ärger und Gezänk mit mir. Deshalb genoss ich es, dass die ganze Aufregung dem störrischen Minischornsteinfeger galt. Obendrein fand ich ihn richtig gut, denn er sah so echt aus. Mittels eines undefinierbaren schwarzen Teils hatte das Weibervolk unseres Haushaltes ihm sogar einen kleinen Zylinder gezaubert. Und das Beste war, dass Tante Herminchen, ohne sich beirren zu lassen, in den Keller hinunterstieg, um Kohlen zu holen, damit sie Edgars Gesicht, Hals und die Arme kräftig schwarz einfärben konnte.

Wie auch immer, der kleine schwarze Mann schrie wie wild herum, er würde sich doch nicht vor dem ganzen Dorf blamieren. Kein einziger Junge außer ihm käme in so einem lächerlichen Aufzug zur Fastnacht. Aber er täuschte sich, denn gerade in diesem Augenblick ging unsere Küchentüre auf und herein schlich sein Freund Reinhard. Ich wischte mir mit der Hand über die Augen, was ich sah konnte ich kaum glauben. Reinhard war ebenfalls als Schornsteinfeger verkleidet. Allerdings schien Reinhard auch ein Problem zu haben. Heulend putzte er mit einem verdreckten Taschentuch den Rotz von seiner laufenden Nase und klagte über sein unmögliches Kostüm: „Das ist doch völlig altmodisch, so etwas hat doch heutzutage keiner mehr an."

Ich wusste genau, wieso die Jungs sich so anstellten. In unserer Nachbarschaft hatte das erste Schwarz-Weiß-Fernsehgerät Einzug gehalten. Der moderne Apparat stand in der guten Stube des Pächters. So betitelten sie den Friedrich, der einen Hof gepachtet hatte. Da der Friedrich kein eigenes Land besaß, galt er im Dorf nicht viel. Seit Neuestem aber drückten Edgar und Reinhard sich ständig auf dem Pachthof herum und halfen bei diesem oder jenem. Die beiden, die sich sonst vor aller Arbeit zu drücken versuchten, waren mit einem Mal unglaublich fleißig geworden. Der Grund lag darin, dass sie hinterher mit dem Friedrich in der guten Stube in die heiß begehrte Kiste schauen wollten. Sie sahen sich nicht nur Serien wie „ Am Fuß der blauen Berge" oder „Fury" an, sondern auch blutrünstige Westernfilme. Von daher stellten Cowboys und Indianer ihre neuen Vorbilder dar.

Überhaupt war im gesamten Dorf der Stellenwert des Pächters Friedrich enorm gestiegen, seit er einen Fernsehapparat besaß. Abends hockten nicht wenige, denen er vorher zu gering war, auf harten Küchenstühlen in seiner guten Stube und blickten gebannt mit ihm in die Ecke, in welcher das Gerät stand. Auch meine Großmutter, die früher fast nie mit dem Pächter sprach, schmeichelte sich bei ihm ein, um freitags „Es darf gelacht werden“ oder auch dienstags „Die Familie Hesselbach“ zu sehen. Manchmal durfte ich mit ihr gehen. Mir jedoch gefiel es in der fast immer brechend vollen Stube nicht. In dem niedrigen kleinen Raum schallte der Fernseher so überlaut, dass einem die Ohren mordsmäßig dröhnten. Aber das war nicht das Schlimmste: Das Unangenehmste war die stickige Luft. Der Mief in der kleinen Stube gipfelte darin, dass jemand still und heimlich einen dicken Furz fahren ließ. Ich musste dann immer an Großvater denken, denn der sagte zu solch einem Gestank, es rieche ja als ob ein Schiffschaukelbremser den Hosenlatz offen stehen hätte.

Wenn Großmutter sich fertig machte, ein Glas Marmelade oder eine Flasche Obstwein für den Pächter in ihre Einkaufstasche steckte und mich fragte, ob ich Lust hätte, sie zu begleiten, lehnte ich meist ab. Ich blieb viel lieber zu Hause und hörte mir Großvaters Geschichten von früher an. Nur wenn es mal einen Film über Pferde gab, trottete ich freudig an Großmutters Hand in Richtung Pächterhof, so auch als „Die Mädels vom Immenhof“ lief.

Letztendlich zog ich an diesem Rosenmontag doch noch mit zwei flotten, aber schniefenden Schornsteinfegern los. Mir selbst ging es gut! Die fünf Groschen von Großvater juckten in meiner bunten Basttasche, und ich überlegte, was ich mir in dem improvisierten kleinen Kiosk alles kaufen wollte, ganz sicher eine sprudelnde Zitronenlimonade und eine große Tüte Waffelbruch.

Am nächsten Tag, dem Fastnachtsdienstag, feierten die Männer unseres Dorfes ihr ganz spezielles Fest. Die jungen Burschen, aber auch nicht wenige der verheirateten oder älteren Männer bildeten einen Tross, welcher durch die Gemeinde zog und Eier einsammelte. Dieser Umzug wurde von einem Bärentreiber mit seinem Bären angeführt. Natürlich handelte es sich um einen verkleideten Bären. Großvater erzählte mir, dass es bei diesem uralten Brauch früher um das Vertreiben des Winters gegangen sei, heute allerdings wäre das Ganze nur noch ein gewaltiges Besäufnis.
Die Zeremonie um die Verkleidung des Bären und seines Führers war eine Angelegenheit, bei welcher die Frauen selbstverständlich außen vor blieben. Obwohl der Zug erst am späten Nachmittag stattfand, liefen die Hauptakteure bereits morgens aufgeregt von einem Hof zum anderen. Alle Vorbereitungen fanden in einer Scheune statt. Das hatte seinen Grund darin, dass der Bär kein Fell hatte, sondern ein Strohbär war. Jedes Jahr wählten die Männer einen anderen aus, der das Tier spielte. Ihn wickelten sie so dick in Stroh ein, dass letzten Endes nur noch eine beeindruckende zyklopische Gestalt aus Stroh zu sehen war.
Die Kostümierung stellte stets ein großes Spektakel dar. Die Männer vertilgten bei dieser Aktion so einige Flaschen Korn und Bier und verhielten sich ansonsten wie kleine Buben. Umso mehr die Vermummung des Bären fortschritt, umso lustiger

wurden sie. Weil es im Dorf meistens viel Arbeit und wenig zu feiern gab, waren allemal viele zur Stelle. Einige neugierige Kinder, so wie ich, strolchten ebenfalls in der Scheune herum. Mich wunderte, wie ausgelassen die ansonsten eher ernsthaften Männer mit einem Mal auftraten. Wenn die Hautperson, der Bär, fertiggestellt war, begann die Verkleidung eines weiteren Mannes. Schließlich handelte es sich bei dem Bären ja um ein wildes Tier und das brauchte einen Führer. Damit der Bärenführer den stattlichen Burschen leiten konnte, legten sie ihm eine schwere Kuhkette um seinen strohigen Hals. Wenn der Bär später durch das Dorf geführt wurde, so schepperte die Kette lautschallend.

Genau genommen ging es bei dem Aufmarsch sowieso in erster Linie um Radau. Deshalb führten einige der Männer Schellen bei sich, mit welchen sie einen Höllenlärm verursachten. Außerdem blieb der Zug alle naselang stehen. Das war das Signal für den Bären, markerschütternd aus voller Kehle zu grölen, woraufhin der Führer das Tier auspeitschte, sodass es noch gellender schrie. Es war natürlich Ehrensache für den jeweiligen Mann in der Verkleidung unter Aufwand seiner gesamten Leibeskräfte durchdringende, angsteinflößende Geräusche hervorzubringen. Wir hinterherlaufenden Kinder bekamen es dann oft mit der Angst zu tun, weil die Situation so grausig anmutete, dass wir auf einmal gar nicht mehr genau wussten, ob sich nicht doch ein echter Bär unter dem dicken Stroh verbarg. Dieses gotterbärmliche Gepolter, welches in alten Zeiten den Winter vertreiben sollte, hatte nun den Sinn, die Leute aus ihren Häusern zu holen, damit sie Schnaps an den Bären und seine Gefolgsleute verteilten. Die Truppe ging erst dann weiter, wenn sie auch noch Eier und Brot zum Mitnehmen erhalten

hatte. Zu diesem Zweck trugen ein paar junge Burschen einen großen Weidenkorb mit sich, in welchem sie die Spenden sammelten.
In diesem Jahr sollte ich allerdings nicht viel Freude an diesem Schauspiel haben. Ganz im Gegenteil, ich schämte mich in Grund und Boden. Den Anlass dazu gab mir mein eigener Vater. Das Debakel passierte, weil Vater einige Wochen vor Fastnacht mit unserem Nachbarn Fritz, dem Rucksackgesicht, ein paar Biere zu viel im „Schwarzen Schaf" trank. Eigentlich war der Wirt Ludwig schuld. Er brachte den Stein ins Rollen, als er den beiden ein frisch gezapftes Bier ausgab und bemerkte: „Ihr wart doch noch nie das Bärengespann. Wie wäre es denn, wenn ihr dieses Jahr mal den Bären und seinen Führer geben würdet?" Bei den ersten Gläsern schüttelten Vater und Fritz noch energisch mit den Köpfen, um zu verneinen. Irgendwann im Verlauf des Abends allerdings gaben sie ihren Widerstand auf und nickten.
Als Vater sozusagen nachträglich Mutters Erlaubnis einholte, hörte sich das Ganze so an: „Der Fritz und ich konnten uns zum Schluss einfach nicht mehr dagegen wehren, und irgendjemand muss es ja schließlich machen." An dieses Argument anknüpfend bat er eindringlich, wahrscheinlich um bei einem Verbot sein Gesicht nicht vor dem Fritz und dem Ludwig zu verlieren: „Komm Gerlinde, lass mich mal was für das Dorf tun!" Mutter erwiderte: „Ich kann zwar nicht sehen, was es dem Dorf nützen soll, wenn du dich mit dem Fritz betrinkst, aber in Gottes Namen tu, was du nicht lassen kannst." Wie zur Entschuldigung fügte Vater im feierlichen Ton an: „Gerlinde, hier handelt es sich schließlich um ganz altes Brauchtum." „Aber", konterte Mutter, „das macht die Sauferei auch nicht besser. Außerdem

bezweifle ich doch sehr stark, ob die Leute dabei früher so viel getrunken haben wie ihr heute.“ So kam es, dass mein Vater tatsächlich Bärenführer wurde.

Wenn jemand Mutter fragte, ob es stimme, dass ihr Mann in diesem Jahr den Bärenführer geben würde, so antwortete sie: „Ja, ja, wenn der Albert mit dem Fritz zusammensitzt, kommt nie etwas Gutes dabei heraus.“ Und da hatte sie wirklich recht! Am Fastnachtsdienstag liefen Vater und Fritz aufgeregt wie zwei Hühner auf einem Hühnerhof hin und her. Weil Großvater sich hartnäckig weigerte, seine Scheune für die Verkleidung zur Verfügung zu stellen, musste das Spektakel beim Fritz stattfinden, und das obwohl dessen Scheune bedeutend kleiner als unsere war. Großvater ging das ganze Gedöns sowieso auf die Nerven. Er schimpfte mit Vater: „Es geht dir wohl zu gut, sonst würdest du nicht auf solche Ideen kommen! Du bist doch viel zu alt für solch einen Mumpitz.“ Gleichwohl ließ Vater sich den Spaß nicht verderben, und vor sich hin summend ignorierte er den Alten einfach. Seine ganze Aufmerksamkeit galt sowieso der Zusammenstellung des Bärenführer-Kostüms.

Mächtig aufgeregt ging ich, von einem Bein auf das andere hüpfend, am frühen Nachmittag an Vaters Hand mit zu Fritz‘ Scheune hinüber. Unter dem Arm trug er die zu einem Bündel gerollten Verkleidungssachen. In der Scheune waren bereits einige Männer dabei, den Fritz mit Stroh zu umwickeln. Es ging so lustig wie immer bei der Maskierung des Bären zu. Vater verzog sich gleich hinter einen großen Stapel Stroh, um sich umzukleiden. Eine Zeit lang konnte ich nur sein fröhliches Pfeifen hören. Mein Vater war in der Lage, ganze Lieder zu pfeifen. Als er endlich hinter dem Strohstapel hervorkam, traf mich fast der Schlag: Er trug ein altes hellblaues, wadenlanges Nachthemd,

welches an den Rändern bereits stark ausgefranst war. Seine Füße steckten in Großvaters pelzbesetzten karierten Winterhausschuhen. Zwischen Schuhen und Nachthemd blickten die stark behaarten Männerbeine hervor. Um den Kopf hatte er sich Tante Herminchens lila geblümtes Kopftuch gebunden, und darauf saß Großvaters brauner Sonntagshut mit der breiten Krempe. Ich war überzeugt, dass ich so etwas Hässliches in meinem ganzen Leben noch nie gesehen hatte. Vor Entsetzen blieb mir sogar einen Moment lang die Luft weg. Wie konnte Vater mich nur so vor dem ganzen Dorf blamieren? Diesmal lief ich nicht, wie die Jahre zuvor, hinter dem Zug her.
Mit dem Gedanken, dass sie mich morgen in der Schule alle hänseln würden, trollte ich mich nach Hause. Vielleicht war es das Beste, wenn ich mich morgen früh einfach krank stellte, überlegte ich. Höllische Bauchschmerzen konnte ich ganz gut vorspielen. Wie so oft tröstete mich auch an diesem Tag mein Großvater. Ich fand ihn im Kuhstall beim Striegeln der Kühe. Er, der meinen Vater eigentlich nicht leiden konnte, nahm ihn dieses Mal sogar in Schutz, als er mir erklärte, dass mein Vater einfach nur ein großes Kind sei und ich das Ganze nicht so ernst nehmen solle. Allerdings wusste Großvater, als er dies sagte, noch nicht, dass Vater gerade seinen kostbaren Sonntagshut und seine pelzbesetzten Winterhausschuhe durch das Dorf spazieren führte.

Luzie aus Berlin

Wieder einmal gab es Aufruhr in unserer Küche. Großmutter war völlig aus dem Häuschen, aufgelöst lief sie hin und her und murmelte immer wieder: „Was koche ich denn da nur?" Zuvor war die Mathilde aus der Gastwirtschaft da gewesen und hatte ein Telefonat ausgerichtet. Nämlich, dass die Luzie, so hieß die Mutter des städtischen Schwiegersohns, am Sonntag zu Besuch kommen wollte.

Luzie war eine elegante Berlinerin, die eigentlich nicht in unsere Wohnküche und überhaupt nicht in unser altes Bauernhaus passte. Bei ihrem letzten Besuch hatte mich ihre Erscheinung ungeheuerlich fasziniert. Das Auffälligste an ihr war der bombastisch große schwarze Hut gewesen. Großvater meinte, er hätte die Größe eines Wagenrades. Dazu trug sie ein schreiend lilafarbenes Kostüm, das so eng saß, dass sie nichts mehr essen konnte, denn sonst wären wahrscheinlich alle goldfarbenen Knöpfe, welche die Jacke zusammenhielten, aufgeplatzt. In den dazu passenden spitzen, mächtig hohen Stöckelschuhen war es ihr kaum möglich gewesen, einen Fuß vor den anderen zu setzen. Großvater hatte ihr überaus belustigt von der Scheune aus nachgesehen, als sie, einem Storch gleich, über unseren Hof stolzierte. Aber das Beste an Luzie war ihr affektiertes Gehabe: Wenn sie kam, so glich das einem Auftritt auf einer Bühne.

Genauso geschah es auch, als sie an diesem Sonntag mit ihrem jüngsten Sohn Gerhard auf unserem bäuerlichen Hof eintraf. Der alte Citroën hatte noch nicht richtig geparkt, da öffnete sich bereits mit einem Ruck die Beifahrertüre, und es schallte laut über den Hof: „Oh Gott, was riecht es hier nach Mist!" Großmutter und ich standen als Begrüßungskomitee in unserem besten Sonntagsstaat bereits vor der Haustüre. Als die Berlinerin Luzie zum zweiten Mal nun noch etwas lauter und schriller rief „Oh Gott, was riecht es hier nach Mist!“, blickte ich zu Großmutter hoch und sah, dass ihre Zornesader anschwoll.

Luzie hatte sich inzwischen umständlich aus dem Auto gehievt. Nun stand sie aufrecht in ihrer ganzen Pracht auf unserem Hof. Der Zufall wollte es, dass sie direkt neben einer kleinen Pfütze mit Jauche ausgestiegen war. Ich sah es schon, bevor es wirklich passierte: Sie machte einen Schritt und ihre glänzend weißen Stöckelschuhe landeten geradewegs in der Pfütze. Die Jauche spritzte an ihrem makellosen, ebenfalls schneeweißen Kostüm hoch. Ein spitzer, gellender Schrei aus Luzies lippenstiftrotem Mund begleitete das Geschehen. Über Großmutters Gesicht zog sich nun ein breites Grinsen. Schnell fasste sie sich, lief freundlich auf Luzie zu und schüttelte ihr mit den Worten „Schön, dass du auch mal wieder zu uns aufs Dorf kommst“ ausgiebig die Hand. Da es sehr windig war, hielt diese mit der anderen Hand krampfhaft ihren riesigen Hut fest und verlangte mit gebieterischer Stimme, man möge ihr sofort einen Stuhl auf den Hof bringen, denn sie werde hier keinen einzigen Schritt mehr weitergehen, denn das sei ihr viel zu gefährlich. Mittlerweile schaute Großvater grinsend aus der Kuhstalltür heraus, wohin er sich fürs Erste verzogen hatte. Um ihren Wunsch nach einem Stuhl zu bekräftigen, legte Luzie ihre inzwischen wieder freie Hand auf ihre Herzgegend und begann laut zu stöhnen. Letztendlich saß die städtische Mitschwiegermutter an diesem Sonntag auf einem dörflichen Küchenstuhl mitten auf unserem Hof.

Wie es das Schicksal wollte, sollte es noch schlimmer für sie kommen. Sie hatte sich noch nicht wieder richtig erholt, als der Finken Bauer mit seiner schwarzbunten Kuh auf unseren Hof marschierte und volltönend ausrief: „Konrad, wo bist du, meine Kuh muss zum Bullen.“ Nun war Großvater in seiner Funktion als Halter der Gemeindebullen gefordert. Mit sich selbst beschäftigt, nahm Luzie nicht wirklich wahr, was unterdessen um sie herum auf dem Hof vor sich ging. Bereits ehe Großvater mit dem stattlichen Bullen Paul an der Kette auf dem Hof erschien, hörte man sein lautes Rufen: „Das Auto muss vom Hof, sonst kann ich für nichts garantieren.“ Luzies Sohn Gerhard, der bisher noch kein einziges Wort gesagt hatte, sprang wie von einer Tarantel gestochen in den Citroën und fuhr so schnell rückwärts vom Hof, als ob der Teufel hinter ihm her wäre.

Nun gab der Hof ein lustiges Bild ab. In der Mitte saß die elegant gewandete Berlinerin auf einem alten Küchenstuhl, von rechts kam der Finken Bauer mit seiner schwarzbunten Kuh und von links aus dem Stall mein Großvater mit dem massigen Bullen Paul. Als Luzie mit einem Mal plötzlich den Bullen erblickte, fing sie hysterisch zu kreischen an. Nun kam, was kommen musste: Der Bulle erschrak und riss sich von der Kette los. Wild schnaubend rannte das Tier über den Hof direkt auf die Berlinerin Luzie zu. Diese schrie immer lauter und fuchtelte wild mit ihren Armen in der Luft herum, sodass sie das Gleichgewicht verlor und samt dem Küchenstuhl umfiel. Warum auch immer, machte Bulle Paul einen Bogen um Luzie und stürmte quer über den Hof zum Straßenrand in Richtung des parkenden Citroën, in welchem mit weit aufgerissenen Augen Gerhard saß. Sein Gesicht wies inzwischen die gleiche giftgrüne Farbe wie der Citroën auf. Der Bulle preschte haarscharf an dem Blechvehikel vorbei auf den Nachbarhof. Großvater hastete im Sturmschritt mit der klirrenden Kette in der Hand hinter Paul her. Der Finken Bauer stand mit offenem Mund neben seiner Kuh, die im Gegensatz zu dem Bullen ganz ruhig geblieben war, mit dem Schwanz wedelte und gelangweilt in die Luft blickte.

Nachdem Paul einige Male auf dem Nachbarhof hin und her gehechtet war, lief er geradewegs gegen die Hauswand. Ein dumpfes Geräusch war zu hören. Das Tier bekam einen dermaßen kräftigen Schlag ab, dass es anfing, benommen zu taumeln. Bevor Paul wieder richtig zur Besinnung kam, legte Großvater ihm in Windeseile die Kette um seinen wuchtigen Hals. Dann führte er den Bullen, der inzwischen lammfromm neben ihm herlief, auf unseren Hof zurück. Zu Luzie hin, die sich währenddessen zwar wieder aufgerappelt hatte, aber von oben bis unten mit Dreck bespritzt dastand, rief Großvater: „Siehst du, wie friedlich mein Paul in Wirklichkeit ist. Der hat sich nur gewaltig vor deinem Gekreische erschrocken."

Innerhalb nur weniger Sekunden wechselte Luzie ein paar Mal die Gesichtsfarbe. Das wasserstoffblond gefärbte Haar hing ihr zwischenzeitlich wirr um den Kopf. Ihren wagenradähnlichen Hut trug sie nun in der Hand. Sich wild umblickend, hastete sie trotz der irrsinnig hohen Stöckelschuhe von unserem Hof, so als ob der Bulle Paul sie immer noch verfolgen würde. Kurz vor dem Citroën, welcher immer noch an der Straße parkte, stolperte sie. Ihr Sohn Gerhard, der das Auto die ganze Zeit über nicht mehr verlassen hatte, eilte seiner Mutter nun schnell zu Hilfe. In Richtung unseres Hofes schrie Luzie mit schriller Stimme: „Das ist das Allerschlimmste, was mir in meinem ganzen Leben widerfahren ist. Nie wieder komme ich in dieses

Kuhdorf und betrete diesen dreckigen Hof." Großvater rief mit lauter Stimme und einem Schmunzeln in den Mundwinkeln zurück: „Wenn du noch nichts Schlimmeres erlebt hast, dann bist du ja bisher in deinem Leben gut weggekommen."
So kam es, dass der Besuch, um welchen meine Großmutter ein so großes Trara gemacht hatte, schnell vorbei war. Später, als wir alle kauend und schmatzend in der guten Stube an dem Tisch mit der weißen gestärkten Tischdecke saßen und vom Sonntagsservice Rindssuppe mit dicken Markklößchen, knusprigen Gänsebraten, Knödel und Rotkohl speisten, gab Großvater die Geschehnisse auf dem Hof zum Besten. Er verschluckte sich mehrmals, weil das Ganze ihn derart belustigte, dass er beim Erzählen ständig laut loslachen musste. Großvater meinte, Paul habe einen Bogen um Luzie gemacht, weil diese ihm zu sehr nach Parfüm gestunken habe. Denn die gewaltige Duftwolke um Luzie sei selbst für eine starke Bullennase zu viel. Und obwohl es eigentlich gar nicht Großvaters Art entsprach, konnte er sich an diesem Tag gar nicht mehr beruhigen und erzählte den Hergang immer wieder von Neuem. Die Geschichte von Luzie, der Berlinerin, und dem Bullen Paul wurde für die nächste Zeit auch Großmutters Lieblingsgeschichte. Ich stellte fest, dass Großmutter jedes Mal, wenn sie die Begebenheiten schilderte, diese ein bisschen mehr ausschmückte.

Die „Glücksklee"-Bombe

Illustrierte gab es Anfang der sechziger Jahre nur wenige – zumindest in unserem kleinen Dorf. Irgendwie hatte solch ein Heft den Weg in unsere Wohnküche gefunden. Es lag eines Tages einfach auf dem Küchentisch. Begierig stürzte ich mich darauf und blätterte neugierig die ungewöhnlichen bunten Seiten durch. Dabei stieß ich auf eine Werbeanzeige für die Kondensmilch der Marke „Glücksklee". Dort stand in dicken schwarzen Buchstaben:

Lösen Sie unser Preisrätsel und Sie erhalten die originalgetreue Nachbildung einer Dose Glücksklee-Kondensmilch.

Ich dachte schon, was soll man denn mit so einer blöden Dose anfangen? Doch beim Weiterlesen wurde mir schnell klar, dass man sie ganz gut brauchen konnte. Denn das Besondere daran war, dass diese Dose durch Hin- und Herdrehen ein dröhnendes, echtklingendes Kuhmuhen hervorbrachte. Mit einem Mal war mir klar, dass ich dieses Ding unbedingt haben musste. Deshalb las ich die Preisfrage. Sie war dermaßen dämlich, dass ich es kaum fassen konnte. Unter einer grasfressenden Kuh stand:

Kreuzen Sie an:

Ernährt sich das Tier von Käfern

Ernährt sich das Tier von Luft

Ernährt sich das Tier von frischem und getrocknetem Gras

Großvater spendierte aus seinem Aktenschrank in der Speisekammer ein Kuvert und eine Briefmarke. Als er mir beides reichte, bemerkte er: „Findest du nicht, dass diese Preisfrage eigentlich eine Beleidigung für die Intelligenz der Menschen ist?"

Vorsichtshalber gab ich Großmutters Namen an, schließlich war ich ja noch nicht erwachsen. Noch am gleichen Nachmittag lief ich zur Schalterstunde der Post und gab das Kuvert bei Anton ab. Hätte ich gewusst oder auch nur geahnt, was dieser Brief für eine Aufregung heraufbeschwören würde, so hätte ich lieb und gerne auf die „muhende Dose“ verzichtet.

Ich hatte die Sache schon fast vergessen, als ich aus der Schule nach Hause kam und bereits im Korridor hörte, wie Großmutter volltönend feststellte: „Jetzt lacht das ganze Dorf über uns!“ Großvater erwiderte: „Das kommt davon, dass du diese idiotische Illustrierte gekauft hast.“ Während ich die Küche betrat, mischte sich eben meine Mutter in das Gespräch ein: „Es ist ungerecht, ihr die Schuld dafür zu geben, dass der Anton von der Post so ein Spatzengehirn hat.“ Und Vater, der bereits vor einem leeren Teller am Tisch saß, verkündete schmunzelnd: „Also, ich finde es ganz lustig!“ Großvater blickte abschätzig zu Vater hin und sagte: „Halt du dich da raus.“ Doch Vater ließ sich nicht beirren und bemerkte: „Aber es ist doch wirklich einfältig von dem dicken Anton zu denken, dass eine Briefbombe in seiner Posttasche tickt.“

Folgendes hatte sich an diesem Vormittag zugetragen: Der Anton von der Post war gerade dabei, in das Pfenniggässchen einzubiegen, als er ein unbekanntes Geräusch wahrnahm. Aufmerksam geworden, versuchte er konzentriert auszumachen, wo das komische Rauschen herkommen mochte. Täuschte er sich oder entsprang es seiner vollgestopften Posttasche, die er mit einem Lederriemen um den Hals trug? Konnte es sein, dass es sich um ein Ticken handelte, das aus seiner Posttasche kam? Langsam aber sicher kroch Angst in ihm hoch. Hatte er nicht erst kürzlich von einer Briefbombe gehört? Was wenn er eine in seiner Posttasche hatte? Das war doch möglich! Zwischen diesen Gedanken vernahm er das Geräusch erneut. Es wurde

immer eindringlicher. Plötzlich erfasste Anton Panik. Mit einer hektischen Bewegung riss er den Riemen der schweren Posttasche von seinem Hals und warf sie in einem kräftigen Schwung auf die gegenüberliegende Straßenseite. Dazu brüllte er: „Deckung, gleich fliegt hier alles in die Luft!"
Anton selbst stürmte in das nächstliegende Haus, welches dem Gottwald Ernst gehörte. Bei ihm handelte es sich um einen ruhigen, besonnen Menschen. Als Anton wie von Sinnen in seine Küche geprescht kam, saß er am Küchentisch und genoss seinen zweiten Morgenkaffee und die Tageszeitung. Verwundert blickte er Anton an und bemerkte: „Mann, oh Mann, wie siehst du denn aus?" Anton stammelte nur: „Bombe! Bombe!" Gelassen fragte Ernst: „Sag mal Anton, liest du nicht doch zu viele von diesen Kriminalromanen?" Dieser schüttelte heftig den Kopf und zeigte mit dem Finger zum Küchenfenster: „Da draußen liegt sie, die Bombe!" Als Ernst zum Fenster ging, um nachzuschauen, sprang Anton mit einem Hechtsprung auf ihn zu und zerrte an seinen Beinen, sodass er wie ein frisch gefällter Baum umfiel. Der nun auf dem Holzdielenboden liegende Ernst wollte mit verärgerter Miene wissen: „Spinnst du?" „Nein, du spinnst!", schrie Anton im hocherregten Tonfall. „Das Ding da draußen kann jeden Moment in die Luft gehen!" Er lag nun ebenfalls auf dem Fußboden und hielt sich mit beiden Händen die Uniformjacke über den Kopf. Ernst erhob sich, klopfte seine Kleidung ab und verkündete: „Mal ganz langsam mit den jungen Pferden!" Anton spitzte unter seiner Jacke hervor und krächzte: „Was machen wir denn jetzt nur?" „Auf jeden Fall ruhig bleiben", erwiderte Ernst. „Du trinkst erst mal einen großen Korn, das beruhigt, und ich überlege mir, wie es am besten weitergeht." Zu diesen Worten kratzte er sich ausgiebig

am Hinterkopf, so als ob ihm das beim Nachdenken helfe.
Anton hatte bereits mit äußerst zittrigen Händen den dritten Korn hinuntergekippt, als Ernst vorschlug: „Lass uns doch mal ganz vorsichtig an die Posttasche herangehen.“ „Ohne mich!“, schallte Antons Bass durch das Zimmer. „Benimm dich doch nicht wie ein altes Weib und komm mit!“, wies Ernst ihn zurecht. Anton erhob sich zögerlich und verlangte: „Du gehst aber vor!“ „Ja, ja, nun mach schon“, versicherte Ernst.
Ganz unvorsichtig ging Ernst allerdings auch nicht an die Sache ran. Er bewaffnete sich mit einem langstieligen Besen. „Was willst du denn damit?“, forschte Anton ängstlich dreinblickend nach. „Ganz einfach: Damit werde ich die Tasche mal vorsichtig anstoßen“, informierte Ernst ihn. „Ich geh lieber wieder in deine Küche, das halten meine Nerven nicht aus“, jammerte Anton und wollte eilig verschwinden. Aber Ernst hielt ihn zurück und sagte: „Mach dir doch nicht in die Hose, wir beide klären das jetzt.“
Die Posttasche lag immer noch unberührt auf der staubigen Straße. Das abgewetzte schwarze Leder glänzte unschuldig in der Morgensonne. „Sieht doch ganz friedlich aus“, scherzte Ernst. „Mach bloß keine Witze! Wir sollten das wirklich lassen!“, stöhnte Anton auf. Doch Ernst stocherte bereits mit dem Stiel des Besens an der Posttasche herum. Er versuchte sie umzustoßen. Aschfahl verfolgte Anton den Vorgang. Er zerrte Ernst erneut am Arm und quengelte: „Lass uns lieber die Polizei anrufen.“ Doch dieser ignorierte ihn einfach und ließ sich nicht beirren in dem Versuch, die prall gefüllte Posttasche zu bewegen. Zuerst passierte gar nichts. Aber dann kippte plötzlich die Tasche um und gab dabei ein seltsames Geräusch von sich. Anton vergaß vor Schreck Luft zu holen. Ernst runzelte

die Stirn und sagte: „Das hört sich ja an, als ob eine Kuh in deiner Tasche wäre?“ Als Ernst erneut mit dem Besenstiel an die Tasche stieß, kullerte ein kleines Päckchen heraus, aus welchem jetzt ganz deutlich das Plärren einer Kuh zu vernehmen war. „Wenn ich es nicht ganz genau wüsste, dass da keine Kuh drin sein kann, würde ich darauf wetten“, verkündete Ernst und ging beherzt auf das kleine Päckchen zu. Anton brüllte noch „Nicht anfassen!“, aber Ernst hatte es bereits in der Hand und las die Anschrift. „Das ist ja für die Eisenkorbs Lina“, stellte er fest. „Tja, dann bringen wir das Ding mal dahin.“ Anton gab mit zittriger Stimme zu bedenken: „Und wenn es doch noch in die Luft geht?“ „Jetzt hör aber endlich auf, nimm deine Tasche und tu deine Pflicht, schließlich wirst du ja dafür bezahlt.“

Großmutter staunte nicht schlecht, als sich die Türe zu unserer Wohnküche öffnete und zuvorderst der Gottwald Ernst mit einem Päckchen in der Hand und dahinter der etwas grünlich im Gesicht aussehende Post-Anton hereinkamen. Auf ihre freundliche Frage hin, was die beiden zu ihr führe, polterte Anton grußlos: „Das ist Bedrohung eines Beamten. Das bringe ich zur Anzeige!“ Ernst mäßigte ihn mit den Worten „Mach mal halblang“, und zu Großmutter hin sagte er: „Schenk dem Anton mal einen Korn ein, der kann es brauchen.“ Großmutter blickte zwar verwundert, holte aber trotzdem die Flasche aus der Speisekammer. Ernst ermittelte indessen, indem er ihr hinterherrief: „Sag mal, Lina, ich weiß zwar, dass die Frage blöd klingt, aber hast du irgendetwas bestellt, was sich wie eine Kuh anhört?“ Zuerst verneinte sie, aber dann fiel ihr ein, dass ich von einem Preisrätsel der Firma „Glücksklee“ erzählt hatte. Und so erklärte sie: „Ernst, du hast schon recht, da wird eine Dose drin sein, die wie eine Kuh muht.“ „Was, du gibst das auch noch zu? Das wird Folgen haben! Darauf kannst du Gift nehmen!“, schrie Anton wütend. „Wieso das denn?“, fragte Großmutter unverständlich. Als Ernst ihr erklärte, dass der Anton das Päckchen für eine Briefbombe gehalten habe, schaute sie ihn einen Augenblick lang sprachlos an, schüttelte dann mit dem Kopf und sagte: „Das hört sich aber ganz anders an, als das Plärren einer Kuh. Hast wohl was mit den Ohren, Anton?“ Das Kabinettstück dieses Morgens verbreitete sich wie ein Lauffeuer in Kirschhausen. Und es gab fast niemanden, der sich nicht darüber vor Lachen schüttelte. Von nun ab wurde Anton, wenn er morgens seine Runde durch das Dorf drehte, nicht selten gefragt, ob er denn vielleicht wieder einmal eine Briefbombe in seiner Tasche habe. Dieser Nachfrage folgte meist ein Lachen oder zumindest ein dickes breites Grinsen. So kam es, dass der Post-Anton meine Großmutter nicht mehr leiden konnte, weil er sie dafür verantwortlich machte, dass er seine Würde als Amtsperson verloren hatte. Noch lange Zeit konnte er ihr nicht verzeihen. Wenn er Großmutter sah, drehte er seinen Kopf mit der amtlichen Postmütze demonstrativ in eine andere Richtung und blickte an ihr vorbei.

Besuch aus Amerika

Wenn Großvater abends gemütlich in unserer Wohnküche saß und vor sich hin döste, bat Großmutter ihn manchmal, einen Brief an ihre Cousinen in Amerika zu schreiben. Sie selbst hatte eine recht abenteuerliche Orthografie. Das begründete sie damit, dass in ihrer Schulzeit, während des Ersten Weltkriegs, ein alter Tattergreis die Kinder im Dorf mehr schlecht als recht unterrichtet habe. Allerdings zeigte Großvater keine große Lust am Briefeschreiben, denn für ihn war das Weiberkram. Da seine Frau aber, wenn sie etwas wirklich wollte, nicht aufgab, bekamen sich die beiden an solchen Abenden regelmäßig in die Haare. Großvater sagte dann stets: „Schreib doch einfach so, wie du es kannst, den Amis ist es doch egal, ob du einen Magister in deutscher Sprache hast oder nicht. Die freuen sich allemal über Post aus der Heimat." Aber so einfach war das nicht. Großmutter genierte sich und sah ihre Schwäche als einen erheblichen Makel an.

Manchmal ließ sich Großvater doch recht lange bitten, bis er endlich seinen Schreibblock und seinen Füllfederhalter aus seinem Aktenschrank in der Speisekammer holte. Mit äußerst konzentriertem Gesichtsausdruck diktierte Großmutter ihm kurz darauf in einem gestelzten Hochdeutsch ihre Briefe. Zwischendurch machte sie lange Pausen, um den folgenden Text auch ja gut zu überlegen, schließlich wollte sie sich draußen, in der großen Welt, nicht blamieren. Großvater rollte in diesen Pausen stets mit den Augen und blickte ungeduldig in der Küche herum.

Aber auch ich war froh, wenn Großvater endlich schrieb, denn ich wartete bereits auf die Antwort. Entweder kam ein Brief mit interessanten Marken, eine bunte Ansichtskarte oder manchmal auch ein Päckchen mit exotischem Inhalt zurück. Einmal traf ein himmelblauer Luftpostbrief aus Amerika in unserem alten Bauernhaus ein. Ich hatte an diesem Tag früher Schule aus, saß am Küchentisch und brütete über den Regeln der deutschen Grammatik. Großmutter knetete eifrig einen Hefeteig, der sein duftendes Aroma im Raum verbreitete. Schnell wischte sie erwartungsvoll ihre Hände an der Schürze ab, nahm ein kleines

Küchenmesser und öffnete den Brief mit einem geräuschvollen Ratsch. Nun wartete ich darauf, dass sie laut vorlesen würde. Das tat sie aber nicht, deshalb wand ich mich wieder meinen leidigen Schulaufgaben zu. Gerade als ich Großmutter fragen wollte, ob sie mir sagen könne, was ein Genitiv sei, ließ sie sich auf einen Stuhl plumpsen und stöhnte: „Oh Gott, oh Gott!" Ich blickte zu ihr hin und bemerkte, dass sie plötzlich kreidebleich geworden war. „Was ist denn los?", wollte ich wissen. Zuerst erwiderte sie nichts, aber nach einem Augenblick ächzte sie: „Ach Kind, ach Kind!" „Ist etwas passiert in Amerika?" „Nein, das nicht, aber bei uns wird bald was passieren", entgegnete Großmutter. „Wie? Was soll denn bei uns passieren?", forschte ich. Jetzt nahm sie den Brief, der auf ihrem Schoß lag, wieder hoch und las laut vor: „Liebe Lina, freue dich, mein Mann Jonny und ich kommen nach ooold GGGermaniii (old Germany), um euch zu besuchen." Nach diesem einen Satz sprang sie von ihrem Stuhl hoch, rannte auf den Hof und brüllte gellend: „K o n r a d!"

Großvater kam seelenruhig aus dem Kuhstall geschlürft und erkundigte sich lächelnd: „Na, wo brennt es denn?" Großmutter sagte nur drei Worte: „Die Amis kommen!" Nun schaute Großvater überrascht drein. Doch bevor er etwas fragen konnte, verkündete seine Frau: „Das geht nicht! Das geht auf gar keinen Fall!" Großvater schob seine Schirmmütze zurück und resümierte: „Wenn ich dich richtig verstehe, hat sich Besuch aus Amerika angekündigt. Ja, und wieso soll das nicht gehen? Wir haben doch genügend Betten im Haus!" In äußerst erregtem Tonfall erklärte Großmutter: „Ja kapierst du es denn nicht? Die sind doch an Luxus gewöhnt." „Mach mal halblang. Wenn du den Amis einen schönen Schweinebraten mit Kartoffelknödeln und Rotkohl oder eine knusprige Ente mit was weiß ich was vorsetzt, dann ist das doch ganz schön luxuriös." „Konrad", seufzte Großmutter als ob sie es mit einem Begriffsstutzigen zu tun hätte, „unsere Toilette befindet sich auf dem Hof!" „Das ist mir schon bewusst, aber die Amis kommen doch sicher nicht wegen der Toilette zu uns?", erwiderte Großvater spöttisch. „Koonnraad, wir können die doch unmöglich auf eine Toilette im Hof schicken!", jammerte Großmutter weiter. „Ja, wieso nicht? Wenn das Häuschen uns über viele Jahre gute Dienste getan hat, warum soll es denn für die Amis nicht ausreichen? Das hängt mir irgendwie zu hoch", verkündete Großvater, drehte sich um und ging kopfschüttelnd wieder in den Kuhstall zurück. Also, ich konnte auch nicht verstehen, wieso ein K l o h ä u s c h e n das größte Problem beim Besuch aus Amerika darstellen sollte.

In der folgenden Zeit wurde es recht ungemütlich bei uns. Die Frauen stellten das ganze Haus auf den Kopf. An allen Ecken und Enden wurde nun geputzt. Großmutter nähte sogar neue Gardinen, auch hatte sie durchgesetzt, dass das Toilettenhäuschen auf dem Hof gefliest wurde. Da Großvater überall im Weg zu sein schien, hielt er sich, außer zum Essen und Schlafen, fast nur noch draußen und im Stall auf. Er konnte die ganze Aufregung überhaupt nicht verstehen. Zu mir sagte er: „Die halten ja ein Gedöns, als ob der amerikanische Präsident persönlich sein Kommen angekündigt hätte." Obendrein vertrat er die Meinung, dass die Amis wegen ihm, wenn er sie besuchen würde, auch nicht so viel Aufhebens machen würden. Aber nicht nur die Unruhe ärgerte ihn, sondern auch das Geld, welches nun für Gardinen und ähnlichen Zierrat ausgegeben wurde. Für Großvater war es viel wichtiger, Gerätschaften für die Landwirtschaft anzuschaffen oder den Stall zu vergrößern. Schon jetzt ging ihm der Besuch aus Übersee gehörig auf die Nerven.

Am Ankunftstag der Amis hatte Vater frei. Er sollte den Besuch in der Kreisstadt von der Bahn abholen. Natürlich reichte das Goggo für so eine Unternehmung nicht aus, deshalb hatte Vater sich von seinem Sangesbruder, dem Schreiner Karl, dessen himmelblauen Opel Kombi ausgeliehen. Als Vater in seinem Sonntagsanzug in das Auto stieg, ulkte er: „Hoffentlich geht das ganze Gepäck der Amis hier rein." Großmutter, die heute noch nervöser als die letzten Tage war, ermahnte ihn: „Albert, sei schön freundlich bei der Begrüßung und unterhalte den Jonny und die Alice auf der Herfahrt." „Yes, my Lady", sang Vater gut gelaunt. Großvater rief ihm hinterher: „Begrüßen ist ja in Ordnung, aber ansonsten rate ich dir, dich beim Fahren auf die Straße zu konzentrieren und kein dummes Zeug zu quatschen." Nachdem Vater weg war, galt es, alle anderen Familienangehörigen herauszuputzen. Mutter hatte mir mein rosafarbenes gerüschtes Kleid, weiße Strumpfhosen und die Lackschuhe herausgelegt. So ausstaffiert konnte ich natürlich nicht mehr spielen. Überdies wollte ich keinen Streit mit Mutter riskieren, deshalb setzte ich mich einfach auf einen Küchenstuhl und wartete ab. Das war aber auch ganz interessant, denn alle rannten aufgeregt hin und her. Großvater in seinem guten Anzug suchte Großmutter, damit sie ihm die Krawatte band. Mein Bruder stolzierte fertig angezogen im schwarzen Anzug mit weißem Hemd und bunt gestreifter Fliege um den Hals herum. Etwas an seinen Bewegungen oder auch an seiner Gangart erinnerte mich an die Pinguine, die ich letztlich in einem Film gesehen hatte, der im Dorfgemeinschaftshaus gezeigt wurde. Mit einem

Mal wusste ich, was es war: Die Proportionen stimmten nicht, seine Arme schienen zu kurz für seine Körpergröße, oder waren das nur die Ärmel seines Anzugs? Großvaters Stimme, die an mein Ohr drang, riss mich aus diesen Überlegungen. Ich hörte, wie er Edgar fragte: „Sag mal, ist Hochwasser gemeldet?“ Verdutzt wollte dieser wissen: „Wieso?“ „Na ja, weil deine Hosenbeine so kurz sind“, neckte Großvater ihn. Jetzt sah ich es auch: Offensichtlich war er aus seinem Anzug so gut wie herausgewachsen. Mutter stöhnte: „Zum Teufel noch mal, der Bub wächst ja wie Unkraut, der braucht unbedingt einen neuen Anzug, aber heute muss es noch mal so gehen.“

Kurz darauf, als Großmutter die Küche betrat, staunte ich nicht schlecht. Sie trug tatsächlich ein Kleid und Schuhe aus Amerika. Die Sachen entstammten mit Sicherheit einem der vielen Pakete, die der Post-Anton regelmäßig in unser Haus brachte. Ich hätte nie gedacht, dass meine Großmutter so aussehen könnte. Die Haare, die sonst zu einem einfachen Knoten am Hinterkopf geflochten waren, trug sie als Hochsteckfrisur. Das hellgrüne Kleid aus ganz feinem Stoff sowie die Pumps aus dunkelgrünem Wildleder verliehen ihr tatsächlich das Aussehen einer richtigen Dame – oder zumindest das, was ich mir darunter vorstellte. Außerdem wirkte sie gar nicht mehr so alt wie sonst. Großvater schien heute recht entspannt und scherzte mit seiner Frau: „Da muss ich ja aufpassen, dass die Amis dich nicht mitnehmen, wenn sie wieder heimfahren.“ Tante Herminchen und Mutter, die sich ebenfalls sehen lassen konnten, lachten laut über Großvaters Ausspruch. Aber da wussten sie ja auch noch nicht, was ihnen noch bevorstand. Sie sollten sich nämlich an diesem Tag noch mächtig ärgern.

Als wir den Kombi vom Schreiner Karl auf unseren Hof fahren

hörten, horchten wir auf. Ich war wahnsinnig gespannt, wie die Amis wohl aussehen mochten. Großmutter rief: „Der Albert hupt ja gar nicht, ich hatte ihm doch extra aufgetragen zu hupen, wenn er zurückkommt." Mit diesen Worten rannte sie auf den Hof hinaus und alle anderen erwartungsvoll hinter ihr her. Was dann passierte, war kaum zu fassen: Nur mein Vater stieg aus dem himmelblauen Auto aus. Großmutter fragte ungläubig: „Wo sind denn die Alice und der Jonny?" Vater blickte recht verärgert drein und äußerte zuerst einmal gar nichts. Bis Mutter ihn aufforderte: „Sag doch was?" Ihr Mann holte tief Luft und verkündete: „Ich habe eine Stinkwut!" „Albert", erhob Großvater die Stimme, „würdest du bitte so freundlich sein und uns mitteilen, was los ist." Daraufhin schnaubte er: „Der Julius ist ein riesengroßes Arschloch!"

An dieser Stelle sei erwähnt, dass es sich bei Julius um Großmutters Bruder handelte, der wegen des Erbes mit unserer Familie zerstritten war. Er und seine Frau, die Lisbeth, behaupteten steif und fest, dass sie beim Erbe um eine Kuh betrogen worden seien. Großmutter schrieb diese Zwietracht hauptsächlich der Lisbeth zu, die sie als gierig bezeichnete. Julius arbeitete in der Kreisstadt als Lokomotivführer. Er und seine Frau bewohnten eine Eisenbahnerwohnung in der Butterfassstraße und fühlten sich als Städter, besonders Lisbeth, die aber auch aus unserem Dorf stammte. Wegen des Erbstreites lebten wir mit ihrer gesamten Familie auf Kriegsfuß. Als Großmutter sich einmal, wie so oft, darüber beschwerte, dass sie mit ihrem einzigen Bruder keinen Kontakt habe, und Großvater es nicht mehr hören konnte, gab er ihr den Rat, doch eine Kuh zu verkaufen und Julius das Geld dafür zu geben. „Ja, bist du denn von

Sinnen? Das steht ihm doch gar nicht zu“, antwortete Großmutter empört. „Ja, wenn du nicht bereit bist, diesen Preis zu zahlen, dann musst du das Ganze endlich mal loslassen, sonst ärgerst du dich ja noch bis ins Grab hinein darüber.“

Nun aber zurück zu dem Besuch der amerikanischen Verwandtschaft: Vater stand wie ein begossener Pudel auf dem Hof und wir immer noch alle um ihn herum. Er begann zu erzählen: „Also, nachdem ich mir eine Bahnsteigkarte gekauft hatte und zum Gleis kam, standen da bereits der Julius und die Lisbeth. Ihr glaubt ja gar nicht, wie die rausgeputzt waren! Wie die Karussellpferde auf der Kirmes.“ „Verlier dich doch nicht in Einzelheiten und sag uns endlich, was passiert ist“, wies Mutter ihn zurecht. „Aber sonst willst du doch immer alles ganz genau wissen“, erwiderte Vater. „Hört auf zu Streiten!“, fuhr Großvater dazwischen, und so erzählte Vater weiter: „Als der Zug einfuhr und die Türen sich öffneten, stürzten die beiden gleich ganz nach vorne. Tatsächlich stiegen Alice und Jonny fast als Erste aus. Ich habe sie sofort erkannt. Sie sehen wirklich richtig amerikanisch aus. Nachdem ich die beiden ebenfalls begrüßt hatte, drückte der Julius mir die Gepäckscheine in die Hand und forderte mich auf, die Koffer abzuholen und in das Auto seines Schwiegersohnes einzuladen, das direkt vor dem Bahnhof stand. Dabei hörte ich, wie er den Amis erklärte, dass sie bei ihm wohnen müssten, da wir keine richtige Toilette hätten, er aber über ein Klosett mit Wasserspülung verfüge.“ Großmutter fragte ungläubig: „Und da hast du dir den Besuch so einfach vor der Nase wegschnappen lassen?“ „Was sollte ich denn machen? Ich habe mich ja auch gefühlt wie der Gepäckträger vom Dienst“, konterte Vater. Irgendwie schauten wir alle recht betreten drein. Bis Großvater vorschlug: „Lasst uns Kaffee trinken, der Kuchen und die Schlagsahne wird uns auch ohne die Amis schmecken." An der festlich gedeckten Kaffeetafel stellte Großmutter fest: „Das ist bestimmt auf dem Mist von der Lisbeth gewachsen. Die ist einfach eine falsche Schlange."

Ziemlich enttäuscht begann unsere Familie den nächsten Tag. Waren die letzten Wochen auf den kommenden Besuch ausgerichtet gewesen, so galt es nun wieder den ganz gewöhnlichen Alltag zu leben. Für mich und Edgar hieß das, ohne besondere Erwartung in die Schule zu gehen. Großvater verkündete beim Frühstück: „Gott weiß, für was es gut ist!" Auch Vater hatte sich beruhigt und begann der Sache etwas Positives abzugewinnen. Er meinte: „Na ja, jetzt kann der Julius sich mit dem Besuch herumschlagen." Aber da hatte er sich getäuscht. Kaum waren wir Kinder in der Schule, da kam die Elfriede von der Wirtschaft keuchend angelaufen und rief: „Der Julius ist am Telefon. Es soll schnell mal einer von euch an den Apparat kommen." Neugierig rannte Großmutter mit großen Schritten hinter Elfriede her. Als sie zurückkam, berichtete sie, dass der Julius getan hätte, als ob alles ganz normal sei. Er habe einen gemeinsamen Ausflug nach Herleshausen zur Zonengrenze vorgeschlagen. Schließlich müsse man den Amis doch zeigen, wie Deutschland geteilt wäre.
Ein älterer Schüler übte gerade lesen mit uns Jüngeren, als es heftig an die Schultür klopfte. Dankbar für die Ablenkung drehten wir alle neugierig die Köpfe zur Tür hin. Und siehe da, herein kam meine Großmutter. In dem gestelzten Hochdeutsch, welches sie immer sprach, wenn sie etwas Amtliches erledigte, trug sie ihr Anliegen vor: „Herr Lehrer, ich möchte unsere

Kinder abholen. Wir haben Besuch aus Amerika und machen heute einen Ausflug an die Zonengrenze." Nach diesen Worten rief sie auch schon: „Edgar, Monika, beeilt euch." Es kam ihr gar nicht in den Sinn, dass der Herr Lehrer etwas gegen ihr Anliegen haben könnte. Ihm offensichtlich auch nicht, denn er blickte sie nur perplex an. Schnell, bevor noch irgendetwas schief gehen konnte, schnappten Edgar und ich unsere Ranzen und rannten aus dem Schulzimmer.

Zu Hause auf unserem Hof standen ein schwarzer Mercedes und ein vanillegelber VW Käfer. Wie ich nach der Begrüßung des Besuches herausfand, waren das die Autos der beiden Schwiegersöhne von Julius. Meine ganze Aufmerksamkeit aber galt der amerikanischen Verwandtschaft, diese inspizierte ich mit Argusaugen. Zuerst Alice: Sie war spindeldürr, stark geschminkt und trug ein schreiend bunt gemustertes Sommerkleid. Ein rotes Hütchen, fast ein Käppi, das auf ihren dünnen aschblonden Locken saß, rundete das Bild ab. Doch ihr Mann, der Jonny, war noch beeindruckender. Aus den kurzen Ärmeln seines weißen Sommerhemdes ragten, bis zu den Handknöcheln hin, dunkelblaue Riesenschlangen hervor. Zum ersten Mal in meinem Leben sah ich einen tätowierten Menschen. Gebannt blickte ich auf Jonny, oder genauer gesagt auf seine Arme. Bis Großvater mich leicht schupste und flüsterte: „Man glotzt die Leute nicht so an, das gehört sich nicht!" Aber er hätte gar nicht leise sprechen müssen. Jonny verstand kein einziges Wort Deutsch. Dafür lachte er aber ständig dröhnend und klopfte sich dabei auf seinen beachtlichen Bauch. Uns Kindern schenkte er einen übergroßen Griffelkasten aus weißem Plastik mit einem einfachen Zahnradsystem. Wenn man an den Rädchen drehte, so erschienen auf der linken Seite die Staaten der

USA und auf der rechten die Hauptstädte. Die Aufgabe war, die richtigen Paare zusammenzustellen. Als Großvater bemerkte, wie begierig ich an dem Kasten herumspielte, sagte er: „Lern erst mal die von Deutschland.“ „Aber Großvater, ich habe jetzt doch nun mal nur so ein Ding über Amerika.“ „Trotzdem“, beharrte er, „man muss zuerst im eigenen Land Bescheid wissen.“ Alice hatte mir eine abgrundtief hässliche Clownpuppe mitgebracht. Genau genommen hatte ich so etwas Hässliches noch nie zuvor gesehen. Der Körper bestand aus Stoff, der ein chaotisches pink- und lilafarbenes Muster aufwies. Aber am Abstoßendsten war das Plastikgesicht in grellem Türkis mit tiefliegenden, feuerroten, schwarzumrandeten Augen. Und gerade weil diese Puppe so hässlich aussah und mir von daher irgendwie leid tat, beschloss ich, sie lieb zu haben und mit in mein Bett zu nehmen.

Doch mein Bruder bekam wieder einmal, weil er ein Junge war und somit automatisch etwas Besonderes, ein außergewöhnlich tolles Geschenk. Es handelte sich um eine große Schachtel mit Würfelzucker aus der ganzen Welt. Denn Alice und Jonny machten eigentlich eine Weltreise mit kurzer Unterbrechung in Kirschhausen. Nichtsdestotrotz interessierte sich Edgar nicht die Bohne für den weit gereisten Zucker, aber ich umso mehr, und da Edgar sie sowieso nicht vermisste, ging die Schachtel sang- und klanglos in meinen Besitz über. Auch dieser Schatz fand seinen Platz in meinem Geheimversteck auf dem Dachboden. Manchmal nahm ich alle Zuckerstücke heraus, reihte sie auf und schaute mir die verschiedenen bunten Papierchen mit den fremden Schriften ganz genau an.

An dem Tag des Ausflugs ging es recht hektisch zu auf unserem Hof. Julius teilte, im Tonfall eines Kommandanten, die Leute auf die Autos auf. Leider verfrachtete er mich in den vanillegelben VW Käfer und nicht in den schwarzen Mercedes. Das hatte zur Folge, dass ich die Fahrzeit mit einem mürrischen Gerichtsvollzieher und seiner langweiligen Frau verbringen musste. Den schwarzen Mercedes hingegen lenkte Julius Schwiegersohn Günther. Dieser war Tierarzt und wusste stets unterhaltsame Geschichten zu erzählen, und seine Frau Hannelore gab lustige Kommentare dazu ab. Ich versuchte mich gegen diese Entscheidung zu wehren, indem ich vorgab, dass es mir in dem VW Käfer bestimmt übel werden würde und ich mich übergeben müsse. „Dann setzt du dich halt nach vorne", befahl Julius. Oh Gott, das war nun wirklich nicht meine Absicht gewesen neben diesem doofen Heini namens Elmar zu sitzen, aber nun konnte ich nicht mehr zurück.
Allerdings wurde es sogar noch schlimmer, als ich es mir ohnehin schon vorgestellt hatte: Elmar hatte eine Regel aufgestellt und zwar sollte ich die Hand hochheben, wenn ich „kotzen" müsse. Weil mir ja nicht wirklich schlecht war, merkte ich sie mir nicht. Und so führte ich den einzigen Zwischenfall auf dieser öden Fahrt herbei. Während ich aus dem Fenster der Beifahrerseite einige wunderschöne Pferde auf einer Wiese ausmachte, hob ich meine Hand, um auf die Tiere zu zeigen. Als Elmar die erhobene Hand erblickte, trat er augenblicklich auf die Bremse. Bei dieser Vollbremsung schlug ich mir den Kopf an der Windschutzscheibe an, und Helga schrie hysterisch auf. Sofort befahl Elmar mir, die Türe zu öffnen und den Kopf so weit wie möglich aus dem Auto heraus zu halten. Obwohl natürlich nichts kam, hielt ich tapfer meinen Kopf aus dem Auto.

Als Elmar das Warten leid war, stieg er aus, holte eine große Plastiktüte aus dem Kofferraum, reichte sie mir und sagte: „Die hältst du für den Rest der Fahrt vor dein Gesicht. Ist das klar?"
Auf der Weiterfahrt keifte Helga vom Rücksitz aus: „Ich habe es ja gewusst, dass man mit dem Balg nur Scherereien hat." Dass sie mich einen Balg nannte, obwohl ich ihr nicht das Geringste getan hatte, wurmte mich dermaßen, dass ich überlegte, wie ich sie ärgern könnte. Plötzlich fiel mir ein, dass Großmutter einmal gesagt hatte: „Der Herrgott hat sich schon was dabei gedacht, dass er der Helga keine Kinder schenkt." Daher drehte ich mich zu ihr um und verkündete: „Ist ja kein Wunder, dass du keine eigenen Kinder hast, du kannst ja gar keine Kinder leiden." Helgas Gesicht lief schlagartig feuerrot an und sie schnappte nach Luft, doch bevor sie etwas antworten konnte, fuhr Elmar mich an: „Du freche Göre hältst jetzt sofort den Mund. Ich möchte den restlichen Weg kein einziges Wort mehr von dir hören. Und auf der Heimfahrt darfst du nicht mehr mit uns fahren!"
Als wir schließlich in Herleshausen auf einem Feldweg direkt hinter dem schwarzen Mercedes von Günther parkten und ausstiegen, war ich recht froh, aus dem blöden vanillegelben Käfer herauszukommen. Die anderen standen bereits vor einer Wiese, die mit Stacheldraht abgegrenzt war. Aber außer dem Stacheldraht gab es absolut nichts Außergewöhnliches zu sehen. Nur Julius blickte durch ein Fernglas in Richtung eines Hochsitzes, der weit weg im freien Feld stand. Aber das war doch auch nichts Besonderes, dafür hätten sie wirklich nicht so weit fahren müssen. In Kirschhausen hatten die Jäger massenweise Hochsitze. Mit einem Mal hörte ich, wie Julius erregt rief: „Da ist ja ein ostdeutscher Grenzer drauf!" Jetzt ging das

wuchtige Fernglas von Hand zu Hand. Jeder wollte den Grenzer sehen. Julius fragte mich: „Willst du auch mal schauen?" „Na klar!", erwiderte ich. Julius zeigte mir, wie man das Gerät benutzte. Doch als ich endlich scharf sehen konnte, verstand ich die ganze Aufregung nicht. Der ostdeutsche Grenzsoldat sah keineswegs spektakulär aus, sondern wie ein ganz normaler Mensch. Zum Schluss mussten wir uns noch alle vor ein Schild mit der Aufschrift „Achtung Zonengrenze!" platzieren. Die Amis wollten unbedingt ein Foto damit haben und das, obwohl es sich nur um ein einfaches Holzschild auf einem wackligen Holzpfahl handelte.

Der Tod der Großmutter

Wenn mein Vater Nachtschicht hatte, durfte ich oft in seinem Bett schlafen. So wachte ich auch an diesem frühen Morgen dort auf, als mich irgendein Geräusch weckte. Schlaftrunken blickte ich mich in dem noch halbdunklen Zimmer um und versuchte herauszufinden, wo die ungewöhnlichen Töne herkamen, die an meine Ohren drangen. Mein erster Blick streifte die langen bunten Vorhänge, durch die das erste Tageslicht hereinfiel. Das geometrische Muster, mit welchem ich oft abends vor dem Einschlafen in meiner Fantasie spielte, indem ich die verschiedenen Formen nach Farben sortierte, war bereits zu erkennen.

Allmählich wurde mir bewusst, dass ich durch merkwürdige Schreie und ein jämmerliches Weinen aufgeschreckt worden war. Was mochte das nur sein? Jetzt hörte ich es von Neuem. Das war die Stimme meiner Mutter, welche sich vor Aufregung überschlug und hysterisch schrie: „Da hilft kein Doktor mehr! Sie ist tot! Sie ist doch schon kalt!" Bei dem Wort „tot" wurde ich hellhörig. Wer war tot? Großvaters Katze vielleicht? Aber die war doch gestern Abend noch ganz fidel gewesen? Mit einem Mal vernahm ich auch meinen Großvater deutlich. Er rief: „Ein Doktor muss her! Ein Doktor muss her!" Dermaßen bedrohlich hatte ich seine Stimme, die sonst so leise und sanft klang, noch nie gehört.

Was war nur los? Was da draußen vor sich ging machte mir große Angst, und so kroch ich auch mit dem Kopf ganz tief unter die warme, schützende Bettdecke. In dieser Höhle fühlte ich mich sicher und geborgen. Obwohl ich ansonsten unglaublich neugierig war, wollte ich gar nicht wissen, was Schreckliches passiert war. Denn dass es etwas Schreckliches sein musste, war mir klar. Aber selbst in mein Höhlenversteck drang Großvaters grauenerregendes Jammergeschrei. Sein flehentliches Weinen ging mir durch Mark und Bein. Erneut hörte ich im Hintergrund aber auch wieder Mutter mit den Worten: „Sie ist tot! Sie ist schon kalt!"

Inständig wünschte ich mir, dass niemand in das elterliche Schlafzimmer kommen und mich holen möge. Indessen jedoch tat sich ganz sachte, mit einem kaum hörbaren Quietschen die Türe auf, und meine Mutter kam mit schleppenden Schritten herein. Ich spähte durch einen kleinen Ritz aus der dicken Federdecke und sah, dass sie im Nachthemd war. Sie trug ihren alten roten Morgenmantel darüber. Selbst auf dem Kopf hatte sie noch ihr nächtliches Haarnetz, ohne das sie nie ins Bett ging. Mit unruhigen Händen begann Mutter sich langsam anzukleiden. Auf mich aufmerksam geworden, blickte sie in Richtung Bett, überlegte einen Augenblick und sagte mit zittriger Stimme: „Monika, steh auf! Großmutter ist gestorben! Du musst heute nicht in die Schule gehen!"

Oh Gott, hätte ich doch nur unter meiner Decke bleiben können. Die Angst schnürte mir die Brust zu, und ich hatte das Gefühl, mit einem Mal keine Luft mehr zu bekommen. Daneben überstürzten sich die Bilder in meinem Kopf. Tod, Tod, Tod, wie sah der aus? Wo war Großmutter jetzt? Meine Gedanken arbeiteten fieberhaft. Ich versuchte mir Großmutter tot vorzustellen. Es wollte mir nicht gelingen. Da fiel mir ein, dass es in unserem Religionsbuch eine farbenprächtige Abbildung gab, die Jesus zeigte, wie er tot auf einem leuchtend roten Samttuch lag, um seinen Kopf schien ein heller goldener Lichtstrahl. Aber das wunderschöne Bild hatte doch so gar nichts gemein mit dem Grauen, welches sich an diesem frühen Morgen in unserem Haus eingeschlichen hatte.

Als Mutter vollständig angezogen war, achtete sie nicht mehr auf mich, und so konnte ich ungehindert weiter in meinem geschützten Versteck liegen bleiben. Ich machte mich ganz klein, indem ich mich zusammenrollte wie eine Schnecke in ihrem Haus. Nach einem kurzen Augenblick hörte ich Mutters Stimme erneut im Korridor hallen. Unter durchdringendem Schluchzen schilderte sie: „Ich wollte Mutter nur schnell wecken, und da sie nicht reagierte, habe ich sie am Arm gerüttelt, aber der war eiskalt, weil sie bereits mausetot war." Offensichtlich war meine Tante Hermine bei ihr, denn nun vernahm ich auch ihre verzweifelte Stimme, die in einem fort laut klagte: „Mutter, Mutter, Mutter ...!" Ich rollte mich noch fester in meine Decke ein. Aber irgendwann fiel wohl irgendjemandem auf, dass ich nicht da war. Mutter holte mich daraufhin trotz meines ausgiebigen Protestes aus dem Bett heraus. Mittlerweile war auch mein Onkel Ludwig aus dem Nachbardorf eingetroffen. Er trug einen schwarzen Anzug, einen ebenso schwarzen stattlichen Hut mit breiter Krempe und kolossal wuchtige, derbe Lederstiefel. Da er ein sehr großer und kräftiger Mann war, flößte er mir mit seiner dunklen, übermächtigen Erscheinung gehörigen Respekt ein. Der finstere Gesichtsausdruck tat das Übrige, und so verhielt ich mich ganz still, um ja nicht von ihm bemerkt zu werden. Alle saßen in der Küche um den großen runden Esstisch herum, nur Großvater fehlte. Als ich nach ihm fragte, erklärte Mutter: „Er ist im Kuhstall bei seinem Vieh. Er will jetzt alleine sein."

Mein Onkel Ludwig herrschte indessen seine beiden jüngeren Schwestern barsch an: „Hört mit dem Gejammere auf! Das bringt nichts! Tot ist tot! Daran ist nichts mehr zu ändern!" Als meine Mutter und Tante Herminchen trotzdem weiter flennten, schlug er mit der flachen Hand auf die Tischplatte, sodass es laut klatschte, und forderte energisch: „Fertig jetzt! Wir müssen uns um die anfallenden Arbeiten kümmern. Es gilt heute noch die Todesanzeige für die Zeitung aufzusetzen." Selbstgefällig fügte er, ohne weiter auf die beiden Frauen zu achten, hinzu: „Ich habe mir schon einmal ein paar Gedanken über die Form gemacht." Plötzlich schaute er Tante Herminchen an und befahl: „Schwester! Koch mir doch mal einen starken Kaffee und bring Wurst und Brot auf den Tisch. Ich habe heute noch nicht gefrühstückt."

Mutter und Tante Herminchen sahen sich völlig entgeistert an, dann warfen sie Onkel Ludwig einen verständnislosen Blick zu. Dieser schien ihn aber keineswegs zu berühren, denn seine voluminöse Stimme tönte erneut durch den Raum: „Ach, und hol doch mal eine von den Leberwürsten im dicken Darm, die

schmecken mir am besten."
Etwas später, als mein Onkel Ludwig bei einem ausgiebigen Frühstück saß, ging die Küchentüre auf und der alte Doktor kam herein. Er hatte gerade oben im Schlafzimmer meiner Großeltern den Totenschein für Großmutter ausgestellt. Ich saß auf dem Küchensofa und schaute interessiert auf den Doktor, der seine abgewetzte braune Ledertasche, die mir wohlbekannt war, auf den Fußboden plumpsen ließ. Er lächelte freundlich zu mir hin. Flehentlich hoffte ich, dass mich niemand aus dem Raum schicken möge. Schließlich wollte ich doch auch wissen, was geschehen war. Der Doktor ging zum Waschbecken und wusch sich mit einem riesigen Stück Kernseife und einem Bürstchen, das er seiner Tasche entnommen hatte, ausgiebig die Hände. Mein Onkel Ludwig, dem diese Prozedur wohl zu lange dauerte, versuchte zu scherzen: „Herr Doktor, schruppen Sie sich nicht die ganze Haut ab."
Müde setzte der Doktor sich auf einen Küchenstuhl. Sein von den Jahren zerfurchtes Gesicht sah abgespannt aus. Laut schmatzend klopfte mein Onkel Ludwig ihm gönnerhaft auf die Schulter und sagte: „Kein einfaches Geschäft, was?" Der Doktor nickte nur, woraufhin mein Onkel Ludwig mit vollem Mund rief: „Herminchen, bring doch mal den Schnaps, der Herr Doktor und ich brauchen dringend was zu trinken."
Nachdem der Doktor einen doppelten Korn geleert hatte, mein Onkel Ludwig kippte in der gleichen Zeit zwei herunter, holte er ein paar Mal tief Luft, seufzte und verkündete: „Die Frau Eisenkorb ist an einem Herzschlag gestorben. Ihr Herz hat einfach, wahrscheinlich im Schlaf, aufgehört zu schlagen. Ich glaube nicht, dass sie etwas gemerkt hat." Nach einem kleinem Moment des Schweigens fügte der Doktor bedächtig hinzu:

„Das ist die Art, die ich mir auch für meinen Tod wünsche.“
Mein Onkel Ludwig, der sich bereits wieder eine neue Stulle mit Wurst belegte, hielt inne, schaute den Doktor an und bemerkte: „Aber ist das nicht bei jedem Tod so, dass das Herz aufhört zu schlagen?“ Der Doktor schien keine Lust zu haben, dieses Thema mit meinem Onkel Ludwig zu erörtern. Er erhob sich ohne eine Antwort und sagte: „Ich sehe mal nach dem Herrn Eisenkorb, vermute, der ist draußen im Stall, mache mir Sorgen um den Alten.“ Mit diesen Worten verließ er schnellen Schrittes, ja fast schon fluchtartig die Küche. Irgendwie hatte ich das Gefühl, dass der Doktor meinen Onkel Ludwig nicht leiden konnte.
Mittlerweile hatte mein Onkel Ludwig sein Frühstück beendet und verlangte nach einem großen Block und Großvaters versilbertem Füllhalter, um einen Entwurf für die Todesanzeige anzufertigen. Als Tante Herminchen und Mutter sahen, wie er es sich vorstellte, gab es einen riesigen Krach. Sie wollten alles ganz anders haben. Sie waren auch nicht damit einverstanden, welche Verwandten Onkel Ludwig in der Anzeige aufführen wollte. Die beiden verlangten, dass Großmutters Bruder Julius gestrichen werden sollte. Schließlich war er viele Jahre wegen des Erbes mit seiner Schwester zerstritten gewesen. Mutter und Tante Herminchen ließen sich nicht davon abbringen, dass dieser „Erbschleicher“, wie sie ihn betitelten, auf keinen Fall erwähnt werden sollte. Onkel Ludwig nahm ihren Einwand nicht ernst. Er machte eine wegwerfende Handbewegung und sagte: „Papperlapapp, man soll Feindschaften nicht über den Tod hinaus leben, der Julius kann ruhig in die Todesanzeige.“
Mein Vater, der inzwischen ebenfalls in der Küche erschienen war, mischte sich ein und bekräftigte die Position der Frauen,

indem er einwarf: „Wenn man sich im Leben mit dem Arsch nicht anschaut, dann braucht man's im Tode auch nicht zu tun." Onkel Ludwig sprang, wie von einer Tarantel gestochen, so heftig von seinem Stuhl hoch, dass dieser mit lautem Gepolter umfiel, und schrie wutschnaubend: „Hier geht es um eine Familienangelegenheit, die dich gar nichts angeht!" Vater schaute verdutzt drein und entgegnete: „Ich hab doch nur meine Meinung gesagt." „Du hast hier gar keine Meinung zu haben, du bist nur eingeheiratet", fuhr Onkel Ludwig ihn erneut schroff an.

Ich konnte es kaum fassen, denn mein Vater, der sonst fast immer klein beigab, bot seinem Schwager tatsächlich die Stirn. Er trat einen Schritt auf ihn zu, blieb ganz dicht vor ihm stehen, sah ihn an und sagte mit fester Stimme: „Schalt mal einen Gang herunter und benimm dich, wie es sich in einem Trauerhaus gebührt." Das war das erste Mal an diesem Tag, dass es meinem Onkel Ludwig die Sprache verschlug.

Da man sich über die Formulierung der Todesanzeige nicht einigen konnte, schlug mein Onkel Ludwig vor, dass er erst einmal in die Stadt fahren und meine Tante Margot vom Tod ihrer Mutter unterrichten wolle. Tante Herminchen bat ihn, die Nachricht sachte und einfühlsam zu überbringen, da Margot es mit dem Herzen habe. Mich sollte er mitnehmen, damit ich zu Hause nicht im Weg herumstehe oder gar Unsinn anstellen könnte und das, obwohl ich doch die ganze Zeit in der Ecke gesessen und keinen einzigen Laut von mir gegeben hatte. Nun gut, mir war es recht. Eine Fahrt in die Stadt versprach Abwechslung, und ich musste mir dann auch nicht mehr das entsetzliche Lamentieren von Mutter und Tante Herminchen anhören.

Mein Onkel Ludwig lenkte seinen alten grauen Volkswagen als ob der Teufel persönlich hinter ihm her wäre. Vielleicht hatte er doch ein bisschen zu viel von dem Korn getrunken? Bei mir machte sich ein mulmiges Gefühl im Magen breit. Noch dazu konzentrierte er sich keineswegs auf den Verkehr. Er redete ständig auf mich ein. Onkel Ludwig machte sich einen Spaß daraus, meine Schulnoten zu erfragen, obwohl mir das Thema äußerst unangenehm war. Jedes Mal, wenn ich ihm meine Note in einem Fach nannte, lachte er spöttisch und rief: „Mädchen! Ist doch egal, du heiratest ja sowieso mal!" Zwischendurch zog er an einer überdimensional großen Zigarre und gab den anderen Fahrern Handzeichen, dass sie schneller fahren oder Platz machen sollten. Einem zeigte er sogar einen Vogel und polterte dazu: „Du Arschgeige hast deinen Führerschein wohl im Lotto gewonnen!" Normalerweise hätte ich das lustig gefunden, aber heute fand ich ihn nur peinlich. Einen Moment lang blieb mir vor Angst fast sogar das Herz stehen, denn er bückte sich nach einem Stück glimmender Asche, welches von seiner Zigarre auf die Gummifußmatte des Wagens gefallen war. In diesem Augenblick vergaß Onkel Ludwig, auf den Verkehr zu achten, und wir gerieten auf die Gegenfahrbahn, sodass ich direkt zwischen die bulligen Vorderlampen eines Lasters blickte. Erschrocken schrie ich lauthals auf. Da schnellte sein Kopf hoch, geistesgegenwärtig riss er mit einem kräftigen Ruck das Lenkrad herum, und wir schlitterten gerade noch so an dem riesigen Fahrzeug vorbei. Mir wurde schlagartig übel, und ich bat Onkel Ludwig, an den Straßenrand zu fahren. Als ich mich dann übergab, schüttelte er mit dem Kopf und bemerkte im abfälligen Ton: „Weiber!" Mehr schlecht als recht überstand ich den Rest der Fahrt. Aber auch Onkel Ludwig war ruhiger ge-

worden. Er paffte und kaute nun schweigend auf der mächtigen Zigarre zwischen seinen Zähnen herum.
Als wir ankamen, parkte er das Auto mit einem wilden Rückwärtsfahrmanöver direkt vor dem Haus meiner Tante. Auf Grund des lautstarken Parkvorgangs schaute Tante Margot aus ihrem Küchenfenster heraus. Ich freute mich, sie zu sehen. Sie wirkte so normal an diesem verrückten Morgen. Nachdem mein Onkel Ludwig sich aus dem Auto herausgehievt hatte, erblickte er seine Schwester am Fenster. Tante Margot rief scherzend zu ihm hin: „Was verschafft mir schon so früh am Tag die Ehre dieses hohen Besuches?“ Ihr Bruder hob den Kopf, um laut dröhnend mitzuteilen: „Margot, unsere Mutter ist tot!“ So feinfühlig war er nun einmal.

Seiner Zeit gab es in den kleinen Dörfern noch keine Leichenhallen, deshalb blieben die Verstorbenen bis zu ihrem Begräbnis im Haus bei ihren Familien. In der Regel handelte es sich um drei bis vier Tage. Wir hatten im Obergeschoss ein winziges, leerstehendes Zimmerchen, welches lediglich mit einem altertümlich verschnörkelten Bett und einem kleinen Tischchen ausgestattet war. Tante Herminchen und Mutter richteten dieses unbenutzte Bett mit frischer weißer Wäsche her und stellten Blumen und Kerzen im Zimmer auf.
Mittlerweile hatten die Frauen Großmutter auch gewaschen, frisiert und in ihr bestes Sonntagskleid gekleidet. Ich bekam alles nur am Rande mit, denn ich war zwiegespalten. Einerseits trieb mich meine Neugierde umher, andererseits aber lösten diese Vorgänge eine große Bangigkeit in mir aus. Ich spürte eine unbekannte Furcht, die mich lähmte. Großmutter war etwas Vertrautes, das war der Wohlgeruch von Hefekuchen

und Milchrahm, das war eine kräftige klirrende Stimme, die ebenso laut zu schimpfen wie zu lachen vermochte, das war ihr spezieller Seelentröster, bestehend aus dampfend heißem Kakao mit einem dicken Schöpflöffel Schlagsahne obendrauf, das waren sonntags überlaut vorgelesene Kriminalberichte aus der Zeitung, im Winter geräuschvoll klappernde Stricknadeln, im Sommer dicke Gartensträuße von bunten Blumen und eine Vielzahl Likörflaschen auf den Fensterbänken, in denen Kandiszucker und Sommerbeeren die Lichtstrahlen brachen, und noch so vieles, vieles andere mehr. Jetzt sollte das alles nicht mehr sein? Von nun ab sollte es nur noch ein einziges Wort dafür geben? „Tod" … wie absurd, dunkel und unermesslich beklemmend die drei Buchstaben doch klangen.

War vorher kein Winkel im Haus sicher vor mir gewesen, so flößte mir das Haus nun mit einem Leichenzimmer gewaltige Angst ein. Es wirkte auf eine verworrene Art geradezu gespenstisch auf mich. Es gab so viele offene Fragen und niemand der etwas erklärte. Großvater, der mir sonst immer half das Leben zu verstehen, war nicht ansprechbar, und die anderen hatten alle so viel zu tun, dass sich keiner um mich kümmerte. Aber genaugenommen irrten auch sie wie Hühner ohne Köpfe herum. Die Menschen, die mich liebten, waren aus der Bahn geworfen.

Mein größtes Problem allerdings war, dass ich nicht wusste, ob ich vor der Leiche sicher sein konnte. Kannte meine Fantasie normalerweise schon kaum Grenzen, so fantasierte ich mir in diesen Tagen die schauerlichsten Geschichten zusammen. Dabei wurde ich so schreckhaft, dass ich bei dem geringsten Geräusch zusammenfuhr. Was, wenn die Leiche aufstand und mich mitnahm ins Schattenreich, wo die Toten sich aufhielten? Als

ich versuchte, mit meinem Bruder Edgar über diese Gedanken zu reden, tippte er sich an die Stirn und sagte: „Bei dir piept's wohl!“ Das half mir gar nicht weiter, und so mied ich, soweit es möglich war, das Haus und hielt mich fast nur noch draußen auf.
Vor allen Dingen aber ging ich nicht alleine in die oberen Räume. Meinem Onkel Ludwig, dem das auffiel, belehrte mich daraufhin in seiner robusten Art lautstark: „Monika! Du musst dich nicht vor den Toten ängstigen, die Toten sind ungefährlich. Nur vor den Lebenden, da musst du dich in Acht nehmen!“ Auf diese Äußerung hin lachte er aus vollem Hals und schlug sich dabei mit der Hand auf die Schenkel, so als ob er einen guten Witz gemacht hätte.

Mein geliebter Großvater saß in dieser Zeit fast den ganzen Tag über auf einem krummen Melkschemel, den er aus dem Kuhstall ins Haus geholt hatte, neben dem Bett auf dem seine verstorbene Frau lag. Auch nachts hörte ich ihn erbärmlich jammern und laut beten. In der Finsternis war diese Geräuschkulisse besonders unheimlich, ja, geradezu schauerlich. Mutter und Tante Herminchen beschlossen, Großvater nachts nicht mehr in das Zimmerchen mit der Toten zu lassen. Bei diesem lauten Klagegeschrei könne ja niemand im ganzen Haus auch nur eine einzige Stunde Schlaf finden, meinten sie. Vater bemerkte, dass Großvater besser daran getan hätte, seine Frau mehr zu beachten, als sie noch lebte. Onkel Ludwig, der nun ständig bei uns in der Küche herumsaß, Zeitung las oder etwas in sich hineinstopfte und zu allem etwas zu sagen hatte, pflichtete ihm mit feierlicher Stimme bei: „Ja, ja, streuet Blumen den Lebenden.“ Mutter schaute ihren Bruder an und sagte: „Du

willst doch nicht ernsthaft behaupten, dass du deiner Anni Blumen schenkst?" Onkel Ludwig, der gerade in ein riesiges Stück Streuselkuchen biss und wie immer um eine Antwort nicht verlegen war, erwiderte: „Ich mein das ja auch nur symbolisch."
So wurde an diesem Abend, als Großvater im Stall beim Füttern seiner Tiere war, das Zimmer mit der Leiche abgeschlossen. Als er dann gleich nach seiner Stallarbeit, ohne Abendessen, denn er aß in diesen Tagen nur sehr wenig, die knirschenden alten Holzstufen hinaufstieg, stand er vor der verschlossenen Tür. Großvater hämmerte mit seinen Fäusten dagegen und rief: „Aufmachen, ich will zu meiner Frau." Das ging eine Zeit lang so, bis Mutter hochging, um ihn zu beruhigen. Ich hörte, wie Großvater empört wissen wollte: „Wie könnt ihr mir so was antun?" Mutter antwortete in sanftem Ton: „Schau Vater, wir alle brauchen doch etwas Schlaf in der Nacht, so geht das doch nicht." Nun wurde Großvater aber erst richtig wütend und schrie: „Wisst ihr überhaupt, wie das ist, wenn einem der Partner über Nacht ohne die geringste Vorwarnung genommen wird? Das ist, als ob ein großer Teil von einem selbst mit stirbt. Ihr habt ja alle keine Ahnung!" Dann konnte man wieder Mutters Stimme hören: „Ist ja schon gut Vater. Ich verstehe dich." Kurz drauf kamen die beiden herunter, und zum ersten Mal in meinem Leben sah ich, dass meine Mutter ihren Arm liebevoll um Großvater gelegt hatte. Die beiden Dickköpfe, die sonst immer, selbst wenn es nur um Kleinigkeiten ging, gegeneinander ankämpften, hatte die gemeinsame Trauer vereint.
Großvater setzte sich an den Küchentisch, und Mutter schmierte ihm ein Stück Brot, welches er kommentarlos mit glasigem, in die Ferne gerichtetem Blick aß. Mich bemerkte er nicht, überhaupt schien er seine Umwelt nur durch einen Schleier

wahrzunehmen. Irgendwann später geleitete Mutter Großvater zu seinem Bett. Nichtsdestotrotz stand er mitten in der Nacht auf und begann von Neuem wild gegen die verschlossene Türe zu schlagen und laut den Namen seiner Frau zu rufen. Es hörte sich fast an, als ob er damit Großmutter wieder zum Leben erwecken wollte. Die Stille der Nacht verstärkte die polternden Geräusche und den Hall von Großvaters klagender Stimme. So war in unserem Haus der Schrecken, den der Tod mit sich gebracht hatte, Tag und Nacht gegenwärtig.

Am Sonntag sollte die Beerdigung stattfinden. Der Sonntag war ausgewählt worden, weil an diesem Tag alle Verwandten und auch die Dorfbewohner Zeit hatten, an den Feierlichkeiten teilzunehmen. Zur damaligen Zeit war ein Trauerfall im Ort noch Sache der gesamten Gemeinde. So war es auch Brauch, dass nach und nach jeder aus dem Dorf in unser Haus kam, um sein Beileid auszudrücken. Ständig saßen irgendwelche Leute in unserer großen Wohnküche herum und redeten. Das Sonderbare daran war nur, dass Großmutter, die sonst diesen Raum dominiert hatte, fehlte. Großvater mied die Menschen. Er ging allen Beileidsbekundungen aus dem Weg und hielt sich nach wie vor die meiste Zeit im Stall auf. Zu mir sagte er: „Moni-Kind, merk dir, bei den Tieren findest du mehr Trost als bei den Menschen. Es ist heilsamer, eine Kuh zu striegeln, als ständig die Hände der Leute zu schütteln und sich ihre Kommentare anzuhören.“ Mutter, Tante Herminchen und einige der Nachbarsfrauen hatten im Backhaus unzählige Bleche mit einfachem Hefekuchen gebacken, der lediglich mit Zucker bestreut wurde. Jedem Trauergast wurde ein Stück dieses „Totenkuchens“ angeboten. Ich selbst aß nichts davon und das obwohl ich ansonsten Süßes über alles liebte, aber einen Kuchen, der so hieß, zu verspeisen, das brachte ich wirklich nicht über mich.

Am Samstagabend vor der Beerdigung wurde wie an allen Wochenenden die geräumige alte Zinkbadewanne von meinem Vater in die Küche bugsiert und im vorderen Bereich aufgestellt. Auf dem Herd kochten bereits mehrere riesige emaillierte Töpfe mit Wasser. Waren diese Badeabende sonst stets ein großes Vergnügen, so verlief meine Säuberung an diesem Abend äußerst freudlos. Mutter schrubbte mich geistesabwesend mit einem kratzigen Waschlappen unsanft ab. Als ich sie darauf aufmerksam machte, dass es mir heute keinen Spaß bereiten würde, entgegnete sie: „Es geht im Leben nicht immer um Spaß, jetzt geht's halt mal nur um Sauberkeit." Als ich sie ungläubig ansah, fügte sie hinzu: „Wir haben Trauer!" Dieses Argument leuchtete mir aber nicht ein, wir konnten doch um Großmutter trauern und gleichzeitig Spaß beim Baden haben.
Um Ruhe vor mir zu haben, schaltete Mutter das Schwarz-Weiß-Fernsehgerät ein, welches wir erst seit ein paar Wochen besaßen. Der unförmige Kasten befand sich auf einem Holzbord in der Ecke hinter der Küchentür. Eigentlich bestimmte sonst immer Großvater, wann der Apparat angeschaltet werden durfte. Er vertrat zum Beispiel die Meinung, dass es völlig ausreiche, die Nachrichten aus dem Radio zu erfahren. Ich glaubte, dass Großvater nur Strom sparen wollte, denn das war sowieso ein Steckenpferd von ihm. Wie auch immer, nun durfte ich von der Badewanne aus fernsehen. Gebannt blickte ich auf die flimmernden Bilder. Es lief gerade die Rateshow „Einer wird gewinnen" mit Hans-Joachim Kulenkampff. Mir war gänzlich egal was gerade gesendet wurde, Hauptsache das neue, faszi-

nierende Gerät war eingeschaltet.
War es sonst meist Großvater, der gerade zu dieser Zeit quer durch die große Küche marschierte, um an seinen Aktenschrank in der Speisekammer zu gelangen, so war es heute Vater, der sich eine Flasche Bier holte. Mutter wetterte gerade hinter ihm her, dass ich wegen der Zugluft jetzt bestimmt krank werden würde und er die Schuld daran zu tragen hätte, als es energisch an die Küchentür klopfte. Wie üblich rief sie „Herein“, und in der Küche erschien mit einer Zigarette im Mundwinkel der Schreiner Karl. Der baumlange Kerl trug eine blaue Arbeitsschürze und eine lederne Schirmmütze, an welche er mit dem Finger tippte. Seine dröhnende Bassstimme verkündete: „Schönen Abend und mein Beileid!“ Dann sah er sich in der Küche um, schob seine Schirmmütze zurück, kratzte sich ausgiebig am Kopf und fragte: „Wo soll‘n das Ding hin?“ Obwohl mich das Geschehen auf dem Bildschirm fesselte, denn es war gerade ein Quiz über Tiere dran, wurde ich aufmerksam. Mutter schaute, offensichtlich keiner Antwort fähig, nur verdattert drein; und so wiederholte der lange Karl seine Frage, nur dieses Mal noch lauter: „Wo soll‘n das Ding hin?“
Vater, der eben geräuschvoll den Verschluss seiner Bierflasche aufschnappen ließ, ergriff das Wort, indem er vorschlug: „Komm Karl, trink erst mal eine Flasche mit, und dann helfe ich dir, den Sarg die Treppen hoch zu wuchten.“ Mutter schaute Vater abschätzend an und sagte: „Mir ist es aber lieber, wenn wir sie erst einsargen, das hat mehr Würde.“ „Verstehe nicht, was das ausmacht, ob der Karl und ich vorher oder nachher ein Bier trinken?“, brummte Vater, woraufhin Mutter ihn streng fixierte. Dann war einen Augenblick nur die Stimme von Hans-Joachim Kulenkampff in unserer Küche zu vernehmen,

bis Karls Bassstimme erneut polterte: „Was is'n nu, jetzt oder später Bier?" Vater, der genau wusste, was Mutters Gesichtsausdruck verhieß, drehte sich zu dem Schreiner hin und tat kund: „Komm Karl, des Weibes Wunsch soll unser Befehl sein." Nun aber begehrte Karl auf: „Ich würde aber auch erst ein Bier nehmen." Auf diese Äußerung hin blickte Mutter ihn dermaßen strafend an, dass er eilig hinter Vater her stolperte. Als Letzte verließ Mutter die Küche. Mich ließ sie einfach in der Wanne sitzen. Anfangs genoss ich es noch, aber dann kühlte das Wasser stark ab, und in der Flimmerkiste wurden inzwischen Fragen zu Opern gestellt. War das öde!

Nach einer kleinen Ewigkeit kamen zuerst Vater und der Schreiner Karl in die Küche zurück. Ihre Gesichter waren aschfahl. Vater holte zwei Flaschen Bier aus der Speisekammer. Dann setzten sich die Männer schweigend an den Esstisch. Weil die beiden so streng guckten, traute ich mich nicht zu quengeln, aber als Mutter zurückkam, reichte es mir, denn das Wasser war mittlerweile eiskalt. Wunderlicherweise nahm sie mich nicht aus der Wanne, sondern ging in die Speisekammer und kam ebenfalls mit einer Flasche Bier zurück, mit welcher sie sich zu Vater und Karl an den Tisch setzte, gerade so, als ob es mich überhaupt nicht gäbe.

Im erbärmlichsten Tonfall, der mir zur Verfügung stand, orgelte ich: „Wenn du mich jetzt nicht sofort hier rausnimmst, sterbe ich auch noch und du bist schuld." So schnell, wie sie mir eine schallende Ohrfeige verpasste, konnte ich gar nicht schauen. Dazu schrie sie in einem markerschütterndem Ton: „Über den Tod macht man keine Scherze!" Als ich mich von meinem Schrecken erholt hatte, keimte in mir der Verdacht, dass Mutter einfach nur ein Ventil gebraucht hatte.

Am nächsten Morgen, dem Beerdigungstag, waren alle im Haus übernervös. Jeder suchte irgendetwas: Großvater fand seine schwarze Krawatte nicht. Vater lag unter dem Schuhschrank und fischte nach seinen schwarzen Schuhen. Tante Herminchen suchte das Nähzeug, um noch schnell einen Knopf an ihrem dunklen Kostüm anzunähen. In diesem ganzen Durcheinander zog meine Mutter, die bereits fertig war, mich an.
Erst kürzlich hatte die andere Großmutter mir ein wunderschönes erdbeerrotes Kleid mit dicken goldenen Knöpfen genäht. Eigentlich war rot meine absolute Lieblingsfarbe, aber heute zwischen all den schwarz gekleideten Menschen fühlte ich mich leuchtendrot doch irgendwie unpassend. So maulte ich herum und quengelte: „Ich will was anderes anziehen!" Mutter allerdings ging überhaupt nicht auf mich ein, sie beachtete mich noch nicht einmal. Deshalb stampfte ich, um meinen Wunsch zu bekräftigen, ärgerlich mit dem Fuß auf und schrie mittlerweile hysterisch: „Ich will das rote Kleid heute nicht! Ich will das rote Kleid heute nicht!" Mutter schaute mich zuerst entgeistert an und zischte dann, so als ob man mit einer Nadel in einen Luftballon gestochen hätte und die Luft entweicht: „Kinder sind bei einer Beerdigung überhaupt nicht wichtig. Sie haben den Mund zu halten! Ist das klar?" Mit diesen strengen Worten ließ sie mich einfach stehen. Meine Gefühle überschlugen sich. Einerseits eingeschüchtert, andererseits aufgebracht, begann ich nun haltlos zu weinen. Die Tränen schossen aus meinen Augen wie Wasser aus einem gebrochenen Damm. Alarmiert kam Vater herbeigeeilt. Er nahm mich in den Arm, drückte mich fest an sich und flüsterte leise in mein Ohr: „Ist doch egal was man anhat!" Das fand ich zwar nicht, aber Vater zuliebe gab ich nach, nahm mir aber im Geheimen fest vor, es

Mutter in meinem ganzen Leben nicht zu vergessen.
Nach und nach trafen auch die Verwandten ein. Da es damals üblich war, dass ein Trauerzug vom Totenhaus durch das Dorf zum Friedhof hinzog, welcher außerhalb der Ortschaft lag, sammelte sich die gesamte Trauergemeinde auf unserem Hof. Überall standen kleine Grüppchen herum und schwätzten. Es war ein wildes Durcheinander von Menschen. Die meisten stiegen die alte Holztreppe in unserem Haus hoch, um zum Zimmerchen zu gelangen, in dem Großmutter lag. Sie wollten sich von ihr verabschieden oder auch ein Gebet sprechen. Ich selbst traute mich nicht dorthin, denn ich hatte ja eine Heidenangst vor Leichen. Durch meinen Kopf schwirrten unzählige Horrorvorstellungen. Außerdem war das, was da oben lag, nicht mehr meine Großmutter, da war ich mir ganz sicher.
Verwirrt und verängstigt schlich ich zwischen den Erwachsenen umher. Keiner beachtete mich, obwohl ich als einziger roter Fleck doch sicherlich ins Auge fiel. Ich huschte in die Küche, dort stieß ich auf meinen Bruder. Edgar saß am Esstisch und verschlang gerade heißhungrig ein kolossal großes Stück von dem Totenkuchen. Der konnte sich aber auch gar nicht benehmen! Auf einer Beerdigung aß man doch nicht dermaßen gierig! Mit seinem Gewand allerdings hatte er mehr Glück gehabt als ich. Obwohl Edgar selbst das sicher nicht so sah. Der ausgeliehene schwarze Anzug, der von einem um einiges schmaleren Cousin stammte, zwängte ihn nämlich ganz schön ein. Die Fliege schien ihm sogar ein bisschen die Luft abzudrücken. Aus diesem Grund zerrte er auch ständig an dem Gummiband herum, das seinen Hals umspannte. Ich hätte das doofe Ding einfach abgenommen, das wäre in dieser Aufregung doch sowieso niemandem aufgefallen.

Da es mir langweilig war, überlegte ich, wie man Edgar ärgern könnte. Ein Blick unter den Tisch verriet mir, wo er angreifbar war, und so witzelte ich in hämischem Tonfall: „Na, wartest wohl auf Hochwasser oder warum haste so kurze Hosenbeine?" Als Antwort warf er mit der Kuchenschaufel nach mir. Reaktionsschnell bückte ich mich, und das silberne Ding traf Lydia, die dickliche Cousine meiner Mutter, die eben in diesem Moment den Raum betrat. Auch das noch! Lydia war mit ihrer übersteigerten Frömmigkeit normalerweise schon schwer zu ertragen, aber zurzeit ging sie einem besonders auf die Nerven. Ständig rannte sie herum und forderte einem zum Beten für Großmutters Seelenheil auf. Dass sie zu Edgar hin schimpfte „Du nichtsnutziger Lümmel!", bereitete mir noch Spaß, aber dass sie mich an der Hand nahm und verkündete: „Wir beiden Frauen gehen mal nach oben und nehmen Abschied von der Verschiedenen", ließ mein Lachen augenblicklich verstummen. Als sie meinen erschrockenen Gesichtsausdruck bemerkte, sagte sie: „Ich hoffe doch, dass deine Eltern dir ein ordentliches Gebet beigebracht haben." „Das ist es nicht", piepste ich kleinlaut, stellte dann aber mit Nachdruck fest: „Ich kann da nicht hingehen!" Erzürnt blickte sie mir direkt in die Augen, sodass es mich schauderte, und verkündete laut und voller Inbrunst: „Es ist deine Christenpflicht, die Seele deiner Großmutter mit deinen Gebeten ins Jenseits zu begleiten, und nun mach schon, dass du kommst!" Dementsprechend zog Lydia mich mit einer kräftigen Umklammerung, die Edgar als Polizeigriff betitelt hätte, die Treppe hoch.

Ich wollte die Leiche aber auf gar keinen Fall sehen! Meine Knie waren weich wie Pudding, und ich bibberte vor Angst. Aber ohne jegliches Mitgefühl wies die aufgeblasene Lydia mich scharf zurecht: „Stell dich nicht so an, sonst haste die Rotznase ja auch immer vorn!“ „Oh Gott!“ Es schien kein Entrinnen möglich, aber da kam mir auch bereits die rettende Idee. Ich konnte die Augen ja einfach zumachen. Oben im Totenzimmer veränderte sich Lydias Stimme schlagartig. In honigsüßem Ton flötete sie: „Herr, nimm dich, in deiner großen Güte, der Seele von Lina Eisenkorb an.“ Ich hingegen war damit beschäftigt, meine beiden Augen ganz fest zuzudrücken. Ich war doch nicht dämlich, nachher würde ich abends im Dunklen vor dem Einschlafen immer die Leiche vor Augen sehen oder der Anblick würde mich gar noch nachts in meine Träume verfolgen.

Als Lydia allerdings tief seufzend feststellte „Die Verblichene sieht wie ein Engel aus!“, übermannte mich doch die Neugierde. Dieser nicht unbedeutende Zug meines Charakters hatte mich schon öfters in Schwierigkeiten gebracht, und so war er auch dieses Mal verantwortlich dafür, dass ich meine Augen öffnete. Aber entgegen meiner Erwartung entdeckte ich gar keine Leiche, sondern nur einen geschlossenen Sarg. Deswegen hatte ich mich so angestellt? Obwohl ich erleichtert war, schrak ich heftig zusammen, als Lydia mir mit ihrem fleischigen Zeigefinger auf die Schulter tippte. Sie gab mir ein Zeichen, dass ich auf die obere Hälfte des verzierten Holzes schauen sollte. Da bemerkte ich, dass sich dort ein kleines Glasfenster befand.

Ganz vorsichtig trat ich nur einen Schritt näher, machte einen langen Hals und späte durch die Öffnung. Ich stellte fest, dass ich aus meiner Position so gut wie nichts sehen konnte. Da gab Lydia mir auch schon einen kräftigen Schups von hinten, sodass ich mit einem Mal geradewegs in Großmutters Gesicht blickte. Sie sah tatsächlich aus wie ein Engel! Das kreidebleiche Antlitz strahlte Frieden und Ruhe aus. Ihr dickes graues Haar war zu

Zöpfen geflochten, die um den Kopf lagen und silbrig glänzten. Das Bild wurde von dem schneeweißen Spitzenkragen ihres Sonntagskleides abgerundet. Mir fiel auf, dass Großmutter ihre Ohrringe trug. Die in Gold gefassten kleinen Türkiskugeln hatten mir einst verraten, dass sich unter dem üppigen Wattebart und dem monströsen roten Mantel des Weihnachtsmanns meine Großmutter befand.

Lydias schrille Stimme riss mich aus meiner Erinnerung: „Siehst du Kind, die Verblichene ist jetzt selig." Ich schaute hoch in das speckige Gesicht über mir und konnte Lydia mit einem Mal nicht mehr ertragen, und so rannte ich blitzschnell los. Als ich ungestüm die Treppen mehr herunterstolperte als lief, hörte ich noch in meinem Rücken die Worte: „Aber wir wollten doch noch ein Gebet zusammen sprechen." Im Stillen betete ich wirklich, aber nur, dass die blöde Kuh mich für den Rest des Tages in Ruhe lassen möge. Ich war überzeugt davon, dass Gott dafür Verständnis aufbringen würde. Plötzlich fand ich mich auf dem Hof zwischen den schwarzgekleideten Trauergästen wieder. Ich holte zuerst einmal tief Luft – das war überstanden! Nun galt es aufzupassen, dass ich Lydia nicht mehr in die Hände fiel. Nach der kurzen Verschnaufzeit blickte ich mich interessiert um, die meisten Leute waren mir bekannt, aber ich stellte fest, dass an diesem Tag alle irgendwie fromm dreinblickten.

Als ich das Totenwägelchen auf unserem Nachbarhof entdeckte, erschauderte ich erneut. Eigentlich handelte es sich dabei lediglich um einen großen Handkarren mit vier riesigen Gummirädern, der normalerweise seinen Platz im Gemeindeschuppen hatte. Heute allerdings ragte über das gruselige Gefährt ein mächtiges schwarzes Samttuch, an dessen Enden geflochtene, überlange Goldfäden herunterhingen. Das Vehikel war so furchteinflößend, dass es all meine Spukfantasien weckte. Aus diesem Grund machte ich auch stets einen großen Bogen um die Schreinersgasse, in der sich der Unterstand befand. Auf eine unerklärliche Weise wirkte bereits das alte rote Backsteingebäude bedrohlich auf mich.

Selbst in meinen Träumen hatte das Gefährt schon kräftig herumgegeistert. Einmal hatte ich einen so schlimmen Traum, dass ich ihn über lange Zeit nicht vergessen konnte. Da wurde das Totenwägelchen unseres Dorfes von zwei wunderschönen pechschwarzen Pferden gezogen. Auf einem der Tiere saß ein gewaltig großer Teufel mit überlangen spitzen Hörnern und leuchtend roter Nase, auf dem anderen ein Feuer speiender giftgrüner Drache. Dicke Schwefelwolken zogen bedrohlich um das schauerliche Gespann. Der Teufel hatte eine riesige Peitsche in seiner Pranke, mit welcher er wild auf die Pferde einschlug. Mit klirrender Stimme, die einem das Blut in den Adern gefrieren ließ, brüllte er: „Beeilt euch! Wir müssen heute noch den Ort der Verdammnis erreichen." Daraufhin peitschte er die Pferde so kräftig, dass eines gellend wieherte und tot umfiel, woraufhin das andere zu klagen begann, indem es markerschütternd jämmerliche Laute ausstieß. Der Teufel schnaubte vor Wut und kreischte: „Lauf, sonst schlag ich dich auch noch tot!" Da wachte ich von meiner eigenen Stimme auf, denn ich forderte mit all der mir zur Verfügung stehenden Kraft: „NEIN, NEIN, BITTE NICHT! BITTE NICHT!"

Bis in die Schlafkammer der Großeltern dröhnten die durchdringenden Schreie. Deshalb kam Großmutter arg erschrocken mit splitternackten Füßen in meine Stube gelaufen. Ihr war sofort klar, dass ich einen schrecklichen Albtraum gehabt haben musste, und so nahm sie mich kurzerhand mit in ihr Bett.

Als ich mich dermaßen gerettet ganz dicht an Großmutter kuschelte und ihren vertrauten Geruch einatmete, hörte ich auf einmal Großvater in der Dunkelheit des Zimmers fragen: „Was war denn so schlimm, mein Kind?“ Von heftigem Schluchzen unterbrochen, berichtete ich über den höllischen Teufel und den dämonischen Feuer speienden Drachen. Dabei strich er mir unbeholfen von seiner Seite des Bettes aus mit seiner rauen, schwieligen Hand über den Kopf. Eine Weile sagte er kein Wort, um dann festzustellen: „Ich glaube gar nicht, dass es wirklich eine Hölle gibt. Das haben ein paar Menschen nur erfunden, um den anderen Angst einzujagen.“

Heute, wo meine Großmutter nun auf diesem gruseligen Wägelchen gefahren werden sollte, erinnerte ich mich an diesen Traum, und er war mir so gegenwärtig, als ob ich ihn erst gestern geträumt hätte.

Aber wie alle Tage im Leben zu Ende gehen, die guten wie die schlechten, so ging auch dieser bedrückende Tag vorüber. Doch es war eine bedeutsame Veränderung in meinem Leben eingetreten. Diese erste Begegnung mit dem Tod warf mich unversehens aus meiner Kinderwelt heraus. Hatte ich bisher geglaubt, dass die Erwachsenen, wenn sie es nur wollten, alles wieder in Ordnung bringen könnten, so wusste ich nun, dass es etwas gab, was nicht ihrer Macht unterlag.

Großvater als Witwer

Nach der Beisetzung von Großmutter trat bei uns zwar der Alltag wieder ein, aber bei Weitem herrschte noch keine Normalität. Für mich war das Allerschlimmste, dass mein geliebter Großvater sich so sehr verändert hatte. Neuerdings wirkte er wie ein Fremder auf dem eigenen Hof. Seine Gelassenheit war ihm abhanden gekommen, und er strahlte nun eine ganz sonderbare innere Unruhe aus. Das schienen wohl auch meine Eltern zu merken, denn ich hörte, wie Vater zu Mutter sagte: „Mit dem Alten muss was passieren, sonst geht der uns vor die Hunde.“ So kam es, dass die beiden und Tante Herminchen sich vornahmen, Großvater von seinem Kummer abzulenken und ihn auf andere Gedanken zu bringen. Dementsprechend wurde beschlossen, dass die gesamte Familie einen Ausflug in den Zoo machen sollte.

Der Tiergarten befand sich in der Großstadt, die etwa 70 Kilometer von unserem Dörfchen entfernt lag. Nun hieß es planen: Das begann bereits beim Auto, denn sechs Personen passten bei Weitem nicht in unser kleines graues Goggomobil. Aber zum Glück hatte Vater ja seine Freunde aus dem Gesangverein, und so ging er zum Schreiner Karl, der einst sein bester Sangesbruder war, und fragte nach dessen großem Kombi. Als er nach etlichen Stunden zurückkam, schwankte er wie ein Schiff bei Sturm. Mutter sah ihn an, schüttelte mit dem Kopf und wies ihn scharf zurecht: „Wenn man in Trauer ist, betrinkt man sich nicht!“ Vater ging überhaupt nicht auf ihren strengen Ton ein. Ganz im Gegenteil, er nahm sie in den Arm tanzte mit ihr durch unsere Küche und sang: „Püppchen, Püppchen, ich hab dich zum Fressen gern …“ Mutter wand sich empört aus seiner Umarmung und rief: „Albert, was sollen den die Nachbarn von uns denken!“ Vater ließ sich nicht beirren und umarmte sie erneut. Mit schwerer Zunge entgegnete er: „Gerlinde, das Leben geht weiter, und ich habe es satt, dass hier nicht mehr gelacht wird!“ Mit diesen Worten zog er Tante Herminchen, die ihn

völlig verdutzt anstarrte, von ihrem Stuhl hoch und schwang nun sie im Walzerschritt durch den Raum. Mir gefiel es, dass es bei uns in der Küche wieder einmal lustig zuging, und den Kombi von Schreiner Karl bekamen wir natürlich auch.
Die Vorbereitungen für den Ausflug nahmen tatsächlich etwas von dem Trauerschleier, der sich über unser Haus gelegt hatte. Mutter und Tante Herminchen überlegten aufgeregt, was sie anziehen sollten. Da ihre Kleiderschränke aber nicht so prall gefüllt waren, war dieses Problem schnell abgehandelt. So stürzten sich die beiden Schwestern eifrig auf die Frage der Verpflegung. Ein Picknick sollte stattfinden und natürlich musste es an diesem außergewöhnlichen Tag unbedingt etwas ganz Besonderes zu essen geben. Deshalb wurden Speisepläne ent- und manchmal auch gleich wieder verworfen. Entweder waren die Zutaten nicht zu beschaffen oder sie hielten bei der Transportfähigkeitsüberprüfung der Frauen nicht stand. Irgendwie wollte es Tante Herminchen und Mutter einfach nicht gelingen, sich zu entscheiden, und so kamen sie überein, Vater und Großvater beim folgenden Mittagessen zu befragen.
Großvater löffelte schweigend Erbsensuppe in sich hinein, und Vater nörgelte verhalten, dass man die Speckbröckchen in der Suppe ja mit der Lupe suchen müsse, als Mutter wissen wollte: „Was wünscht ihr Männer euch eigentlich beim Ausflug zum Essen?“ Die beiden blickten verständnislos von ihren Tellern hoch, gerade so, als ob Mutter sie etwas ganz Absurdes gefragt hätte. Einen Moment sagte keiner etwas, bis Vater antwortete: „Macht das mal so wie ihr es wollt, es wird uns schon schmecken. Aber denkt auf jeden Fall daran, eine Milchkanne mit kaltem Wasser mitzunehmen, damit ich mein Flaschenbier kühlen kann.“ Schlagartig beteiligte sich auch Großvater an dem

Gespräch, indem er zu seinem Schwiegersohn hin schnaubte: „Bist du von Sinnen? Du kannst doch nichts trinken, wenn du ein fremdes Auto kutschierst!“ Mutter bekräftigte energisch: „Albert! Auch wenn du mit unserem eigenen Goggo unterwegs bist, hast du nichts zu trinken!“ Vater winkte lässig ab und erwiderte: „Zum Essen kann man schon mal ein oder zwei Flaschen Bier trinken, das macht überhaupt nichts.“ Vielleicht hatte Großvater keine Lust auf den Ausflug und sah eine Chance, sich zudrücken, denn nun verkündete er mit entschlossener Miene: „Also, wenn der Albert Bier trinkt beim Fahren, komme ich nicht mit!“ Vater schluckte, bekam einen feuerroten Kopf und holte tief Luft. Doch bevor er etwas sagen konnte und die Stimmung am Tisch an einen gefährlichen Punkt gelangte, schritt Tante Herminchen beherzt ein und versuchte zu vermitteln: „Ihr tut ja gerade so, als ob das Bier so wichtig wäre. Es geht doch darum, dass wir alle mal rauskommen und einen schönen Tag zusammen verleben.“ Doch Vater schien sich nicht mehr bremsen zu können. Er polterte los: „Das ist wieder mal ganz typisch, da will man dem Alten einen Gefallen tun und dann geht er gegen einen.“ Großvater stellte seelenruhig fest: „Ich habe dich nicht darum gebeten!“ Tante Herminchen verlegte sich aufs Jammern und lamentierte: „Vertragt euch doch, wir sind ein Trauerhaus.“ Vater deutete mit dem Finger auf seinen Schwiegervater und rief aufgebracht: „Mit dem da kann man sich ja nicht vertragen.“ Ich sah unseren Ausflug bereits ins Wasser fallen, und Mutter und Tante Herminchen begannen zu weinen. Dieser Gefühlsausbruch seiner Töchter schien Großvater zu berühren, denn nun verkündete er barsch: „Na gut, an mir soll‘s nicht scheitern.“

Zwar war der Ausflug gerettet, aber die Frage der Fressalien war immer noch offen. Letztendlich kam die Lösung von außerhalb. Es ist kaum zu glauben, aber wahr, den entscheidenden Tipp gab der Herr Pfarrer. Als er in unserem Haus erschien, um den Nachruf für Großmutter zu besprechen, erzählten die Frauen ihm natürlich von dem geplanten Ausflug, und ohne danach gefragt worden zu sein, sagte er: „Für so eine Partie macht man am besten eine große Schüssel Kartoffelsalat mit Würstchen, da hat man vorher nicht so viel Arbeit und ist fein raus." So geschah es dann auch.

Selbstverständlich fand die Fahrt in den Zoo an einem Sonntag statt. Vater holte den Kombi vom Schreiner Karl bereits am Samstagnachmittag ab, um ihn vorher noch einmal gründlich zu waschen. Als der himmelblaue Opel dann neben unserem Goggomobil auf dem Hof stand, sah er aus wie der große Bruder des grauen Wägelchens. Großvater mochte keine Autos. Sie waren ihm zu laut und stanken ihm zu viel. Ich beobachtete ihn dabei, wie er Vater einen verächtlichen Blick zuwarf, als dieser gerade die beiden Fahrzeuge mit einem Wasserschlauch abspritzte. Normalerweise hätte Großvater eine abschätzige Bemerkung zu Vater hin gemacht, heute aber verzichtete er darauf. Wahrscheinlich wollte er nicht noch einmal riskieren, dass der Familienfrieden vor dem Ausflug gestört wurde. In seinen Bart murmelte der alte Landwirt aber: „Der Eingeheiratete könnte in dieser Zeit auch was Vernünftiges auf dem Hof arbeiten."

Am nächsten Tag glänzte nicht nur der Kombi vom Schreiner Karl, sondern auch unsere gesamte Familie. Im Sonntagsstaat sahen wir alle aus, wie aus dem Ei gepellt. Ich selbst fand mich wahnsinnig hübsch, nur leider waren die schönen Sachen äußerst unbequem. Meine weißen, sommerlichen Lackschuhe leuchteten zwar wie Schnee in der Sonne, sodass mein Blick ständig auf meine Füße fiel, doch drückten sie etwas auf die großen Zehen. Offensichtlich waren meine Füße über den Winter wieder gewachsen. Aber wie mussten erst Mutter und Tante Herminchen leiden. Sie trugen faszinierende Stöckelschuhe mit zierlichen Pfennigabsätzen, die vorne unglaublich spitz endeten. Es überstieg meine Vorstellungskraft, wo sich dort die Fußzehen befinden sollten.

Am besten aber war Großvater dran: Er hatte sich standhaft geweigert, seine neuen Schuhe zu tragen, obwohl Mutter und Tante Herminchen ihn inständig beknieten, doch auf keinen Fall seine uralten, ausgelatschten Stiefeletten auf dem Ausflug anzuziehen. Aber in diesem Punkt blieb Großvater eisern. Er wehrte sich mit den Worten: „Ich glaube nicht, dass irgendjemand im Zoo sich für meine Fußbekleidung interessiert." Zu mir sagte er: „Ich bin doch nicht blöd, und wenn du einen guten Rat haben willst, so empfehle ich dir, zieh deine eingelaufenen Schuhe an." Leider hatte ich nicht auf Großvater gehört.

Im Übrigen sahen Großvater und Vater in ihren Sonntagsanzügen aus wie die Nachrichtensprecher im Fernsehgerät. Aber auch auf die Frauen unseres Haushaltes war ich richtig stolz. Es kam mir vor, als ob es sich gar nicht wirklich um meine Mutter und meine Tante Herminchen handeln würde. Sie wirkten so vornehm, dass sie mir richtig fremd vorkamen. Ihre Gesichter wurden von dicken Locken umrahmt, die sie sich gestern Abend noch spät gegenseitig eingedreht hatten. Selbst roter Lippenstift glänzte auf ihren Lippen. Wo hatten sie den nur her? Und vor allen Dingen, wo bewahrten sie ihn auf? Ich musste gleich am Montag mal auf die Suche gehen!

Das Schönste an den beiden Frauen waren natürlich ihre Kleider. Tante Herminchen hatte ein schneeweißes Sommerkleid mit dicken roten Mohnblumen an und Mutter ein hellblaues mit kleinen weißen Pünktchen und einen breiten weißen Gürtel darüber. Die Röcke, unter denen sie wuchtige Petticoats trugen, wippten um ihre nackten, von der Feldarbeit sonnengebräunten Beine. Als sie den Kombi beluden, lachten sie wie zwei ausgelassene Schulmädchen. Nun war es Großvater, der seine Töchter ermahnte: „Vergesst nicht, dass wir Trauer haben!" Tante Herminchen, die an diesem Tag so übermütig wie selten war, entgegnete schlagfertig: „Ach, Vater, lass uns doch mal wieder lachen. Außerdem bin ich davon überzeugt, dass Mutter uns von ihrer Wolke aus lieber beim Lachen zusieht als beim Weinen." Einen Augenblick lang wurde Großvater ganz still. Dann nickte er mit dem Kopf und erwiderte: „Hast ja recht Kind, das Leben geht weiter."

Beim Anblick der großen Mengen Essen und Trinken, welche die Frauen im Auto verstauten, lästerte Vater: „Wir fahren doch nur einen einzigen Tag und nicht eine ganze Woche weg." Großvater konnte sich nicht verkneifen zu bemerken: „Den meisten Platz nimmt doch deine Bierkühlung ein, für ein oder zwei Flaschen hättest du eigentlich nicht so eine große Kanne mit kaltem Wasser mitnehmen müssen." Vater antwortete mit einem frechen Grinsen im Gesicht: „Vielleicht bist du ja ganz froh, wenn du zu deinem Würstchen heute Mittag eine schöne kühle Flasche Bier von mir kriegst."

Mutter und Tante Herminchen bestanden darauf, dass Großvater vorne bei Vater sitzen sollte, obwohl seinem Gesichtsausdruck deutlich anzusehen war, dass er keinen gesteigerten Wert darauf legte. Aber auch Vater schien nicht gerade erfreut darüber, dass sein Schwiegervater neben ihm Platz nahm. Ich hörte, wie er zu Mutter flüsterte: „Muss das sein?" Mutter überging diese Bemerkung einfach. Sie war heute viel zu gut gelaunt, um mit ihrem Mann zu streiten. Als es dann endlich losging, saßen ich und Edgar hinten im Auto eng zwischen Mutter und Tante Herminchen eingeklemmt.

Ich rutschte von einer Pobacke auf die andere, schließlich wollte ich auf keinen Fall riskieren, dass der herrliche Petticoat unter meinem Rock zerdrückt würde. Nur war das gar nicht so einfach. Nach einem Moment tadelte Mutter: „Jetzt bleib aber mal ruhig sitzen, du machst einen ja ganz nervös." Ich klagte: „Ja, aber mein Petticoat …" „Ach Quatsch", entgegnete Mutter, „das Ding stellt sich doch wieder hoch, wenn du aufstehst." Dann stieß sie Tante Herminchen in die Seite und beide lachten laut los. Die Männer im Fond des Wagens allerdings schienen sich nicht besonders zu amüsieren. Ihre Gesichter entspannten sich erst später bei der Pause.

Nach einem ausgiebigen Picknick steuerten wir endlich den Zoo an. Mich faszinierten all die fremden Tiere ungeheuerlich. Mutter und Tante Herminchen schienen sich mehr für die Kleider der anderen Frauen zu interessieren, und Vater und Großvater schlenderten inzwischen einträchtig nebeneinander her. Vor dem Elefantengehege klopfte Vater seinem Schwiegervater sogar jovial auf die Schulter und tönte: „Na, Konrad, das sind andere Burschen als deine Tiere." „Ach, weißt du, mir reichen meine völlig", erwiderte Großvater, kratzte sich am Kinn und ergänzte: „Ich bin froh, wenn ich heute Abend wieder zu Hause bei meinem Vieh bin." Nach einem kurzen Moment der Stille stellte er mehr zu sich selbst fest: „ Habe das Gefühl, dass die Kolosse hier auch lieber in ihrer Heimat wären." Irgendwie war Vater nun gekränkt, hatte er sich doch so angestrengt, um seinem Schwiegervater eine Freude zu machen, und jetzt wollte „der Alte“ nur nach Hause. Mutter tröstete ihren Mann mit den Worten: „Aber Albert, das darfst du nicht persönlich nehmen, der Hof ist halt Vaters ganzes Leben.“

Das Erbe wird verteilt

Großvater trauerte immer noch mächtig um seine Frau. Das ging sogar so weit, dass er von Mutter und Tante Herminchen verlangte, dass bei den Mahlzeiten Großmutters Platz mit eingedeckt wurde. Auch ihr Bett sollte so aussehen, als ob sie sich noch jeden Abend dort hineinlegen würde. Vater meinte, dass das doch alles etwas verrückt sei. Mutter nahm Großvater in Schutz und sagte: „Warte mal ab, bis du mal jemanden verlierst, den du wirklich lieb hast, dann sieht das alles ganz anders aus.“ Großvater, der in letzter Zeit viel nachdachte, überlegte, wie er sein Erbe, sprich seinen Hof, unter seinen vier Kindern aufteilen sollte. Völlig unerwartet verkündete er mit einem Mal, dass er jetzt „seine Angelegenheiten“ in Ordnung bringen wolle. Fest entschlossen rief er daraufhin den Notar in der Kreisstadt an, um diesen zu bestellen. Damals war es nicht selten der Fall, dass ein Notar für dieses Vorhaben ins Haus kam. Da wir mittlerweile einen eigenen Telefonapparat besaßen, konnte Großvater von zu Hause aus telefonieren. So stand er dann im Korridor, wo das wuchtige schwarze Ding an der Wand hing, und brüllte mit laut donnernder Stimme in den Hörer. Wenn Großvater telefonierte, hatte man stets das Gefühl, dass er mit Übersee sprach. Seine Lautstärke war dermaßen gewaltig, dass man ihn selbst bis draußen in den Hof hören konnte. Mutter wies ihn mehrfach darauf hin, dass dies nicht nötig sei, da der andere Teilnehmer ihn auch mit einer normalen Stimmlage hören könne. Ob er ihr nicht glaubte oder ob er es sich einfach nicht vorstellen konnte, auf jeden Fall schrie Großvater weiterhin in die schwarze Hörmuschel hinein.

Als der Nachmittag heranrückte, an welchem der Notar eintreffen sollte, war ich voller Erwartung. Ich konnte mir überhaupt nicht vorstellen, wie so ein N o t a r wohl aussehen würde? Großvater hatte mir erklärt, dass es sich bei dem Herrn um eine Amtsperson handele. Was auch immer eine Amtsperson sein mochte, es hörte sich auf jeden Fall ungeheuer wichtig an. Mutter verbrachte den gesamten Vormittag mit Putzen, sodass die gute Stube wie vor einem Fest blitzte. Als Erster traf mein Onkel Ludwig ein. Nachdem Vater dessen grauen VW Käfer auf unseren Hof hoppeln sah, meinte er, dass sei ihm schon im Voraus klar gewesen, dass der alte Erbschleicher zuerst erscheinen würde. Bereits kurz drauf parkte der Notar seinen gediegenen beigefarbenen Mercedes direkt hinter Onkel Ludwigs ältlichem Auto. Majestätisch stieg der Mann aus dem großen Wagen aus. Er verbreitete sogleich etwas Feierliches, fast so wie unser Herr Pfarrer. Vielleicht lag das aber auch nur an seiner hünenhaften Gestalt, die in einem schwarzen Anzug steckte, der von einer weinroten Fliege geziert wurde. In einer Hand trug er einen ebenfalls schwarzen Aktenkoffer von beachtlichen Ausmaßen.

Onkel Ludwig, der sich immer noch auf dem Hof befand, stolperte auf den Mann zu und begrüßte ihn als habe er bereits ein paar Biere mit ihm zusammen getrunken. Und obwohl er seinen guten Sonntagsanzug trug, wirkte er neben dem Notar

aus der Stadt doch recht grobschlächtig. Gönnerhaft schlug er ihm mit seiner kräftigen Hand auf die Schulter und verkündete lautstark, dass man das Kind schon schaukeln werde. Der Mann blickte ihn im ersten Moment überaus konsterniert an, fasste sich dann aber flugs und streckte Onkel Ludwig mit den Worten „Sehr angenehm, mein Name ist Doktor Hebenstreit“ seine schmale hellhäutige Hand entgegen. Als er sich dazu leicht nach vorne beugte, um einen Diener anzudeuten, war es an Onkel Ludwig verdutzt dreinzuschauen. Vater, der diesen Vorgang vom Küchenfenster aus beobachtete, lästerte zu Mutter hin: „Dein Bruder schmeißt sich ja bereits auf dem Hof an den Notar ran. Da kann man ja kaum zuschauen.“ Mutter erwiderte nur: „Na, dann sieh doch einfach weg.“
Ein paar Minuten später standen die beiden Männer in der guten Stube. Mutter wies dem Notar nach einer kurzen Begrüßung einen Platz auf dem Kanapee zu. Schließlich sollte er es ja bequem haben. Umständlich platzierte der Mann seinen Aktenkoffer auf dem betagten Holztisch davor. Onkel Ludwig fackelte nicht lange und quetschte sich schnell direkt neben den Notar auf das Kanapee. Vater zischte leise durch die Zähne: „Glaubt der vielleicht, dass er was mehr bekommt, wenn er dem Notar so nah auf die Pelle rückt?“ Irgendwie schien er Onkel Ludwig an diesem Tag nicht leiden zu können.
Nun betrat Großvater den Raum. Donnerwetter! Er sah aus, als hätte er sich für den sonntäglichen Kirchgang hergerichtet. Seine Erscheinung wirkte mindestens ebenso feierlich wie die des Herrn Notar. Wie immer setzte er sich auf den Stuhl neben dem wuchtigen Kachelofen. Man konnte fast meinen, dass er das Kommende nur als Außenstehender zu beobachten beabsichtigte. Nun wartete die gesamte Gesellschaft auf die Tochter

aus der Stadt. Ich verhielt mich ganz ruhig, damit niemand auf mich aufmerksam wurde und mich aus dem Zimmer schickte. Hier fand etwas statt, was ich auf keinen Fall verpassen wollte. Aber es war sowieso mucksmäuschenstill im Zimmer, bis sich der Herr Notar in einem merkwürdig geschraubten Tonfall erkundigte: „Ja, wer kommt denn alles noch?" „Stadtmenschen", antwortete Großvater, so als ob das als Erklärung für ihr Zuspätkommen ausreichen würde. Mit einem sarkastischen Unterton in der Stimme fügte er dann hinzu: „Die haben wohl keine Zeit zum Erben." Nun fühlte sich Onkel Ludwig wieder gefordert. Er pöbelte lauthals los: „Andere Menschen nicht warten zu lassen ist eine Frage des Anstandes. Außerdem bin ich der Meinung, wenn sie nicht zur rechten Zeit hier sind, sollten wir ohne sie anfangen." Vater blickte ihn scharf von der Seite an und stellte fest: „Das würde dir so passen!" Bevor Onkel Ludwig etwas entgegnen konnte, meldete sich der Notar zu Wort, der sowieso ständig äußerst nervös auf seine goldene Armbanduhr blickte: „Meine Damen und Herren, ich muss schon bemerken, das hier ist ein starkes Stück. Meine Zeit ist wirklich sehr kostbar. So etwas geht normalerweise nicht!" Nachfolgend räusperte er sich dermaßen heftig, dass man meinen konnte, dass er so seinen Ärger unterdrücke.
Zunächst schauten alle vor sich hin, und keiner äußerte irgendetwas, noch nicht einmal Onkel Ludwig. Sogar ihm schien es ausnahmsweise einmal die Sprache verschlagen zu haben. Da ich ziemlich nah bei Vater saß, konnte ich hören, wie er Mutter ins Ohr flüsterte, dass der Notar ein aufgeblasener Affe sei. Mein Blick wanderte zu Tante Herminchen hin. Sie kauerte auf einem Stuhl in der hintersten Ecke des Zimmers. Auch sie war festlich gekleidet, doch irgendwie sah sie nach Beerdigung aus,

stellte ich fest. Ihre Augen ruhten ehrfürchtig auf dem Notar. Sie schien tief beeindruckt, entweder von der Amtsperson oder von dem Vorgang an sich.
Mittlerweile lebte Onkel Ludwig wieder auf. Jovial stieß er den Herrn Notar mit seinem Ellbogen an und begann ihm einen Witz zu erzählen. Als gerade der Satz „Kommt eine Frau zum Arzt …" durch die Stube dröhnte, rollte Großvater mit den Augen und blickte zur Decke hoch. Ich wusste genau, was er im Moment dachte. Erst kürzlich hatte er gesagt, dass ihm Onkel Ludwigs Witze zu „säuisch" wären.
Unterdessen hörten wir endlich das Auto von Tante Ilse und Onkel Hugo auf den Hof fahren. Großvaters Gesichtszüge entspannten sich sichtlich, und erleichtert schaute er nun zur Türe. Diese wurde unmittelbar mit einem heftigen Ruck aufgerissen, doch herein kam lediglich mein Onkel Hugo. Ludwig verlangte zu wissen, wo denn seine Schwester abgeblieben sei. „Ach, die", antwortete der Gefragte mit einer lässigen Handbewegung, „ist mal schnell in die Küche, aber wir können ruhig schon beginnen." Augenblicklich öffnete der Notar seinen Aktenkoffer und holte beflissen einen Schreibblock sowie einen imposanten goldfarbenen Füller heraus. In würdevollem Tonfall verkündete er sogleich: „Hiermit eröffne ich die Erbsache Konrad Eisenkorb …" Bevor der Notar allerdings weitersprechen konnte, sprang Onkel Ludwig wie von einer Tarantel gestochen auf und verlangte: „Die Ilse muss her und die beiden Schwiegersöhne müssen raus." Seine Schwester Ilse, die gerade mit einem Wurstbrot in der Hand kauend zur Türe hereintrat, sah ihn an und fragte: „Ja spinnst du jetzt total?" „Die Schwiegersöhne sind nur angeheiratet und zählen demnach nicht richtig zur Familie", untermauerte Onkel Ludwig seine Forderung.

Etwas ruhiger fügte er hinzu: „Ich habe meine Frau ja schließlich auch zu Hause gelassen."
Nun erhob sich mit einmal mein Vater von seinem Sitzplatz und polterte stehend: „Du nimmst deine Frau ja ohnehin nie irgendwohin mit. Es ist mein gutes Recht, in so einer wichtigen Angelegenheit bei meiner Frau zu sein. Den Teufel werde ich tun, ich verlasse die Stube auf gar keinen Fall!" Mein Onkel Hugo nickte zustimmend und tat kund, dass der Albert recht habe und er auch dableiben würde. Daraufhin richtete sich Onkel Ludwigs Unmut sogleich gegen ihn, denn nun zeigte er mit dem Finger auf Hugos Brust und schrie: „Bilde du dir bloß nicht ein, dass du hier den Rahm bei der Erbschaft abschöpfen kannst. Geh du mal lieber zu deiner Berliner Mutter erben." Und gellend auflachend setzte er noch hinzu: „Nur leider gibt es da ja wohl nichts zu holen." Mit feuerrotem Kopf forderte Onkel Hugo: „Das nimmst du sofort zurück. Ich muss mich hier ja wohl nicht beleidigen lassen."
Der Notar tat, als ob das alles ganz normal sei. Er räusperte sich lediglich erneut ausgiebig und fragte, ob er nun endlich damit beginnen könne, die Wünsche des alten Herrn Eisenkorbs aufzunehmen. Großvater sagte gerade mit belegter Stimme „Ja, also ich stelle mir vor …", als Onkel Ludwig sich erneut zu Wort meldete: „Ich bin der älteste Sohn und mir steht von Rechts wegen mehr zu als meinen drei Schwestern." Nun war es Mutter, die ihn ankreischte: „Du bist doch weggegangen und hast eine Frau mit einer neuen Scheune geheiratet." „Das tut hier nichts zur Sache", erwiderte Onkel Ludwig abwinkend. „Das tut es sehr wohl! Wer pflegt denn unseren Vater, wenn er krank wird? Du doch sicherlich nicht! Von daher bin ich der Meinung, dass ich und Herminchen mehr bekommen müssen",

beharrte sie. Nun wurde Onkel Ludwig richtiggehend gemein zu Mutter: „Du warst schon immer eine freche Rotznase, ich hätte dir früher öfters mal auf die Backen hauen sollen."
„Jetzt reicht's!", brüllte Vater lauthals und setzte hinterher: „Du bist doch sowieso der größte Erbschleicher weit und breit." Das war zu viel für Onkel Ludwig. Er schnappte Vater vorne am Hemd, schüttelte ihn und stieß unter gefletschten Zähnen hervor: „Du bist ganz ruhig hier! Und wenn du jetzt den Rand nicht hältst, schlag ich dir eine rein." Nun wurde es dem Notar doch zu bunt, eilig verstaute er seine Utensilien und erklärte: „So geht das nicht. So geht das wirklich nicht. Zuerst einmal muss die Familie sich einig sein." Mit einem Mal schauten alle betroffen zum Notar hin, und Großvater gab zu bedenken, dass er nun auch wisse, warum der Nachbar ihn gefragt hatte: „Sind deine Kinder schon miteinander zerstritten, oder habt ihr das Erbe noch nicht geteilt?"

Weitere Werke von Claudia Grimm erschienen im Wartberg Verlag

Claudia Grimm

Gießen - gestern und heute

Die Gegenüberstellung historischer und aktueller Fotografien lässt den Wandel im Stadtbild für den Betrachter auf beeindruckende Weise sichtbar werden. Schon seit vielen Jahrhunderten prägt die Universität, deren Gebäude sich heute über die ganze Stadt verteilen, das Gesicht der Stadt Gießen. Die beinahe vollkommene Zerstörung der Stadt im Zweiten Weltkrieg und der anschließende Wiederaufbau trugen ebenfalls wesentlich dazu bei, dass sich das Stadtbild veränderte. Betrachtet man die Bilder, scheint Einiges fast unverändert, vieles aber kaum wiederzuerkennen zu sein. Ganz bestimmt aber ist die Zeit in Gießen nicht stehen geblieben.

72 Seiten, Maße: 240 x 223 mm, gebunden
ISBN: 978-3-8313-2242-8, 16,90 €

Claudia Grimm

Aufgewachsen in Gießen in den 50er und 60er Jahren

Wir hatten keinen leichten Start ins Leben, als 1950 der Wiederaufbau in Zeiten großer Wohnungsnot in Gießen begann. Unsere Mütter wuschen die Windeln noch mit der Hand und kleideten uns im Kindermodengeschäft ‚Heinzelmännchen' ein. Die Eltern sparten auf das erste eigene Auto und träumten vom Urlaub in Italien. Im Winter liefen wir Schlittschuh auf dem Schwanenteich und wünschten uns eine Eisenbahn vom Spielwaren-Fuhr zu Weihnachten. In der Tanzschule Bäulke gingen wir später auf Tuchfühlung mit dem anderen Geschlecht.
Als wir dann das Abschlusszeugnis in Händen hielten, merkten wir, dass wir erwachsen geworden waren.

64 Seiten, Maße: 165 x 240 mm, gebunden
ISBN: 978-3-8313-1828-5; 12,90 €

„Das Kind ist mein und gehet mir zu Herzen."

Hinter diesem Satz verbirgt sich der hartnäckige Kampf einer Mutter um ihren Sohn.
Anna von Mecklenburg ist fünfzehn Jahre alt, als sie im Oktober des Jahres 1500 mit Wilhelm II. von Hessen verheiratet wird. Die Hoffnungen, mit denen das temperamentvolle Mädchen diese politische Ehe eingeht, sind bald zerstört. Mit ihrem Mann, den sie mit „Sie" und „Herr" ansprechen muss, verbindet sie wenig.
Als Wilhelm stirbt, ist Annas Sohn - der zukünftige Landesherr - vier Jahre alt. Wilhelm übergibt in seinem Testament Anna und ihre beiden Kinder der Vormundschaft Ludwigs von Boyneburg - Annas ärgstem Feind. Anna fürchtet um das Leben ihres Sohnes und beginnt einen Kampf, in dessen dunklen Stunden sie zu ihrer Stärke findet.

ISBN 978 - 3 - 940855 - 13 - 8
Dieses Buch erscheint in Zusammenarbeit mit dem Dryas Verlag, Frankfurt.
Format: 12 cm x 19 cm, 520 Seiten, 5 s/w Aufnahmen von Schauplätzen. 11,95 €.
Als ebook in allen gängigen Shops erhältlich, 8,99 €.